लाल किताब

से पितृ दोष और पूर्व जन्म के पितृ ऋण के कर्म का सुधार

डिकोड पेंडिंग कर्म, श्रीमद् भागवत पुराण से, और अपने जीवन के दोषो से मुक्ति पाने की कुंजी

भाग - एक

एस. प्रकाश

YOUTUBE CHANNEL: COSMICKRISHNA

INDIA · SINGAPORE · MALAYSIA

पहला संस्करण: फ़रवरी/मार्च **2023**

संपर्क: **kaalhasthi@gmail.com & Cosmikkrishnaa@gmail.com**

वक्रतुण्ड महाकाय सूर्यकोटि समप्रभ।
निर्विघ्नं कुरु मे देव सर्वकार्येषु सर्वदा।।

संस्थापक: **Kaalhasthi** ज्योतिष
संस्थापक: **CosmicKrishna**

अंतर्वस्तु

किताब के बारे में

यह पुस्तक विभिन्न प्रकार के श्रापों को, श्रीमद भागवत पुराण और वेदों की पृष्ठभूमि के माध्यम से कुंडली को डिकोड करने के बारे में है जो एक निश्चित ग्रह स्थिति के साथ चार्ट में पितृ दोष के रूप में प्रकट होती है।

लेखक ने ग्रह स्थिति (कुंडली में ग्रह विन्यास) के माध्यम से लाल किताब लंबित कर्म को समझाने की कोशिश की है जो पितृ दोष को डिकोड करने में मदद करता है।

यह पुस्तक रामायण, महाभारत और विष्णु पुराण की कहानियों की सहायता से आध्यात्मिक ज्योतिष की अवधारणा के साथ कुंडली में श्राप के सूक्ष्म अर्थ को कैसे समझा जाए, इस पर प्रचुर संदर्भ देती है।

यह पुस्तक आपकी रोजमर्रा की मित्र, दार्शनिक और मार्गदर्शक है जो हमारे वैदिक शास्त्रों के माध्यम से ग्रहों के छिपे अर्थ को समझाती है।

और पिछले जन्म के कार्मिक ऋणों के मूल कारण का पता लगाने में मदद करता है, जो ग्रहों के संयोजन या युति के माध्यम से होता है।

यह पुस्तक सरल और प्रभावी तरीके से पितृ दोष की व्याख्या करने का एक प्रयास है और लेखक ने केवल कुछ दोषों के लिए उपाय बताने की कोशिश की है ताकि खुद को पिछले जन्म के श्रापों से मुक्त किया जा सके। श्रापित दोष या श्राप,

जो पितृ दोष के रूप में प्रकट होता है जिसे वर्तमान में पता लगाकर अनलॉक किया जा सकता है क्योंकि हमारे पिछले जीवन में हमारे वर्तमान का सुराग है।

इसलिए, कर्म ज्योतिष तक पहुँचने के लिए, वैदिक शास्त्रों की कहानियों से, ज्योतिषीय सिद्धांतों को लागू करके अपनी कुंडली को डिकोड किया जा सकता है।

लेखक ने नीचे उल्लिखित पुस्तकें लिखी हैं:

1. Snapshot Prediction through Yogini Dasha.
2. Unlock Pitra Dosh with Lal Kitab Pending Karma through Shreemad Bhagwat Puran.
3. Unlock Pending Karma and its correction.
4. **पिछले जीवन के अधूरे कर्म और उसके सुधार को अनलॉक करे.**
5. Unlock Purva Punya and Paap from the stories of 27 Nakshatra.
6. Unlock Luck and Wealth with keys of Dharma.
7. Unlock Marital Curse through Rashi Tulya Navamsha.
8. Autism in Medical Astrology.
9. DNA Astrology of Wealth through Nakshatra with Bhrighu Nandi Nadi.
10. Business Yoga with Bhava Bala and Apokilam Houses with D10 Chart.
11. Prashna Kundali and Saptarishis in Manvantara and Yugas - Plan of Brahma in Creation of Universe.
12. Destiny Vs Karma (Free-Will)Through DNA Astrology from Past Life Karma - What you Sow, Not always reaped, as God has a better Plan -
Inspired by Bhagwad Geeta and Mythologies from Puran
13. भृगु नंदी नाडी शुक्र गृह के डीएनए से - कैसे देखे धन योग (अष्टलक्ष्मी योग), नक्षत्र से, इंदु लग्न से और शुक्र लग्न के साथ.
14. लाल किताब से पितृ दोष और पूर्व जन्म के पितृ ऋण के कर्म का सुधार-डिकोड पेडिंग कर्म, श्रीमद् भागवत पुराण से, और अपने जीवन के दोषो से मुक्ति पाने की कुंजी.

एस. प्रकाश

मेरी भविष्यवाणी

मेरी भविष्यवाणियां (व्हाट्सएप चैट ट्रांसक्रिप्ट) मेरी वेबसाइट और मेरे फेसबुक पेज पर हैं।

वेबसाइट

Https://www.kaalhasthiastrologer.com

Facebook

facebook.com/kaalhasthi.astro

YouTube channel

CosmicKrishna

https://www.youtube.com/channel/
UCFObfsKxwkMV-TRk9fbDl2g

लेखक के बारे में

एक विज्ञान स्नातक और परियोजना प्रबंधन प्रमाणित, जो पिछले 17 वर्षों से आई टी में काम कर रहे है। दिल्ली में जन्मे और पले-बढ़े, और बाद में आईटी में अपना करियर बनाने के लिए बैंगलोर चले गए।

वह प्रकृति के एक गहन पर्यवेक्षक है और अपना अधिकांश समय ज्योतिष और अन्य दार्शनिक मामलों जैसे पौराणिक कथाओं और आध्यात्मिकता से संबंधित शोध कार्यों में व्यतीत करते हैं।

दोस्तों और परिचितों के लिए उनकी भविष्यवाणियों के बाद ही यह सच हुआ और फिर उनका एक ज्योतिषी बनना तयहुआ। एक पेशेवर सलाहकार के रूप में, वह जानकारी संकलित करते हैं और कुंडली को डिकोड करने के अपने अनूठे तरीके से समस्याओं का समाधान ढूंढ़ते हैं।

एस. प्रकाश 2007 से वैदिक ज्योतिष का अभ्यास कर रहे हैं, जब वे पहली बार अपने गुरु श्री जे एन शर्मा जी से मिले थे और तब से वे ज्योतिष की विभिन्न शाखाओं पर शोध कर रहे हैं, जैसे कि जैमिनी ज्योतिष, लाल किताब ज्योतिष, केपी ज्योतिष, अंक ज्योतिष, चिकित्सा ज्योतिष, प्रश्न, एस्ट्रो वास्तु, और लाल किताब वास्तु।

एस. प्रकाश ने पिछले कुछ वर्षों में कुण्डली के वंशागत श्रापों और दोषों के गहरे अर्थों को समझने और जीवन के इन रहस्यों को कैसे सुलझाए इस पर गहन शोध किया है।

एस. प्रकाश

पौराणिक, आध्यात्मिक ज्योतिषी

पिछले जीवन के लंबित कर्मों के माध्यम से जीवन परिवर्तन कोच

अस्वीकरण

ज्योतिष दिव्य विद्या है, जिससे कोई सहमत हो भी सकता है और नहीं भी, इसलिए यह विभिन्न विश्वास प्रणालियों में बहस का विषय हो सकता है। हालाँकि, आत्माओं का पुनर्जन्म हिंदू धर्म में एक मौलिक विश्वास है। यह केवल आपकी आत्मा के उद्देश्य को समझने का एक साधन है।

ज्योतिष की पद्धति आपके प्रारब्ध (भाग्य) के रूप में वर्तमान जीवन में संचित और प्रकट हुए पिछले श्रापों के बारे में बात करती है।

लेखक ने अपने शोध, अवलोकन और अनुभव का उल्लेख किया है; बहरहाल, पाठकों से अनुरोध है कि सभी संभव पिछले जन्मों के कर्म दर्शन से चार्ट का विश्लेषण करें, इसलिए कृपया किसी एक कथन को पढ़कर किसी निष्कर्ष पर न पहुँचें; इसके बजाय, अपने आंतरिक मार्गदर्शन और अंतर्ज्ञान का उपयोग करें.

निष्ठा

यह पुस्तक मेरे शिक्षक और मेरे जीवन में प्रेरणा देने वाले मेरे गुरु के प्रति आभार व्यक्त किए बिना पूरी नहीं हो सकती थी। इसलिए, मैं इस पुस्तक को अपने **गुरु - श्री जे एन शर्मा** जी को समर्पित करना चाहता हूं.

मेरी पुस्तक गुरुजी के आशीर्वाद से प्रकाशित हुई है, जिसे मैं उनके चरण कमलों में अर्पित करता हूं.

स्वीकृति

मैं अपने पिता, **श्री सत्य प्रकाश गुप्ता** और अपनी माता, **श्रीमती विजय गुप्ता** को उनके आशीर्वाद और मार्गदर्शन के लिए धन्यवाद देना चाहता हूं।

मैं अपने दादा-दादी, *स्वर्गीय श्री देवकी नंदन वार्ष्णेय* और स्वर्गीय श्रीमती **रामकली देवी** को अर्पित करता हूं.

मैं अपनी पत्नी की दादी (**श्रीमती माया देवी**) को धन्यवाद देना चाहता हूं, जो मेरी किताबें पढ़ती हैं और मुझे ज्योतिष में योगदान देने के लिए प्रेरित करती हैं।

मेरी पत्नी, श्रीमती लवी गुप्ता (**शिवानी गुप्ता**) और मेरी बेटी, गौरी (**गुनिका गुप्ता**) ज्योतिष में मेरी रुचि को आगे बढ़ाने के लिए प्रेरित करती हैं ।

मैं, **हेमंत कुमार गुप्ता** का नाम भी लेना चाहता हूं, जो हमेशा मेरे साथ रामायण, महाभारत, पुराण और वेदों पर चर्चा करते हैं. मैं अपनी **बहन, आकांक्षा गुप्ता** का पर्याप्त धन्यवाद नहीं कर सकता, जो मेरे पूरे जीवन में एक सपोर्ट सिस्टम रही हैं। मैं हमारे पंडित जी **श्री राम निवास शास्त्री, श्री भागवत भूषण मिश्रा जी, और श्री अनिल मिश्रा जी** से आशीर्वाद लेना चाहता हूं.

लेखक द्वारा लिखित पिछली पुस्तकें

एस.प्रकाश ने पुस्तक लिखी और प्रकाशित की है - "Unlock Pending Karma and its Correction" अंग्रेजी भाषा में।

Law of Karma through Astrology and Transformation through Mythology

पुस्तक दुनिया भर में सभी प्लेटफार्मों पर उपलब्ध है और अमेज़न पर सबसे ज्यादा बिक रही है।

S.Prakash has written and published the book "**पिछले जीवन के अधूरे कर्म और उसके सुधार को अनलॉक करें**" in Hindi language.

पिछले जीवन के अधूरे कर्म और उसके सुधार को अनलॉक करें

ज्योतिष के माध्यम से कर्म का नियम और पौराणिक कथाओं के माध्यम से जीवन परिवर्तन

एस. प्रकाश

एस.प्रकाश ने पुस्तक लिखी और प्रकाशित की है - "Unlock Purva Punya and Paap from the Stories of 27 Nakshatras" अंग्रेजी भाषा में।

Curses through Medical Astrology

एस.प्रकाश ने पुस्तक लिखी और प्रकाशित की है – "Unlock Luck and Wealth with the Keys of Dharma" अंग्रेजी भाषा में।

Pending Karma of Atonement of Your Sins and

Activation of Lakshmi

एस.प्रकाश ने पुस्तक लिखी और प्रकाशित की है – "Snapshot Prediction through Yogini and Vimshottari Dasha" अंग्रेजी भाषा में।

How to time the buying of a Property in Vedic Astrology with composite technique

एस.प्रकाश ने पुस्तक लिखी और प्रकाशित की है – "Autism in Medical Astrology with Arudha Lagna of Jaimini Jyotish and Chandra Lagna of Parashar Vedic Jyotish" अंग्रेजी भाषा में।

Decoding Past Life Sin through Nakshatra

एस.प्रकाश ने पुस्तक लिखी और प्रकाशित की है – "Unlock Marital Curse through Rasi Tulya Navamsha" अंग्रेजी भाषा में।

एस.प्रकाश ने पुस्तक लिखी और प्रकाशित की है – "DNA Astrology of Wealth from the Combination Nakshatras and Bhrigu Nandi Nadi with Venus Lagna" अंग्रेजी भाषा में।

Decoding Wealth from Ashtlakshmi and Indu Lagna

एस.प्रकाश ने पुस्तक लिखी और प्रकाशित की है – "Business Yoga from Bhava Bala and Dashamasha Chart (D10) with Apokilam Houses" अंग्रेजी भाषा में।

Snapshot Technique of AshtakVarga

एस.प्रकाश ने पुस्तक लिखी और प्रकाशित की है - " "Unlock Pitra Dosh from Mythological Stories of Shrimad Bhagwath Puran with Lal Kitab Pending Karma" अंग्रेजी भाषा में।

एस.प्रकाश ने पुस्तक लिखी और प्रकाशित की है - Prashna Kundali and Saptarishis in Manvantara and Yugas

Plan of Brahma in Creation of Universe

एस.प्रकाश ने पुस्तक लिखी और प्रकाशित की है

Destiny Vs Karma (Free-Will)

Through DNA Astrology from Past Life Karma

What you Sow, Not always reaped, as God has a better Plan -

Inspired by Bhagwad Geeta and Mythologies from Puran

सेगी किताब

अध्याय - पहला

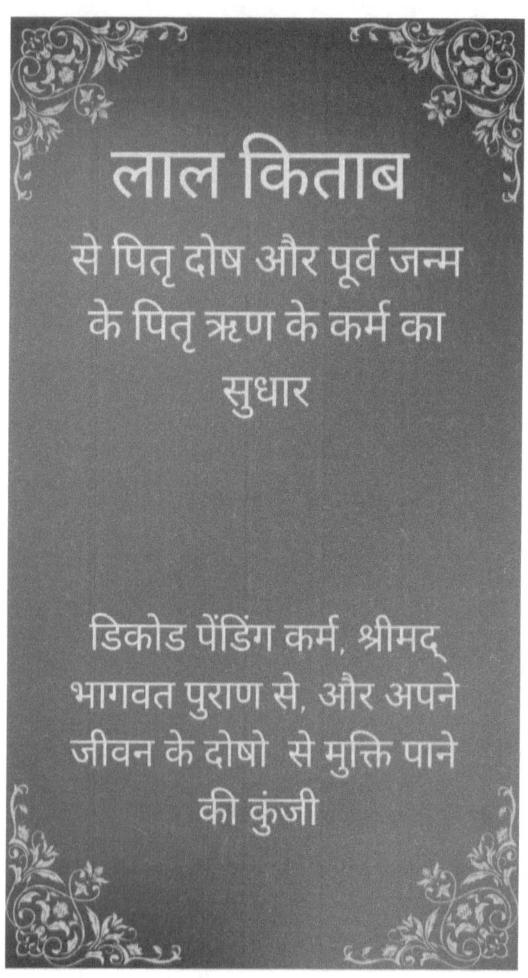

क्यों हैं हमारे लंबित कर्म या ऋण या श्राप?

पितृ के पाप - हमारे द्वारा वहन किए जाने वाले लंबित कर्म, जिन्हें हमारे पूर्वजों ने हमारे प्रारब्ध के रूप में छोड़ दिया था। भगीरथ का उदाहरण, जिनका लंबित कर्म अपने पूर्वजों को मोक्ष देने के लिए गंगा लाना था क्योंकि उन्हें कपिल मुनि ने श्राप दिया था।

हमारे अपने पाप - लंबित कर्म हमारे द्वारा वहन किए जाने हैं, जिन्हें हमने अपने प्रारब्ध के रूप में छोड़ दिया। जय और विजय (दोनों भगवान विष्णु के द्वारपाल थे) के उदाहरण से समझते हैं, जिनका लंबित कर्म, तीन अलग-अलग युगों में तीन बार जन्म लेना था और भगवान नरसिंह, भगवान राम और भगवान कृष्ण द्वारा मोक्ष प्राप्त करना था।

विगत जीवन पाप

तीन प्रकार के पाप:

शारीरिक : किसी प्राणी को शारीरिक आघात पहुँचाना।

वाचिक : शब्दों से अपमान-तिरस्कार-पीड़ित-क्रोध।

मानसिक : बुरा सोचना-दुर्भावना रखना-बदला लेने की इच्छा।

क्या हम पाप का प्रायश्चित कर सकते हैं?

क्या कुछ सुधार की कोई संभावना है?

किन परिस्थितियों में सुधार संभव है?

किन नियमों की जांच करनी है?

इन्हीं सवालों के जवाब हम इस किताब में तलाशने की कोशिश करेंगे।

ऋण का प्रकार

हमने उन्हें दो श्रेणियों में विभाजित किया है, लेकिन वे केवल यहीं तक सीमित नहीं हैं:

भाग - पहला

- पशु हत्या

- वृद्ध लोगों या पुजारी को पीटना

- किसी का घर उजाड़ना

- जानवरों के घोंसलों या आवास को नष्ट करना

- किसी के घर में आग लगा दो

- भ्रूण हत्या

- माता-पिता को कष्ट देना या पीटना

- ब्रह्महत्या दोष

भाग - दूसरा

- मंदिर में चोरी

- मंदिर की भूमि/संपत्ति को जब्त करें

- मंदिर के खजाने में घोटाला

- मन्नत (इच्छा) पूरी होना लेकिन उसे पूरा नहीं करना

- अतिथि को भोजन या पानी नहीं देना

- दूसरों की प्रतिष्ठा को नष्ट करना

- झूठ बोलना - झूठी गवाही देना

- जीवनसाथी के साथ धोखा

- पितृ तर्पण नहीं करना

- भाई बहनों के साथ धोखा

- पेड़ काटना

- कुलप्रोहित बदलना, दक्षिणा न देना, गुरुजनों का अनादर करना

- गुरु के साथ धोखा

पितृ दोष क्या है?

यदि किसी व्यक्ति की मृत्यु के बाद उसका अंतिम संस्कार विधि-विधान से नहीं किया गया हो या किसी की अकाल मृत्यु हो जाती है तो उस व्यक्ति से जुड़े परिवार के सदस्यों को कई पीढ़ियों तक पितृ दोष का खामियाजा भुगतना पड़ता है।

पितृ दोष के कारण जातक अपने जीवन में नीचे दी गई कुछ समस्याओं से गुजर सकता है:

❖ अपने व्यवसाय में कड़ी मेहनत करने के बावजूद उसे नुकसान का सामना करना पड़ता है। परिवार में अक्सर कलह होती रहती है, या एकता नहीं रहती। परिवार में शांति का अभाव। जातक को नियमित रूप से अपनी नौकरी में ब्रेक का सामना करना पड़ता है। परिवार में कोई न कोई हमेशा अस्वस्थ रहता है। इलाज कराने के बाद भी ठीक नहीं हो पा रहे हैं।

❖ शादी न होना या शादी के बाद तलाक हो जाना या अलग होकर रहना।

❖ पितृ दोष के कारण अक्सर धोखा होता है।

❖ पितृ दोष के कारण व्यक्ति बार-बार दुर्घटना का शिकार होता है।

❖ घर में अक्सर तनाव और परेशानी बनी रहती है।

❖ जातक को संतान सुख नहीं मिलता है। आमतौर पर बच्चा विकलांग हो जाता है या पैदा होते ही उसकी मौत हो जाती है।

पितृ दोष और लाल किताब व्याकरण

लाल किताब लंबित कर्म की मदद से पितृ दोष को डिकोड करने के लिए, हम लाल किताब के नीचे दिए गए नियमों का उपयोग करेंगे:

❖ टक्कर (**6-8वें** घरों के ग्रहों का हिट)

❖ ग्रहों का कारकत्व

❖ दोस्ती / दुश्मनी

❖ शांझी दीवार (साझा दीवार)

❖ मित्र या शत्रु भाव में ग्रहों की स्थिति

❖ जड़ राशि

❖ ग्रहों का पक्का घर

❖ ग्रहों का अपना घर

❖ नीच के गृह

❖ उच्च के गृह

❖ लाल किताब दृष्टि

❖ अचानक हानि

❖ बुनियाद (**1-5, 5-9** और **1-5-9** ग्रहों की एक दूसरे से स्थिति)

लाल किताब, कालपुरुष कुंडली पर काम करती है, इसलिए पहला घर बहुत महत्वपूर्ण हो जाता है क्योंकि यह मंगल के स्वामित्व वाले जातक को दर्शाता है। हम वेदों और पुराणों जैसे श्रीमद् भागवत पुराण की सभी कथाओं का उपयोग करके कालपुरुष कुंडली पर सभी नियम लागू करेंगे।

कालपुरुष कुंडली

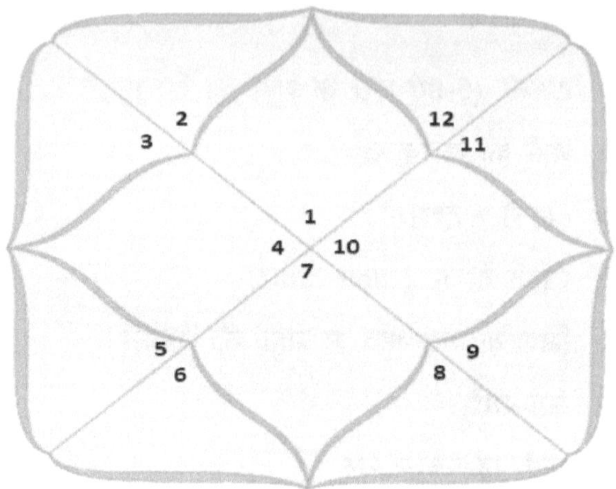

पहला घर

पहला घर सिंहासन, माथे, आय और व्यक्तित्व का प्रतिनिधित्व करता है। यह मंगल की जमिन (मंगल की जड़ राशि) का भी प्रतिनिधित्व करता है। यदि यह घर खाली है, तो हमें इस घर का पक्का ग्रह यानी सूर्य की स्थिति को देखना होगा, क्योंकि यह सूर्य का पक्का घर है और चार्ट में मंगल की स्थिति की भी जांच करने की आवश्यकता है।

दूसरा घर

दूसरा घर - परिवार, वाणी, धन, धर्म स्थान, बैंक, तिलक, ससुराल का प्रतिनिधित्व करता है। जो भी ग्रह दूसरे घर में आता है वह धर्मी ग्रह बन जाता है; दूसरे भाव में कोई भी ग्रह नीच का नहीं होता है। बृहस्पति दूसरे भाव का कारक ग्रह है। यहां चंद्रमा, उच्च का होता है। दूसरा घर पहाड़ का प्रतिनिधित्व करता है जिसे नौवें घर से ठंडी हवा (समुद्री हवा) मिलती है। यदि दूसरा घर खाली है तो हमें चार्ट में शुक्र और बृहस्पति की स्थिति की जांच करनी होगी।

तीसरा घर

तीसरा घर - पड़ोसी, साहस, हाथ, भाई-बहन, आपके बच्चे की आय और छोटी यात्रा का प्रतिनिधित्व करता है। यह घर बुध की जड़ राशि और मंगल का पक्का घर है, तीसरे भाव की ग्रह दृष्टि 11वें भाव पर होती है।

यदि तीसरा भाव खाली हो और 11वें भाव में ग्रह हों तो वह सोये हुए ग्रह कहलायेंगे। तीसरे भाव का ग्रह, नौवें और 11वें घर के ग्रह को देखता है, इसलिए यदि तीसरा घर खाली है, तो नौवां घर और 11वां घर सोया हुआ ग्रह होगा, इसलिए भाग्य और आय को साहस के सहयोग की आवश्यकता है।

चौथा घर

चतुर्थ भाव - वाहन, मन की शांति, माता, गर्भ, कृषि भूमि और संपत्ति का प्रतिनिधित्व करता है। चौथे भाव में चंद्रमा की जड़ राशि कर्क है। इस भाव का संबंध नवम, दशम और द्वितीय भाव से होता है। इस घर में राहु, केतु और शनि

धर्मी हो जाते हैं। यदि चौथा घर खाली है, तो हमें चार्ट में चंद्रमा और बृहस्पति की स्थिति देखने की जरूरत है। चौथा घर तीसरे और पांचवें घरों के साथ अपनी दीवार साझा करता है। इसका मतलब है कि तीसरे और पांचवें भाव में बैठे ग्रह चौथे घर के साथ ऊर्जा साझा करते हैं।

पांचवां घर

पंचम भाव, पिछले जीवन के पूर्व पुण्य का प्रतिनिधित्व करता है। यदि पंचम भाव खाली है तो हमें बृहस्पति और सूर्य की स्थिति देखने की जरूरत है। पंचम भाव का ग्रह नवम भाव के ग्रह पर दृष्टि डालता है। 5वां घर 4थे और 6ठे घरों के साथ अपनी दीवार साझा करता है।

छठा घर

छठा भाव रोग, ऋण, शत्रु, पाताल, मामा (ननिहाल) और प्रतियोगिता का प्रतिनिधित्व करता है। बुध और केतु इस घर को साझा करते हैं। छठे भाव में स्थित शनि दूसरे भाव को विपरीत दृष्टि से देखता है इसलिए यह दूसरे भाव को खराब तरीके से प्रभावित कर सकता है।

यहां कभी-कभी राहु को अच्छा माना जाता है (मौत के फंदे को काटने वाला - दुश्मन, बीमारी, कर्ज की सभी समस्याओं को दूर करने वाला) बशर्ते बुध, चार्ट में अच्छा हो।

सातवां घर

इसमें शुक्र की जड़ राशि है। यहां शनि उच्च का होता है। सप्तम भाव दैनिक आय, कुम्हार का चक्का, रानी/वज़ीर, साथी का प्रतिनिधित्व करता है। यदि सप्तम भाव खाली है

तो हमें चार्ट में शुक्र और बुध की स्थिति का विश्लेषण करने की आवश्यकता है।

7वां घर 6वें और 8वें घरों के साथ अपनी दीवार साझा करता है, इसलिए इन घरों में बैठे ग्रह 7वें घर के ग्रहों के परिणामों को बदल देते हैं।

आठवां घर

यह मृत्यु/आयु, शमशान भूमि और दहेज का घर है। यह शनि और मंगल का घर है। यह शनि का मुख्यालय है। चंद्रमा यहां दुर्बल है, शिव विष निगल रहे है और शिव के समान अघोरी साधु।

यदि आठवां घर खाली है तो हमें चार्ट में शनि और मंगल की स्थिति की जांच करने की आवश्यकता है। प्रथम भाव के ग्रहों से आठवें भाव के ग्रह प्रभावित होते हैं।

नौवां घर

यह घर समुद्र की मानसूनी हवा (समुंदर की हवा) का प्रतिनिधित्व करता है जो 10वें घर के साथ मिलती है और फिर पहाड़ के दूसरे घर में जाती है और जमीन के चौथे घर पर बरसती है। यह घर, धर्म, गुरु, पूर्वजों, आपके अतीत और लंबी यात्रा का प्रतिनिधित्व करता है। यदि नौवां घर खाली है तो हमें चार्ट में बृहस्पति की स्थिति देखने की जरूरत है।

दसवां घर

यह घर पिता के धन, कार्यालय के वातावरण का प्रतिनिधित्व करता है। यदि यह घर खाली है तो 10वां घर सोया घर

होगा। यदि यह घर खाली है तो दूसरे और चौथे घर के ग्रह सोने की स्थिति में होंगे। यदि यह घर खाली है तो चार्ट में शनि की स्थिति की जांच करनी चाहिए।

ग्यारहवां घर

यह घर, लाभ का प्रतिनिधित्व करता है। यदि 11वां घर खाली है तो हमें बृहस्पति (इस घर का कारक ग्रह) और शनि की स्थिति देखने की जरूरत है क्योंकि इसमें इस ग्रह की जड़ राशि है। यदि तीसरा घर खाली है तो 11वां घर सोया होगा।

बारहवां घर

यह भाव, व्यय, मोक्ष, निद्रा, पैर और विदेश का प्रतिनिधित्व करता है। इस घर में पाप ग्रह स्वास्थ्य और धन को नुकसान दे सकते हैं। केतु इस घर का कारक ग्रह है क्योंकि यह मोक्ष को दर्शाता है। इस घर में बृहस्पति की जड़ राशि है। इस भाव में बुध नीच का होता है। यहां शुक्र उच्च का होता है।

जड़ राशि

नीचे दिया गया चार्ट, कालपुरुष कुण्डली के अनुसार प्रत्येक ग्रह की जड़ राशि के बारे में बताती है।

Root (Jad Rashi) of the Planet

Planet	Root
Jupiter	9, 12
Sun	5
Moon	4
Mars	1, 8
Me	3, 6
Venus	2, 7
Sat	10, 11
Rahu	12
Ketu	6

लाल किताब के अनुसार दोस्ती और दुश्मनी

Planet	Friends	Enemy
Jupiter	Sun, Moon, Mars	Venus and Mercury
Sun	Jupiter, Ma, Moon	Venus, Saturn, Rahu and Ketu
Moon	Sun, Me	Rahu, Ketu
Venus	Saturn, Mercury, Ketu	Sun, Moon and Rahu
Mars	Sun, Moon, Jupiter	Me and Ketu
Me	Sun, Venus and Rahu	Moon
Saturn	Me, Venus, Rahu	Sun, Moon, Mars
Rahu	Me, Saturn , Ketu	Sun, Venus, Mars
Ketu	Venus, Rahu	Moon, Mars

कालपुरुष कुण्डली में उच्च का ग्रह

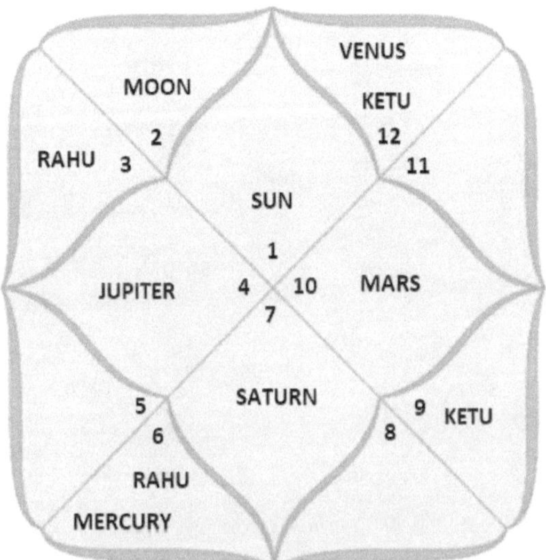

कालपुरुष कुंडली में नीच ग्रह

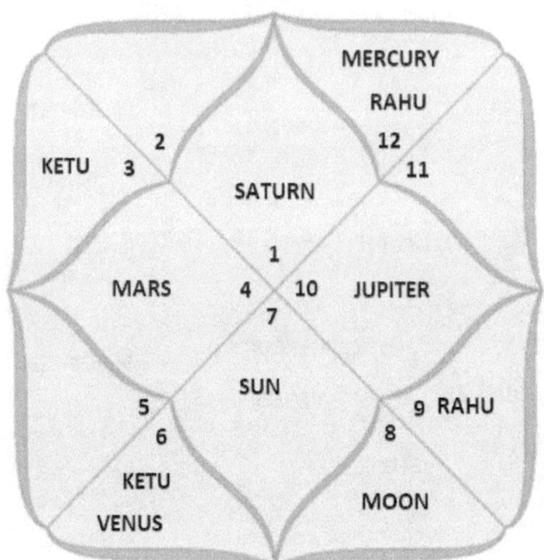

ग्रहों का अपना घर (जमिन)

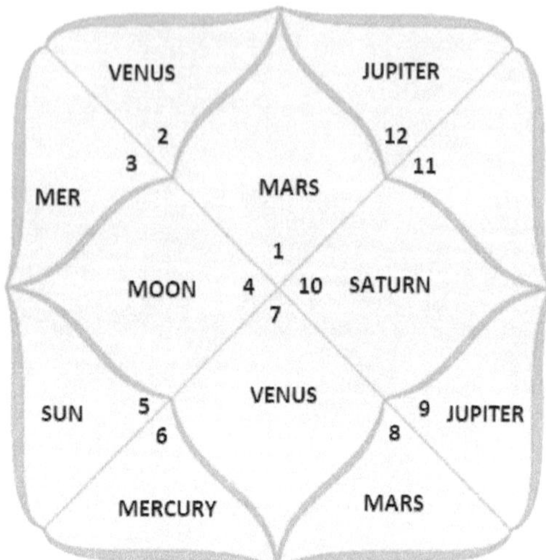

ग्रहों का पक्का घर

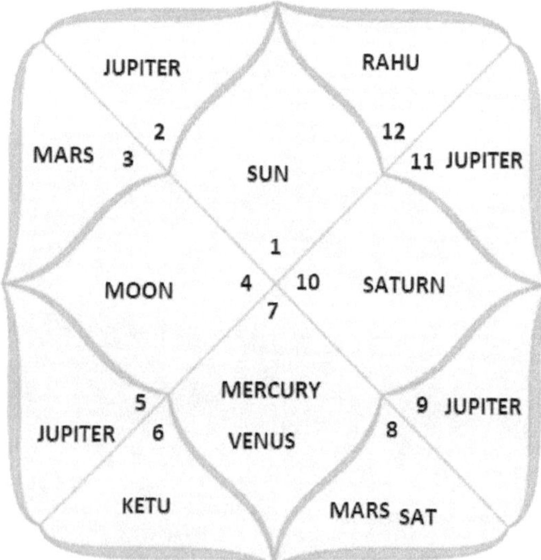

100% दृष्टि

चतुर्थ भाव के ग्रह की दृष्टि 10वें भाव के ग्रह पर **100%** दृष्टि है।

पहले घर के ग्रह की 7वें घर के ग्रह पर **100%** दृष्टि है।

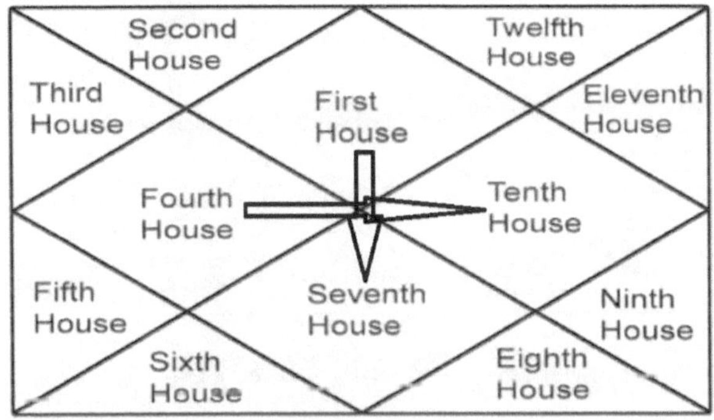

50% दृष्टि

तीसरे भाव के ग्रह की दृष्टि 11वें और 9वें भाव के ग्रहों पर है।

पंचम भाव का ग्रह नवम भाव के ग्रहों पर दृष्टि डालता है।

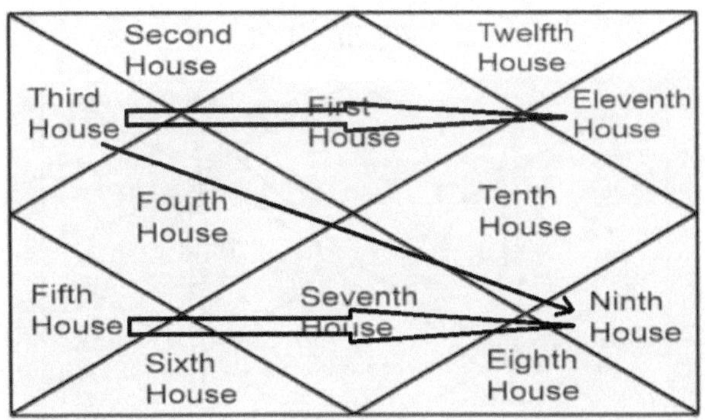

100% दृष्टि

8वें घर के ग्रह की दृष्टि दूसरे घर के ग्रह पर **100%** दृष्टि।

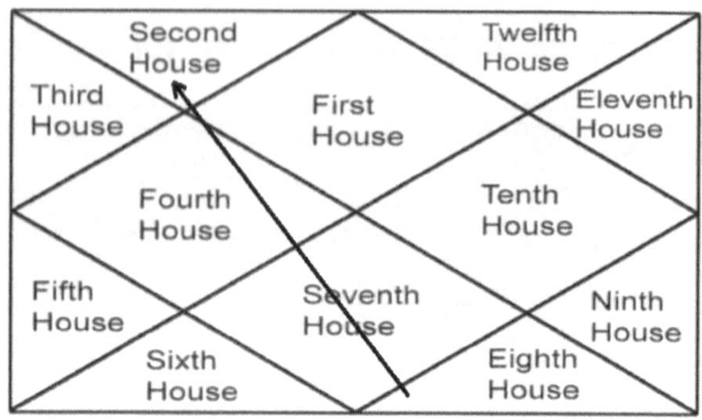

25% दृष्टि और 50% दृष्टि

द्वितीय भाव का ग्रह, छठे भाव के ग्रहों पर **25%** दृष्टि से दृष्टि डालता है।

छठे भाव का ग्रह, **25%** दृष्टि से 12वें भाव के ग्रह को देखता है।

लेकिन 8वें भाव का ग्रह, 12वें भाव के ग्रह पर **50%** दृष्टि डालता है।

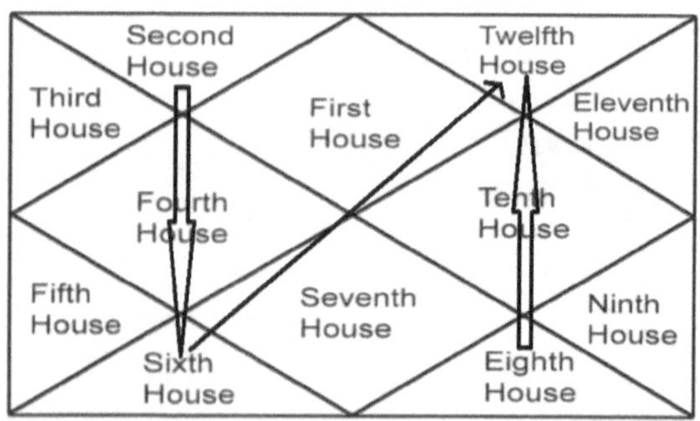

25% दृष्टि

12वें घर का ग्रह दूसरे घर के ग्रहों को देखता है और इसके विपरीत।

आठवें घर का ग्रह छठे घर के ग्रहों को देखता है और इसके विपरीत।

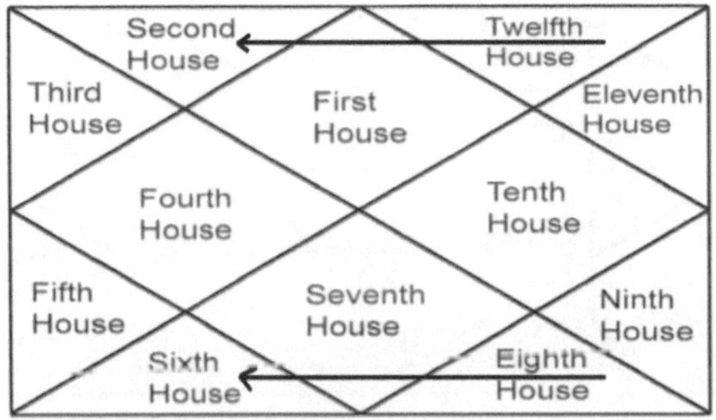

25% दृष्टि और 50% दृष्टि

द्वितीय भाव का ग्रह, छठे भाव के ग्रहों पर **25%** दृष्टि से दृष्टि डालता है।

8वें घर का ग्रह, **50%** दृष्टि के साथ 12 वें घर के ग्रहों को देखता है।

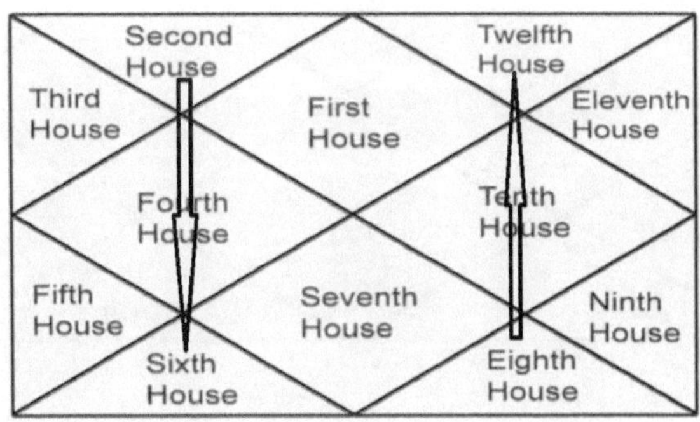

शनि की असाधारण दृष्टि

शनि की असाधारण दृष्टि (वक्र दृष्टि) - शनि की खराब दृष्टि, यह दूसरे भाव के ग्रह को नष्ट कर देगी।

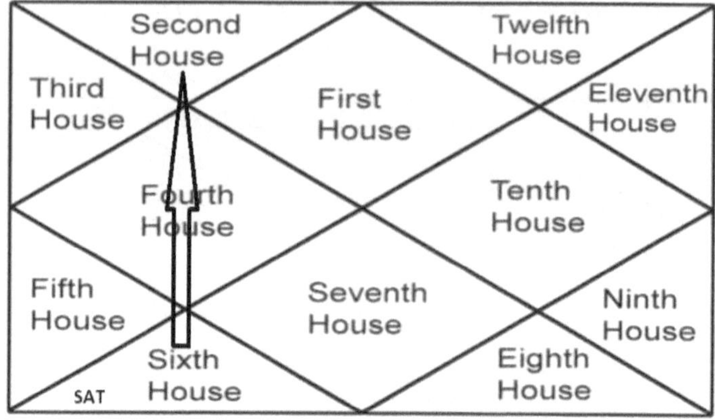

बुध की असाधारण दृष्टि

यह एक वक्र दृष्टि है - इसका मतलब है कि यह 12वें घर और 6वें घर में स्थित ग्रह को नष्ट कर देगा।

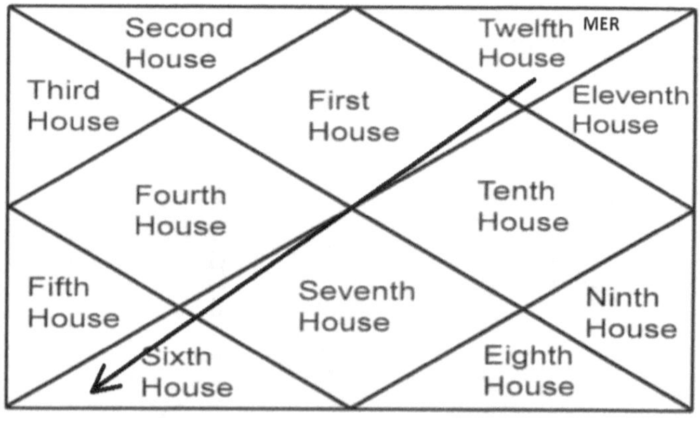

बुध की असाधारण दृष्टि

यह एक वक्र द्रष्टि (रिवर्स द्रष्टि या बुरा पहलू) है - यह एक वक्र द्रष्टि है - इसका मतलब है कि यह **9वें** घर और तीसरे घर के ग्रह को नष्ट कर देगा।

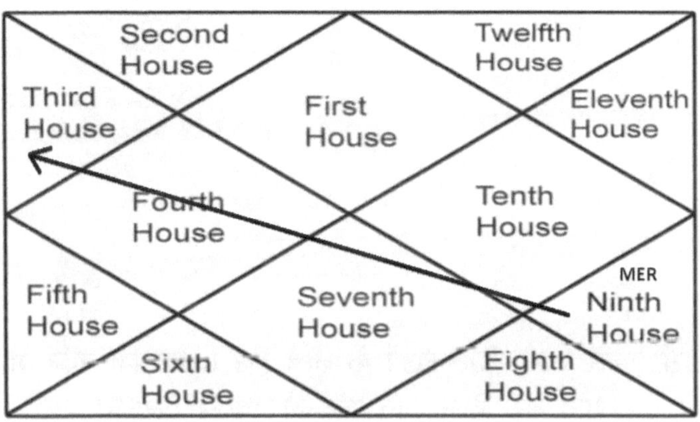

अचानक हानि

पहले भाव का ग्रह, तीसरे, सातवें और ग्यारहवें भाव के ग्रहों को अचानक हानि देता है।

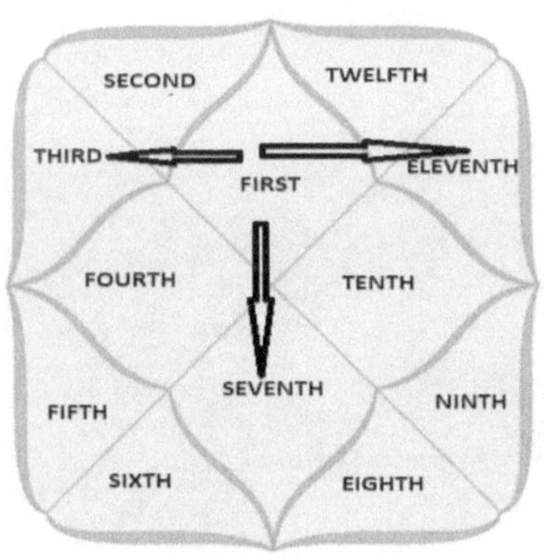

HOUSE	SUDDEN LOSS
1	7, 3 and 11
2	4
3	1
4	10, 6
5	7
6	4
7	1, 5, 9
8	10
9	7
10	4, 8, 12
11	1
12	10

दूसरे भाव के ग्रह, चौथे भाव को अचानक हानि देते हैं।

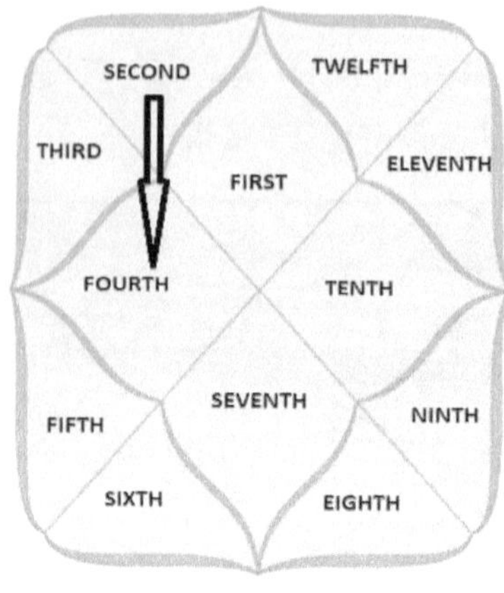

HOUSE	SUDDEN LOSS
1	7, 3 and 11
2	4
3	1
4	10, 6
5	7
6	4
7	1, 5, 9
8	10
9	7
10	4, 8, 12
11	1
12	10

इस प्रकार सभी तालिकाओं के नीचे हम देखेंगे कि कौन सा भाव ग्रह किस भाव ग्रह को टक्कर देता है।

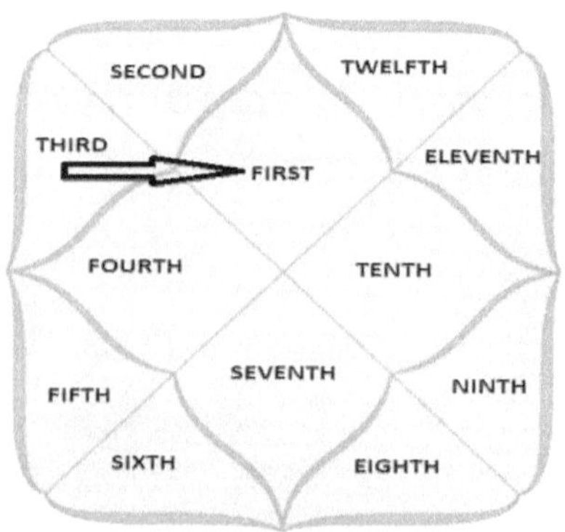

HOUSE	SUDDEN LOSS
1	7, 3 and 11
2	4
3	1
4	10, 6
5	7
6	4
7	1, 5, 9
8	10
9	7
10	4, 8, 12
11	1
12	10

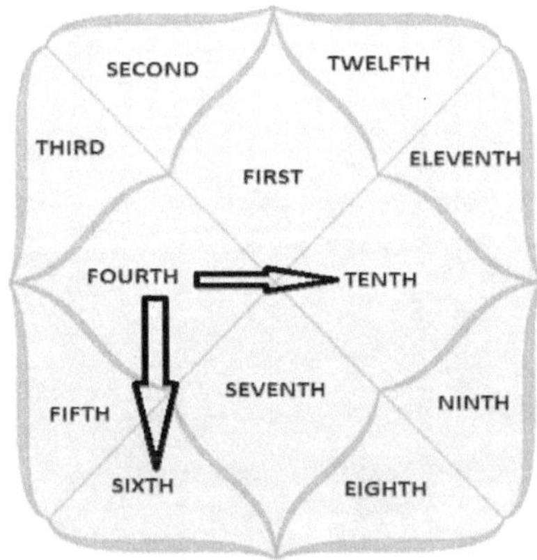

HOUSE	SUDDEN LOSS
1	7, 3 and 11
2	4
3	1
4	10, 6
5	7
6	4
7	1, 5, 9
8	10
9	7
10	4, 8, 12
11	1
12	10

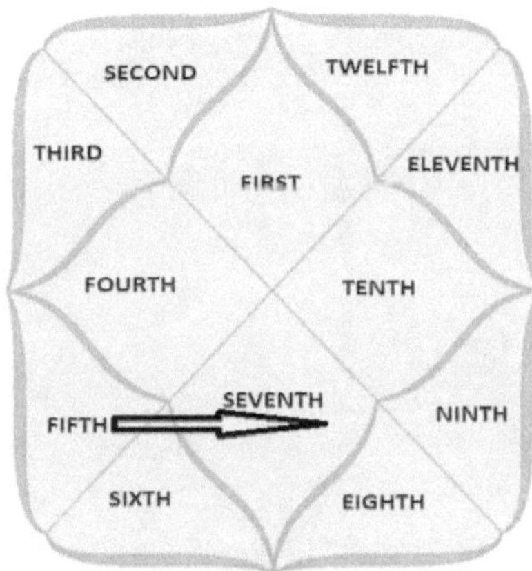

HOUSE	SUDDEN LOSS
1	7, 3 and 11
2	4
3	1
4	10, 6
5	7
6	4
7	1, 5, 9
8	10
9	7
10	4, 8, 12
11	1
12	10

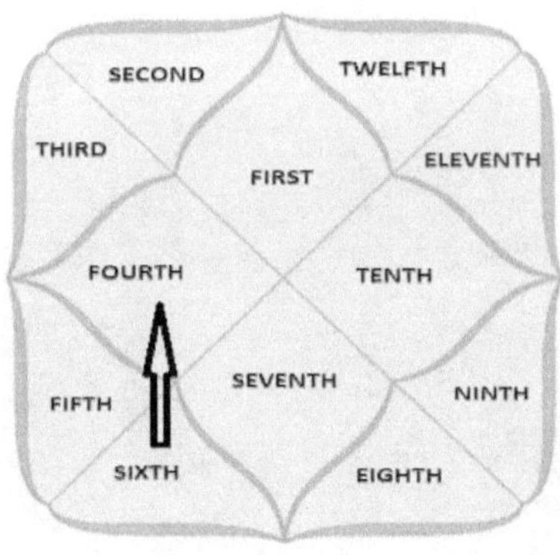

HOUSE	SUDDEN LOSS
1	7, 3 and 11
2	4
3	1
4	10, 6
5	7
6	4
7	1, 5, 9
8	10
9	7
10	4, 8, 12
11	1
12	10

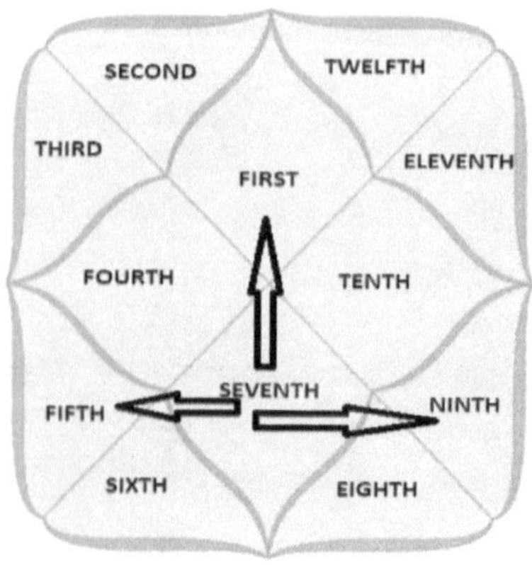

HOUSE	SUDDEN LOSS
1	7, 3 and 11
2	4
3	1
4	10, 6
5	7
6	4
7	1, 5, 9
8	10
9	7
10	4, 8, 12
11	1
12	10

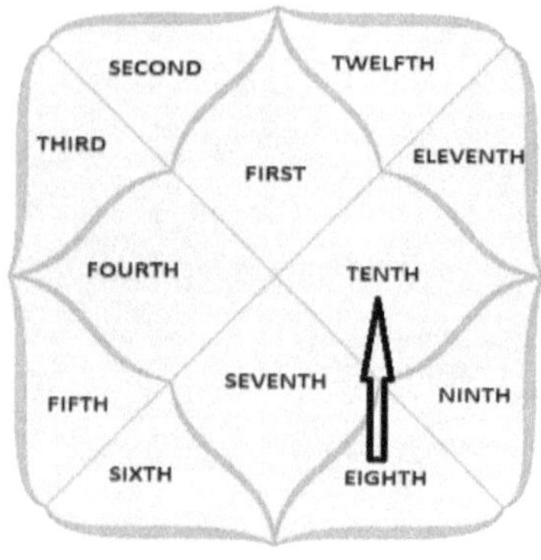

HOUSE	SUDDEN LOSS
1	7, 3 and 11
2	4
3	1
4	10, 6
5	7
6	4
7	1, 5, 9
8	10
9	7
10	4, 8, 12
11	1
12	10

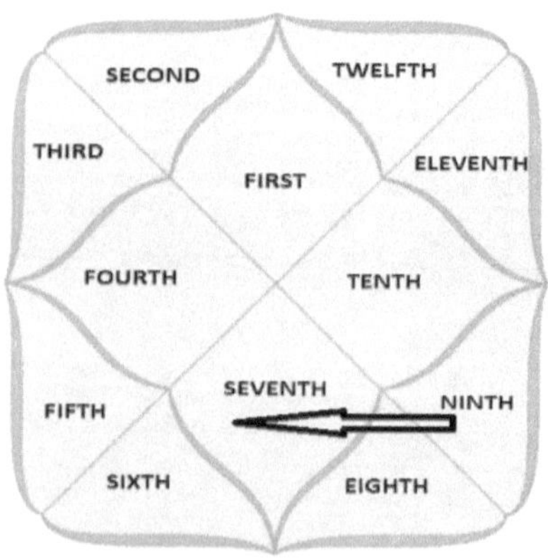

HOUSE	SUDDEN LOSS
1	7, 3 and 11
2	4
3	1
4	10, 6
5	7
6	4
7	1, 5, 9
8	10
9	7
10	4, 8, 12
11	1
12	10

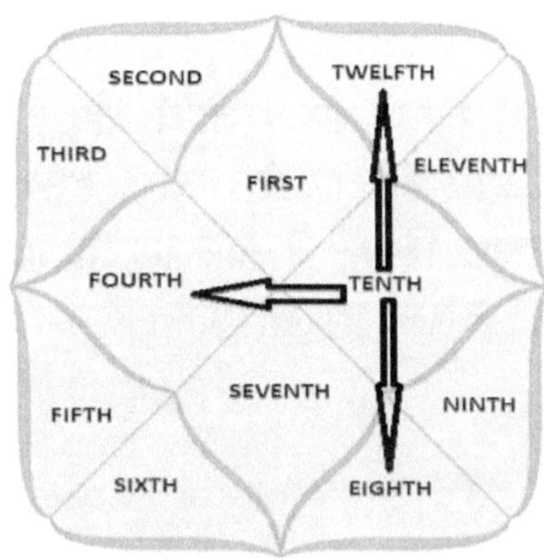

HOUSE	SUDDEN LOSS
1	7, 3 and 11
2	4
3	1
4	10, 6
5	7
6	4
7	1, 5, 9
8	10
9	7
10	4, 8, 12
11	1
12	10

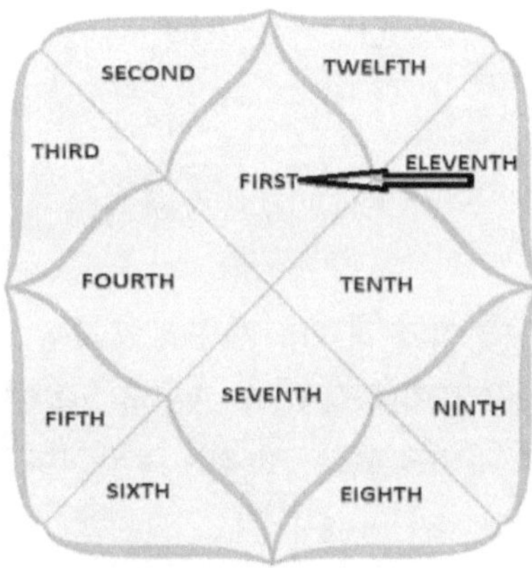

HOUSE	SUDDEN LOSS
1	7, 3 and 11
2	4
3	1
4	10, 6
5	7
6	4
7	1, 5, 9
8	10
9	7
10	4, 8, 12
11	1
12	10

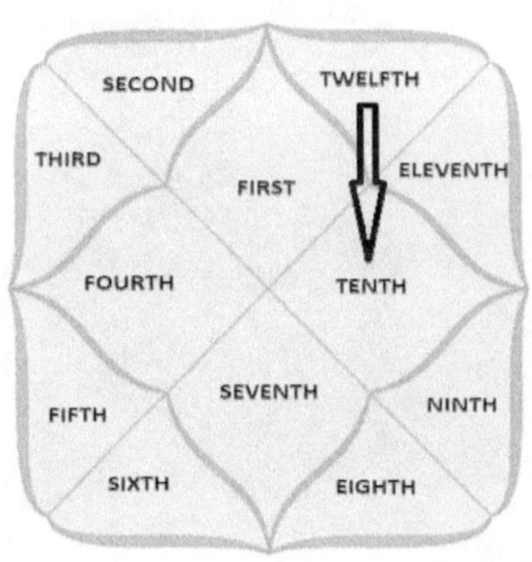

HOUSE	SUDDEN LOSS
1	7, 3 and 11
2	4
3	1
4	10, 6
5	7
6	4
7	1, 5, 9
8	10
9	7
10	4, 8, 12
11	1
12	10

बुनियाद

यदि पहले, पांचवें और नौवें घर में ग्रह हैं तो वे ग्रहों की प्रकृति के आधार पर एक दूसरे को प्रभावित करेंगे, इसका मतलब है कि शुभ ग्रह त्रिकोण स्थिति में पाप ग्रह के साथ संबंध बनाने पर अपनी गरिमा को खो सकते हैं ।

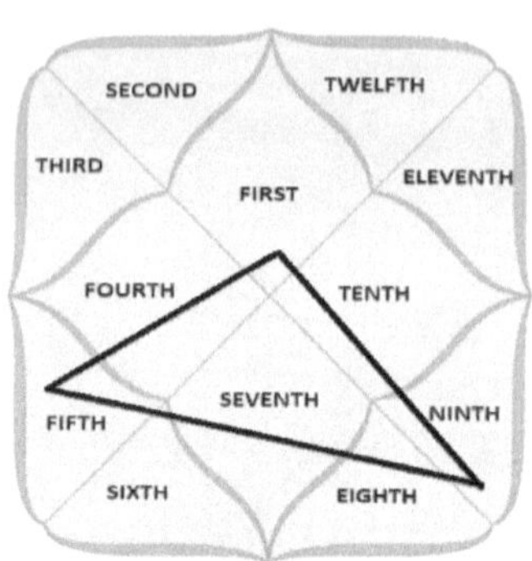

HOUSE	Buniyaad
1	5-9
2	6-10
3	7-11
4	8-12

यदि दूसरे, छठे और दसवें भाव में ग्रह हों तब वे एक दूसरे पर ग्रहों की प्रकृति को प्रभावित करेंगे, इसका अर्थ है कि यदि पापी ग्रह त्रिकोण स्थिति में है तो शुभ ग्रह अपनी अच्छी प्रतिष्ठा खो सकता है।

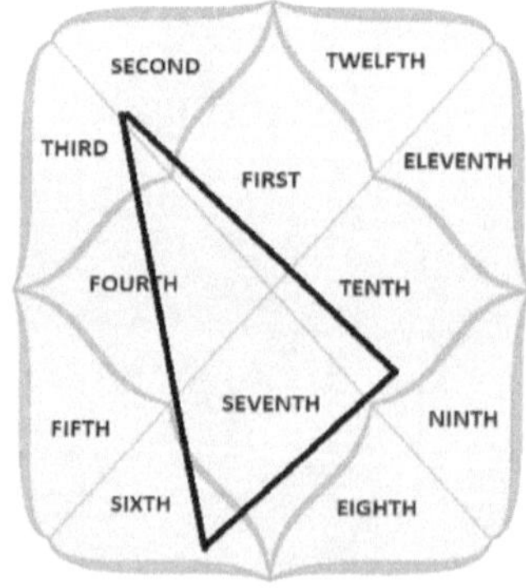

HOUSE	Buniyaad
1	5-9
2	6-10
3	7-11
4	8-12

यदि तीसरे, सातवें और ग्यारहवें भाव में ग्रह हैं तो वे ग्रहों की प्रकृति के आधार पर एक दूसरे को प्रभावित करेंगे, इसका मतलब है कि शुभ ग्रह त्रिकोण स्थिति में पाप ग्रह के साथ संबंध बनाने पर अपनी गरिमा को खो सकते हैं ।

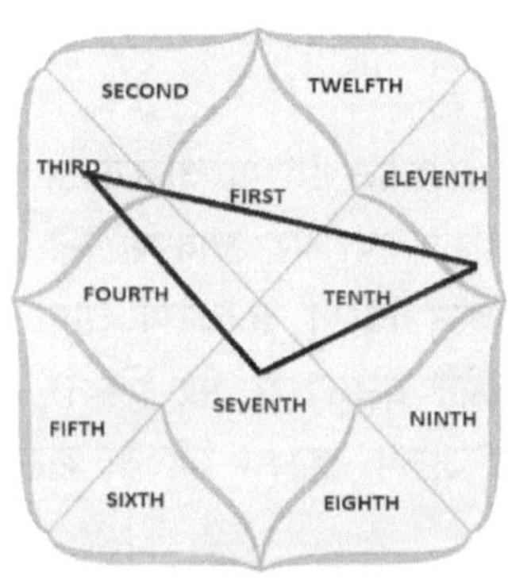

HOUSE	Buniyaad
1	5-9
2	6-10
3	7-11
4	8-12

यदि चौथे, आठवें और बारहवें भाव में ग्रह हैं तो वे ग्रहों की प्रकृति के आधार पर एक दूसरे को प्रभावित करेंगे, इसका मतलब है कि शुभ ग्रह त्रिकोण स्थिति में पाप ग्रह के साथ संबंध बनाने पर अपनी गरिमा को खो सकते हैं ।

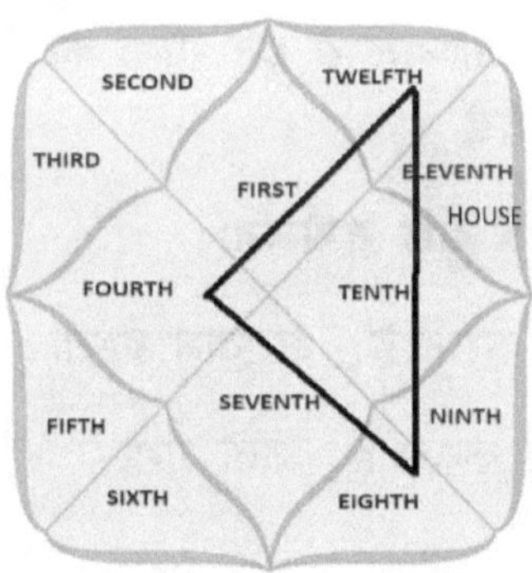

HOUSE	Buniyaad
1	5-9
2	6-10
3	7-11
4	8-12

अध्याय - पहला

वामन पुराण में गंगा

वामन पुराण के अनुसार जब भगवान विष्णु वामन अवतार के रूप में थे, तब उन्होंने अपना एक पैर आकाश की ओर उठाया, तब ब्रह्मा जी ने भगवान विष्णु के चरण धोए और उस जल को अपने कमंडल (छोटे बर्तन) में भर लिया। इसी जल की दिव्यता से गंगा का जन्म, ब्रह्मा जी के कमंडल में हुआ था।

कमंडल में पानी, अमृता का प्रतिनिधित्व करता है - जीवन का अमृत, जो उर्वरता, जीवन और धन का प्रतीक है।

कमंडल को अक्सर देवताओं के हाथों में चित्रित किया जाता है जो शिव, ब्रह्मा, वरुण देव (जल देवता), गंगा (गंगा नदी की देवी) और सरस्वती जैसे तपस्वियों के रूप में दिखाई देते हैं।

लाल किताब पेंडिंग कर्म के माध्यम से इन योगों को कैसे देखें

आइए देखते हैं कुछ संयोजन:

बृहस्पति प्रतिनिधित्व करता है - भगवान ब्रह्मा

चंद्रमा प्रतिनिधित्व करता है - देवी गंगा

यदि बृहस्पति और चंद्रमा एक साथ मीन राशि में युति करते हैं।

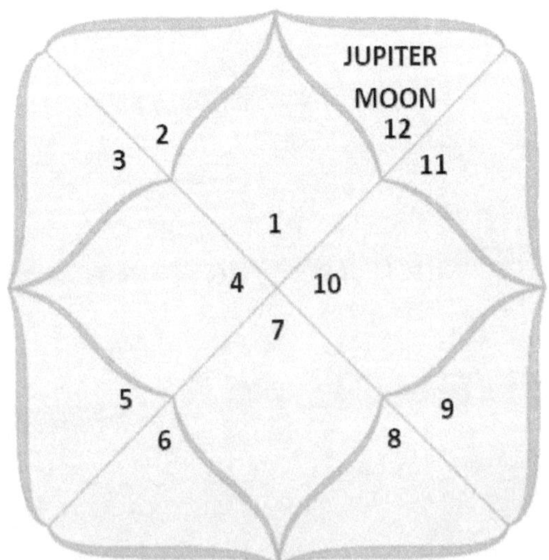

यदि गुरु, कर्क राशि में है और चंद्रमा, मीन राशि में है।

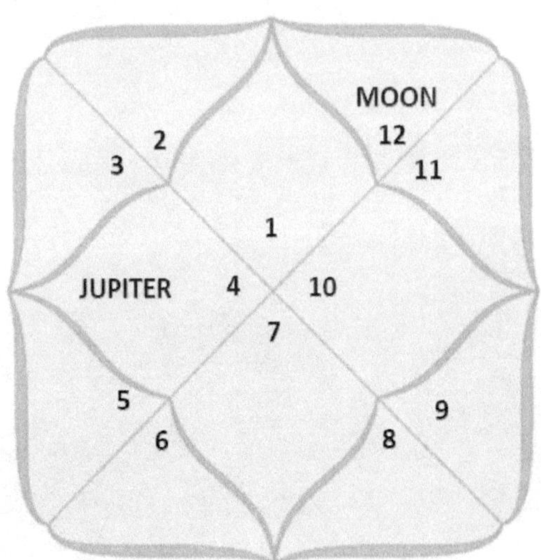

यदि चंद्रमा, कर्क राशि में है और गुरु, मीन राशि में है।

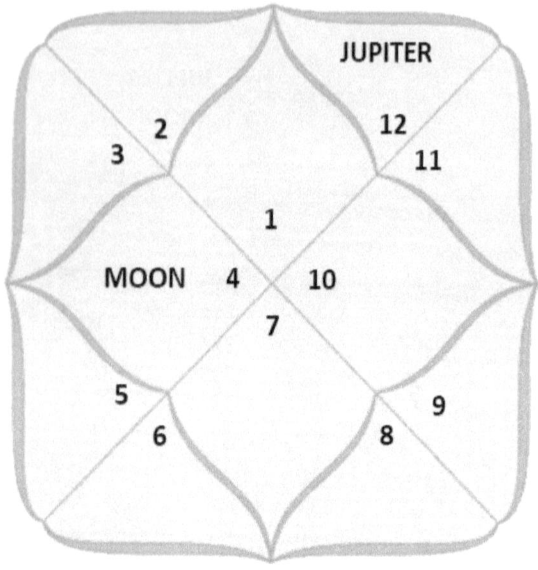

गंगाजल और पितृ तर्पण

कपिल मुनि के आश्रम में शापित 60 हजार सगर पुत्रों की राख को प्रवाहित करने के लिए, राजा भागीरथ, भगवान ब्रह्मा के कमंडल से शिव के जटाओं के माध्यम से गंगा को पृथ्वी पर लाए।

भगवान राम के चारों पूर्वजों असमंजस, दिलीप, अंशुमन और भागीरथ ने गंगा को धरती पर लाने के लिए तपस्या की थी।

हालाँकि, पृथ्वी पर आने से पहले, गंगा ने भगवान ब्रह्मा के कमंडल में शरण ली थी क्योंकि वह पृथ्वी पर जाने की इच्छुक नहीं थी और वैकुंठ छोड़ने के लिए इच्छुक नहीं थी।

लाल किताब पेंडिंग कर्म के माध्यम से इन योगों को कैसे देखें

आइए देखते हैं कुछ संयोजन:

बृहस्पति प्रतिनिधित्व करता है - भगवान ब्रह्मा

चंद्रमा प्रतिनिधित्व करता है - देवी गंगा

बुध प्रतिनिधित्व करता है - कमंडल

यदि वृहस्पति, चंद्र और बुध वृश्चिक राशि में एक साथ युति कर रहे हों।

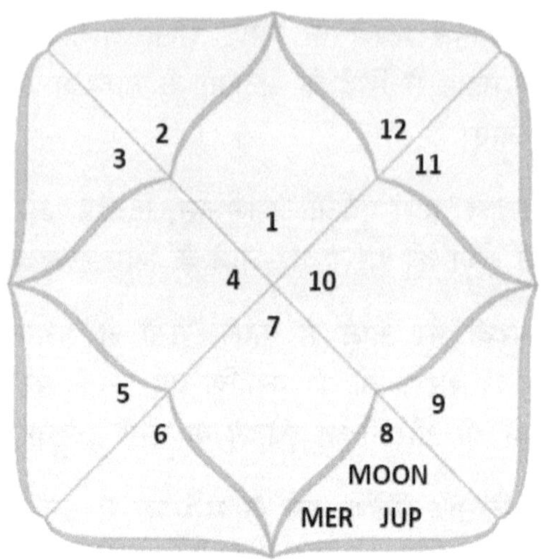

यदि मीन राशि में बृहस्पति, चंद्रमा और बुध एक साथ युति कर रहे हों।

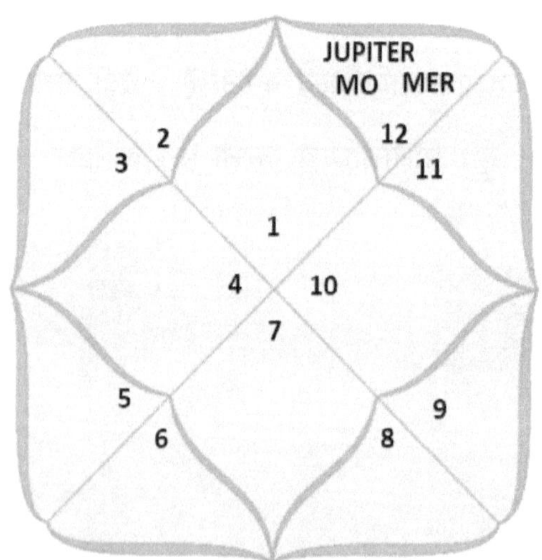

यदि बृहस्पति मकर राशि में है, बुध मीन राशि में है और चंद्रमा वृश्चिक राशि में है।

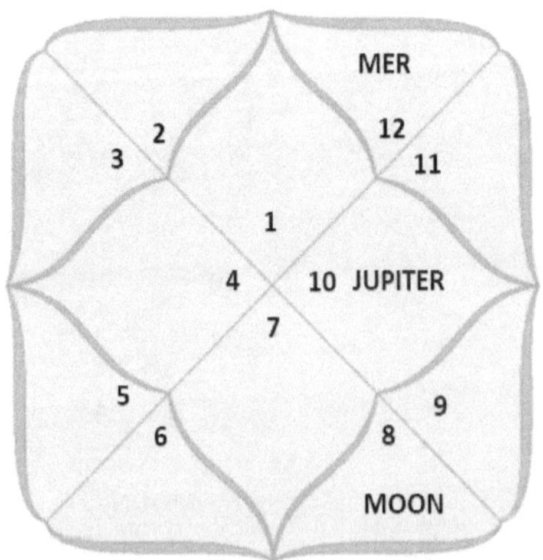

यदि बृहस्पति और चंद्रमा वृश्चिक राशि में हों और बुध मीन राशि में हो।

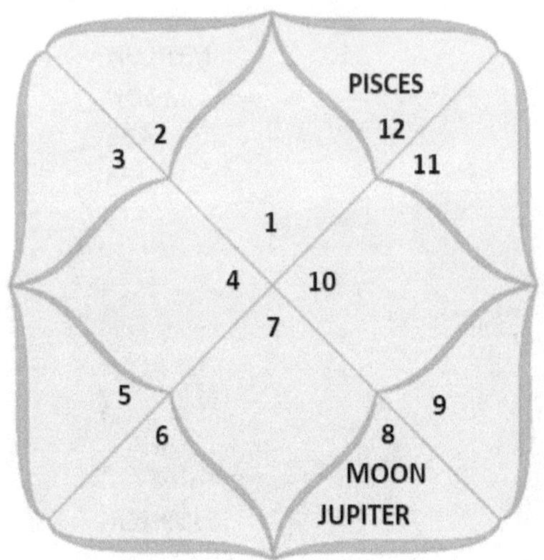

यदि बृहस्पति और बुध कन्या राशि में हों और चंद्रमा वृश्चिक राशि में हो।

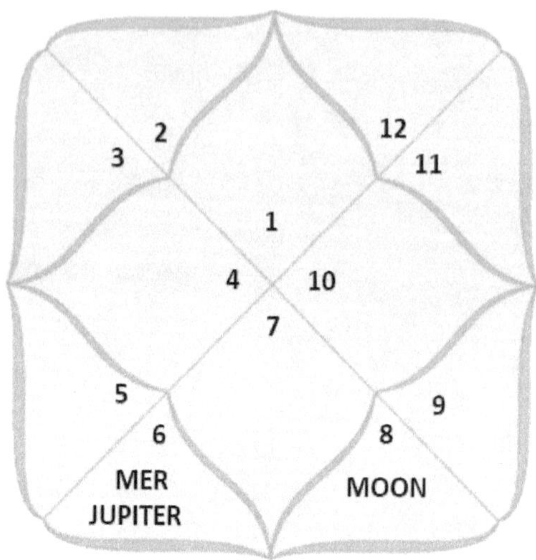

यदि चंद्रमा और बुध मीन राशि में हों और गुरु वृश्चिक राशि में हो।

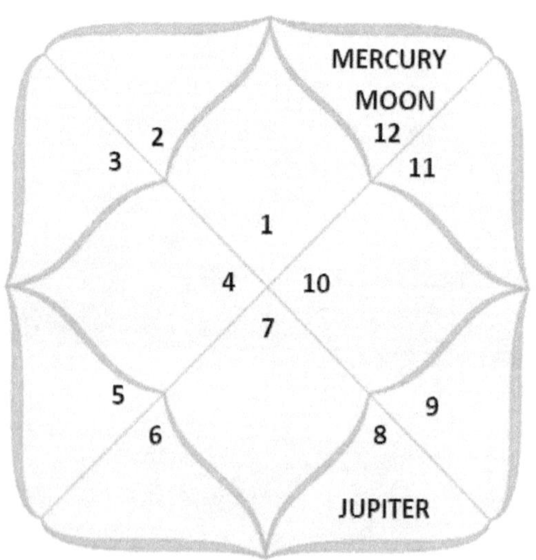

यदि बुध, धनु राशि में है, गुरु मीन राशि में है और चंद्रमा वृश्चिक राशि में है।

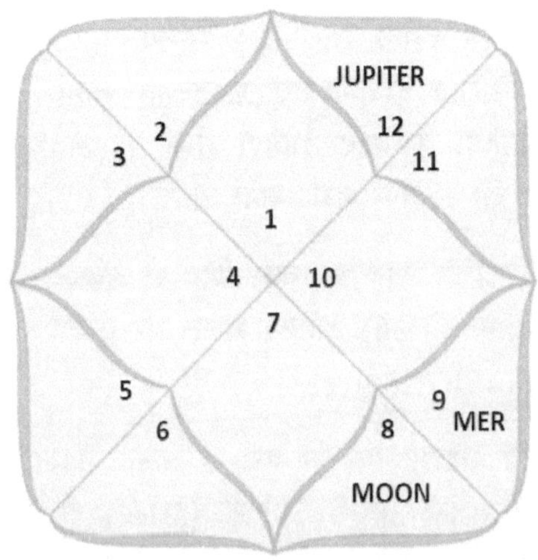

यदि बुध धनु राशि में हो, गुरु मीन राशि में हो और चंद्रमा कन्या राशि में हो।

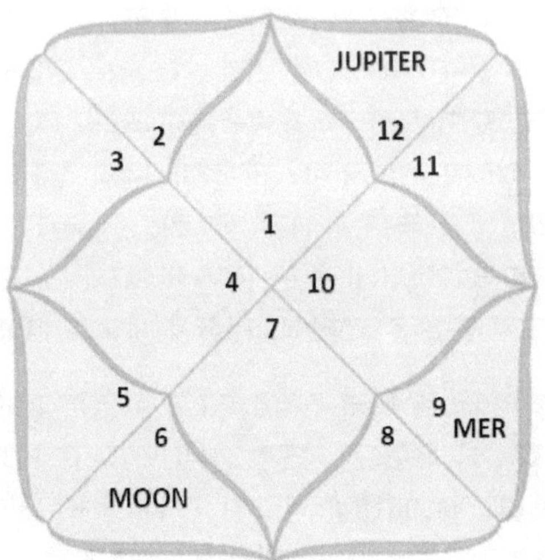

अगस्त्य ऋषि के कमंडल और कावेरी नदी की कहानी

ऐसा माना जाता है कि वैदिक परंपरा उत्तर से दक्षिण की ओर चली और इसके साथ कई मान्यताएं और अनुष्ठान भी हुए। ऋषि जब दक्षिण गए तो उन्होंने कहा कि हमें यहां भी गंगा चाहिए, इसलिए दक्षिण गंगा की अवधारणा बनी। कावेरी नदी को दक्षिण गंगा कहा जाता है।

महर्षि अगस्त्य ने स्वयं भगवान शिव से महान तमिल भाषा की शिक्षा ग्रहण की और दक्षिण भारत की पवित्र नदी कावेरी, धरती पर अवतरित हुई!

एक बार जब राक्षस, इंद्र के भय से समुद्र में जा छिपे, तब महर्षि अगस्त्य ने अपनी अंजुली (हथेली) से सात समुद्रों को पी लिया, जिससे राक्षसों का संहार हो सकता था! परन्तु समुद्री जल के सूखने के कारण दक्षिण दिशा में अकाल की स्थिति उत्पन्न हो गई।

एक दिन ऋषि अगस्त्य जंगल में भ्रमण कर रहे थे और उनके पूर्वज देवता (पितृ) जंगल के पेड़ों पर उलटे लटके हुए थे। जब उन्होंने उनसे पूछा कि वे ऐसे क्यों लटके हुए हैं? उनके साथ ऐसा दुर्भाग्य क्यों आया? तो उनके पूर्वज देवता (पितृ) ने उत्तर दिया, "चूंकि ऋषि अगस्त्य का कोई पुत्र नहीं है, इसलिए वे इस तरह से पीड़ित होने के लिए मजबूर हैं।" यह सुनकर ऋषि अगस्त्य ने उन्हें वचन दिया कि वे शीघ्र ही विवाह करेंगे।

उस समय विदर्भ के राजा संतान प्राप्ति के लिए तपस्या और जप कर रहे थे। भगवान विष्णु उसके पास पहुंचे और राजा को कन्या देने का आशीर्वाद दिया। राजसी वैभव और ऐश्वर्य में पली उस कन्या का नाम लोपामुद्रा रखा गया।

जब लड़की विवाह योग्य हो गई, तो ऋषि अगस्त्य वहां पहुंचे और राजा विदर्भ की बेटी से शादी करने की इच्छा व्यक्त की।

हालाँकि राजा विदर्भ, ऋषि से बहुत डरते थे, फिर भी उन्होंने ऋषि को संकेत दिया कि वह नहीं चाहते कि उनकी बेटी का विवाह उनसे हो। लेकिन लोपामुद्रा ने अपने पिता से कहा कि वह ऋषि अगस्त्य से ही शादी करना चाहती हैं।

उसके बाद राजा ने लोपामुद्रा का विवाह ऋषि अगस्त्य से करवा दिया। चूंकि ऋषि अगस्त्य, पहाड़ों, जंगलों और कंटीले रास्तों से यात्रा करते थे और वे नहीं चाहते थे कि उनकी पत्नी इन सबका कष्ट सहे, इसलिए उन्होंने अपनी पत्नी को सूक्ष्म रूप देकर, उसे अपने कमंडल में रखा और वह जहां भी गए, उनके साथ रहीं। भगवान शिव की इच्छा से अगस्त्य ऋषि ने दक्षिण की यात्रा की और वहीं बस गए। हालाँकि यह यात्रा चुनौतीपूर्ण थी, लेकिन उन्होंने भगवान शिव की आज्ञा का पालन करते हुए इसे पूरा किया।

भगवान शिव ने ऋषि अगस्त्य को वरदान दिया था कि उनका कमण्डल हमेशा पानी से भरा रहेगा। उस समय दक्षिण भारत का यह क्षेत्र अत्यंत शुष्क था, जहाँ कभी-कभी वर्षा होती थी।

एक बार जब अगस्त्य मुनि स्नान करने गए तो भगवान गणेश ने कौए का रूप धारण कर अगस्त्य मुनि का कमंडल गिरा दिया।

अगस्त्य ऋषि ने अपनी पत्नी (लोपामुद्रा) को नदी के रूप में कमंडल में रखा हुआ था जो शक्तिशाली कावेरी नदी में बदल गई।

लाल किताब पेंडिंग कर्म के माध्यम से इन योगों को कैसे देखें

आइए देखते हैं कुछ संयोजन:

बृहस्पति प्रतिनिधित्व करता है - अगस्त्य

चंद्रमा प्रतिनिधित्व करता है - देवी कावेरी

बुध प्रतिनिधित्व करता है - कमंडल

कौआ प्रतिनिधित्व करता है - शनि

गणेश प्रतिनिधित्व करते हैं - केतु

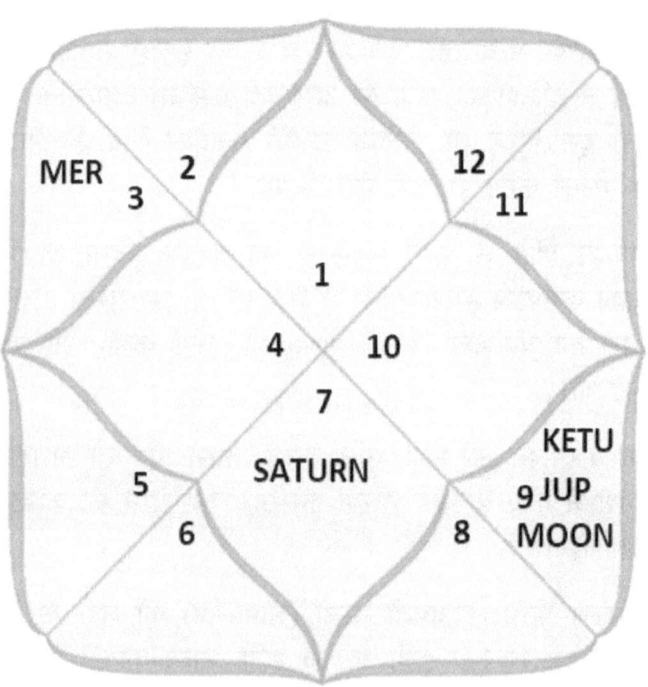

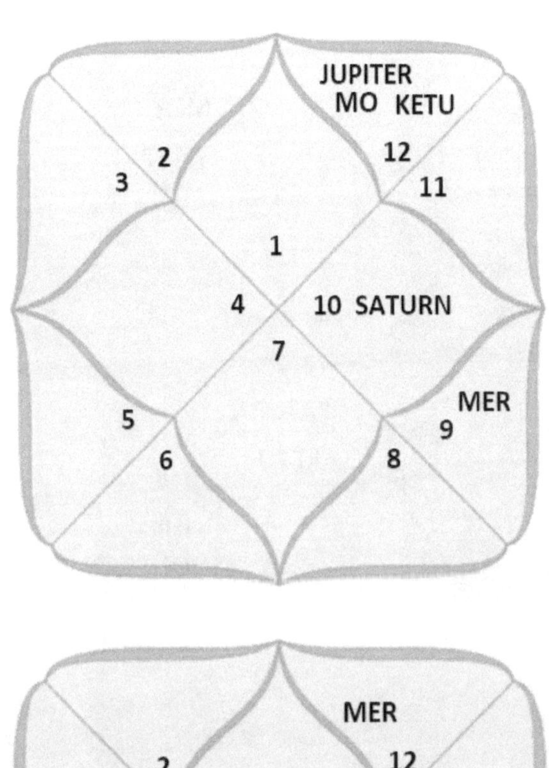
JUPITER
MO KETU
12
11
2
3
1
4 10 SATURN
7
5
MER
9
6 8

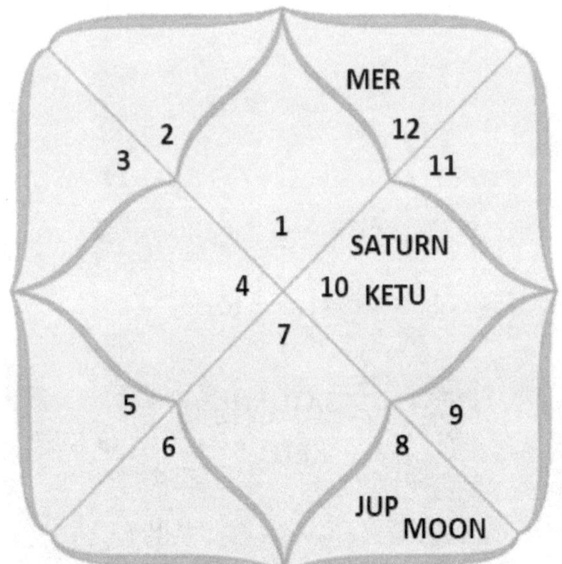
MER
12
11
2
3
1
SATURN
4 10 KETU
7
5
9
6 8
JUP MOON

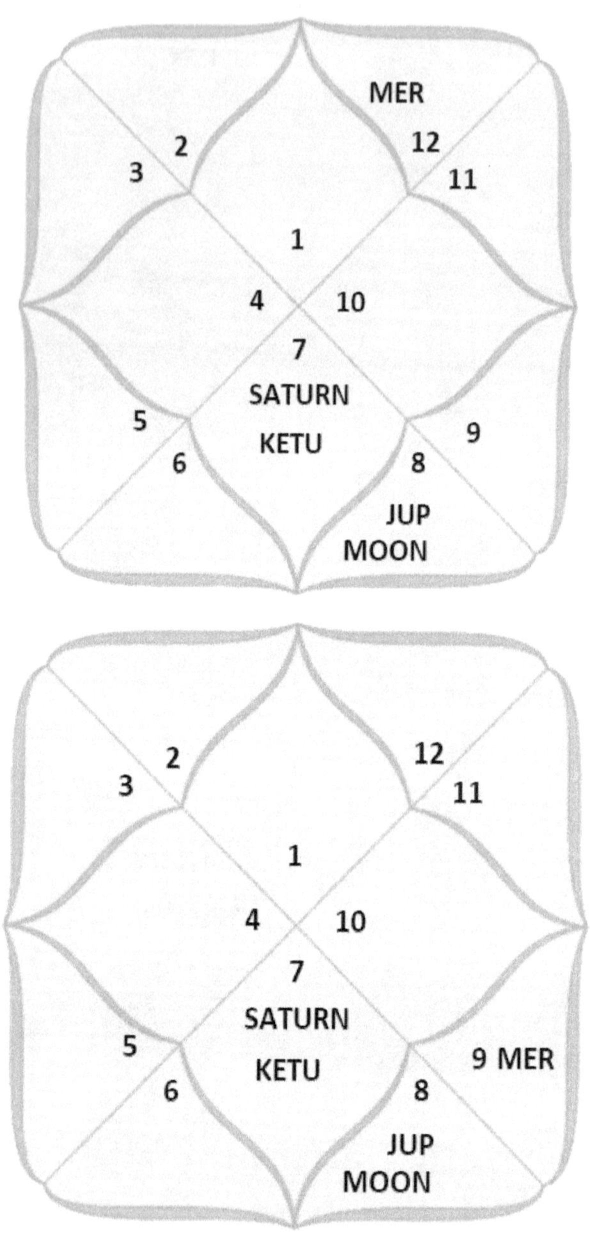
MER
2
3
12
11
1
4
10
7
SATURN
KETU
5
6
8
9
JUP
MOON
2
3
12
11
1
4
10
7
SATURN
KETU
5
6
8
9 MER
JUP
MOON

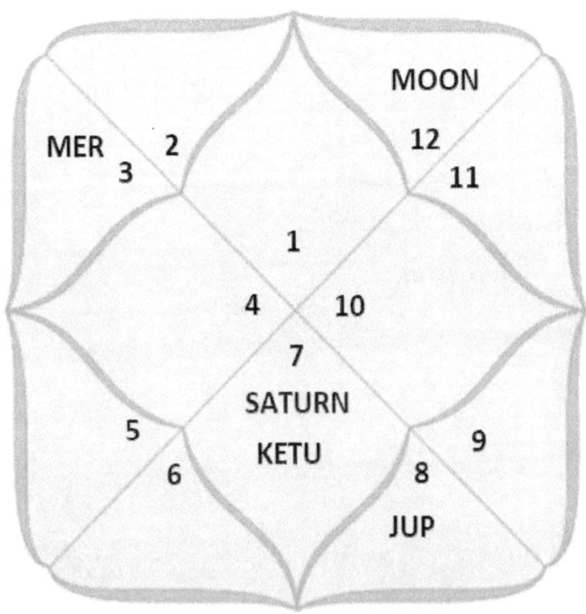

MOON
MER
2
3
12
11
1
4
10
7
SATURN
KETU
5
6
8
9
JUP

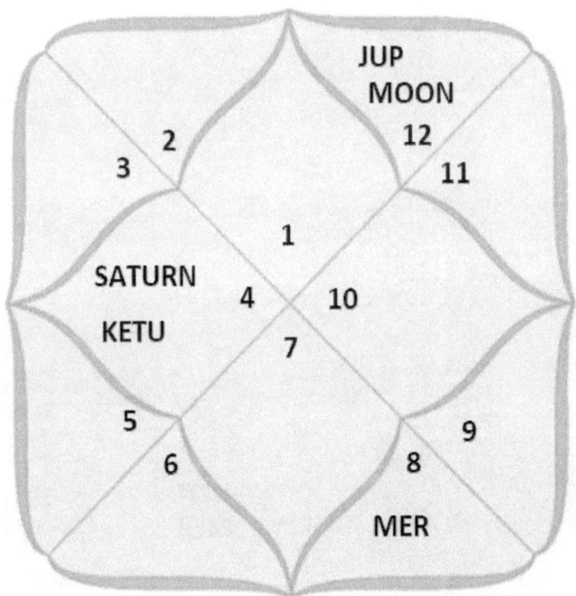

JUP
MOON
2
3
12
11
1
SATURN
4
10
KETU
7
5
6
8
9
MER

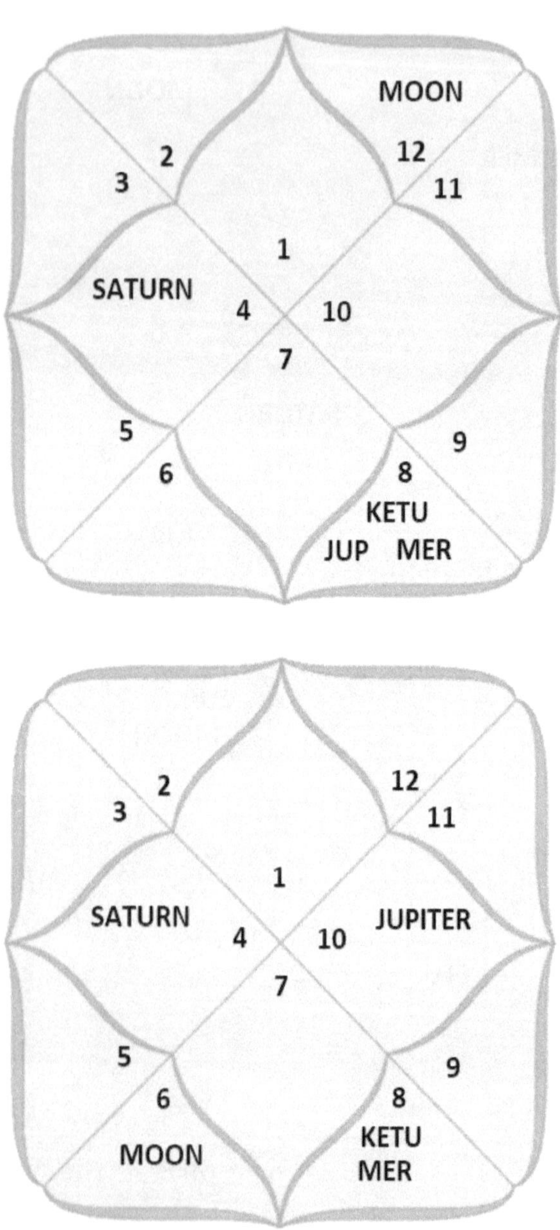

MOON
2
3
12
11
1
SATURN
4
10
7
5
9
6
8
KETU
JUP   MER
2
3
12
11
1
SATURN
4
10
JUPITER
7
5
9
6
8
MOON
KETU
MER

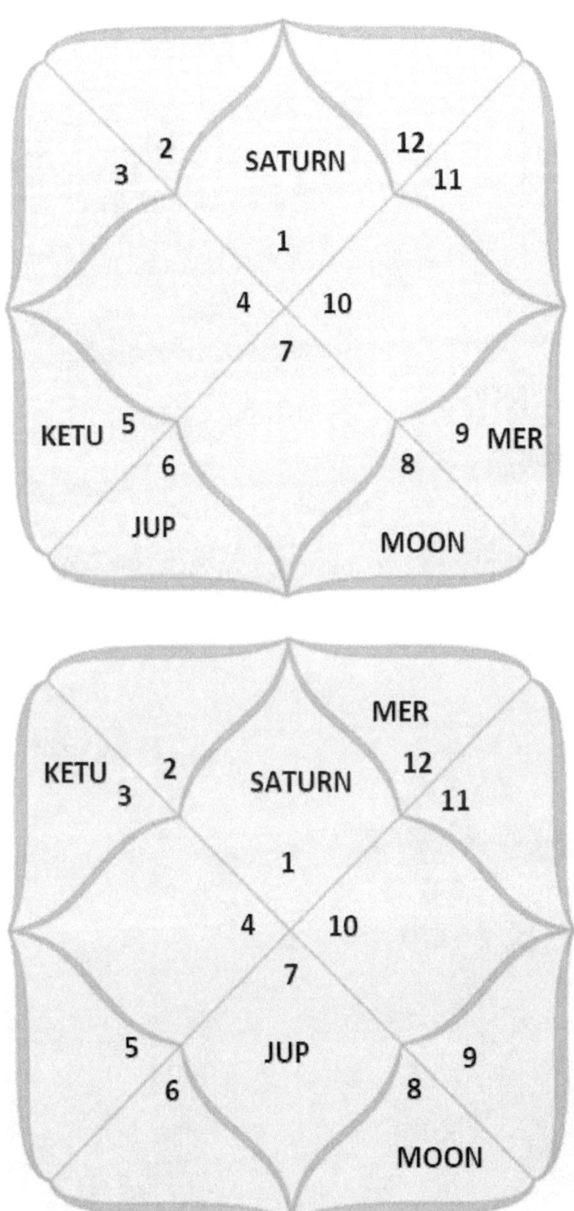
2
3
SATURN
12
11
1
4
10
7
KETU
5
9 MER
6
8
JUP
MOON
MER
KETU
2
3
SATURN
12
11
1
4
10
7
JUP
5
9
6
8
MOON

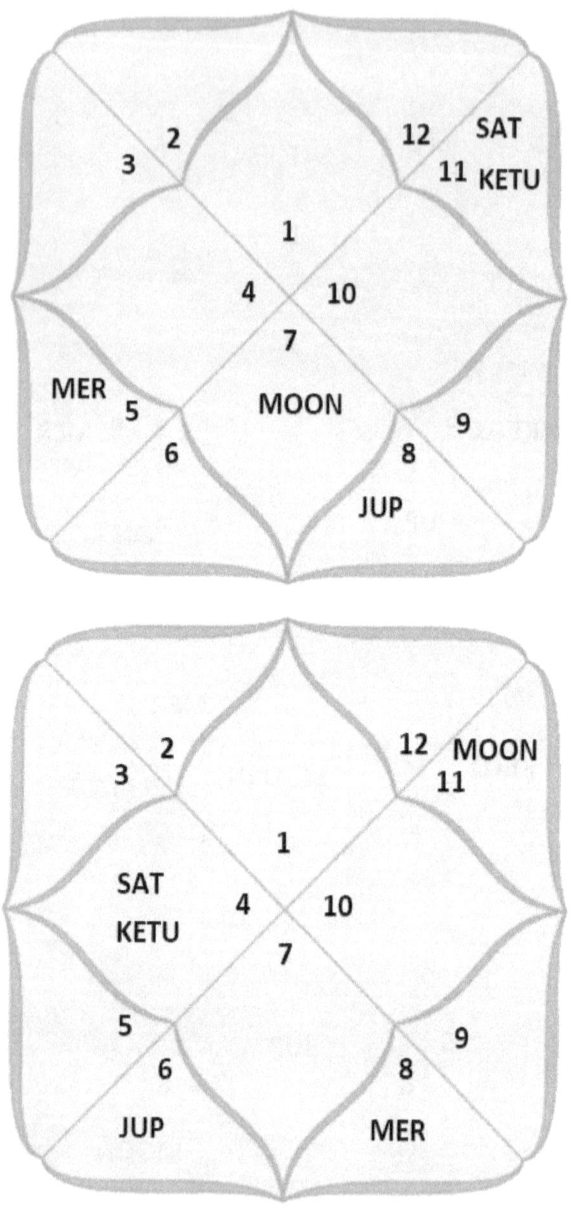
2
3
12
SAT
11 KETU
1
4
10
7
MER
5
MOON
9
6
8
JUP

2
3
12 MOON
11
1
SAT
4
10
KETU
7
5
9
6
8
JUP
MER

राजा बलि और गुरु शुक्राचार्य का कमंडल

शुक्राचार्य, भृगु ऋषि और दिव्या (हिरण्यकश्यप की पुत्री) के पुत्र थे। शुक्राचार्य को ख्याति का पुत्र भी माना जाता है।

पुराणों के अनुसार ये दैत्यों के गुरु और पुरोहित थे। ऐसा कहा जाता है कि एक बार जब बलि पूरी पृथ्वी को वामन अवतार भगवान् विष्णु को दान कर रहे थे, तो गुरु शुक्राचार्य बलि को सतर्क करने और पानी के प्रवाह को बाधित करने के इरादे से कमंडल में बैठ गए।

भगवान विष्णु ने एक कुशा घास ली और उसे कमंडल की टोंटी में डाल दिया, जिससे गुरु शुक्राचार्य की एक आंख फूट गई। फिर जीवन भर वे ऐसे ही रहे। तभी से उनका नाग 'एकाक्ष' का पर्याय बन गया।

लाल किताब पेंडिंग कर्म के माध्यम से इन योगों को कैसे देखें

आइए देखते हैं कुछ संयोजन:

बृहस्पति प्रतिनिधित्व करता है - वामन अवतार

चंद्रमा प्रतिनिधित्व करता है - जल

बुध प्रतिनिधित्व करता है - कमंडल

शुक्र प्रतिनिधित्व करता है - गुरु शुक्राचार्य

राहु प्रतिनिधित्व करता है - राजा बलि

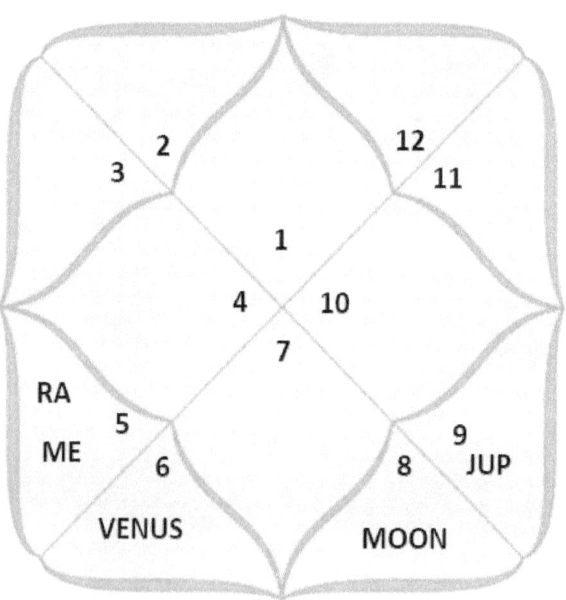

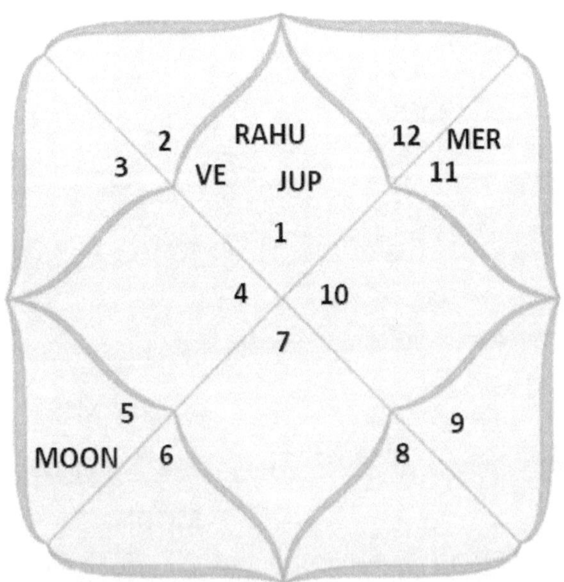
2
3
RAHU
VE
JUP
12 MER
11
1
4
10
7
5
MOON
6
9
8

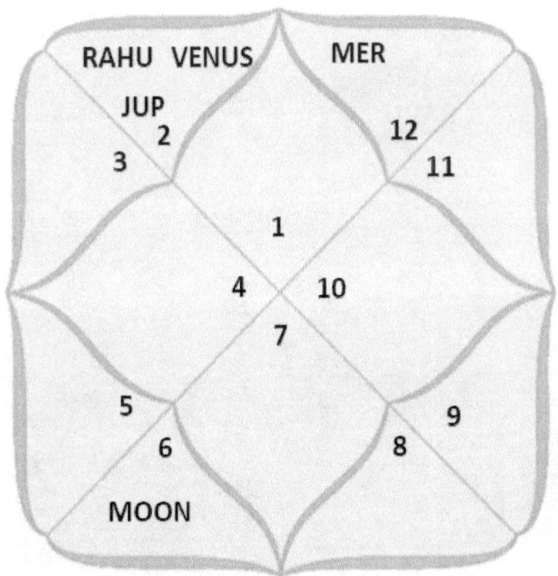
RAHU VENUS
MER
JUP
2
3
12
11
1
4
10
7
5
6
9
8
MOON

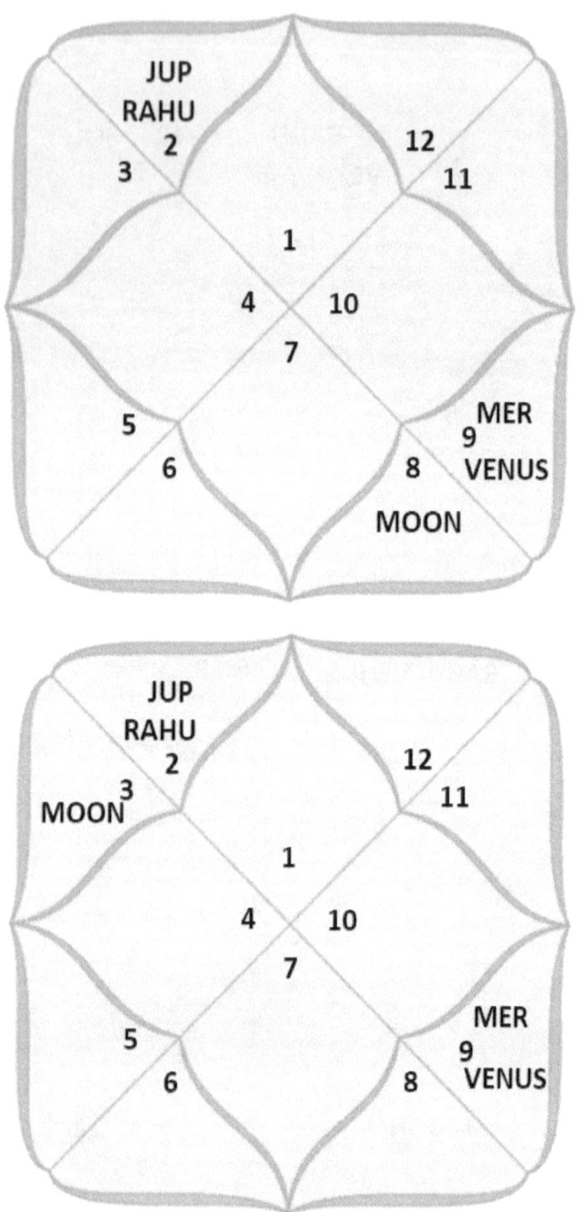
JUP
RAHU
2
3
12
11
1
4
10
7
5
6
9 MER
VENUS
8
MOON
JUP
RAHU
2
MOON 3
12
11
1
4
10
7
5
6
MER
9
VENUS
8

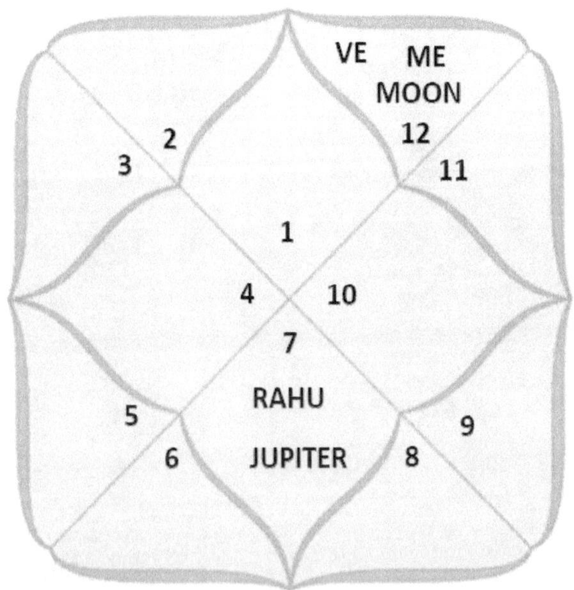
VE
ME
MOON
12
11
2
3
1
4
10
7
RAHU
JUPITER
5
6
8
9

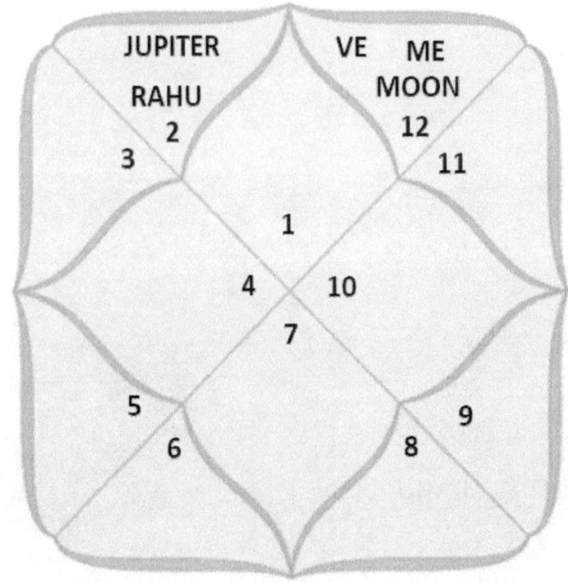
JUPITER
RAHU
2
3
VE
ME
MOON
12
11
1
4
10
7
5
6
8
9

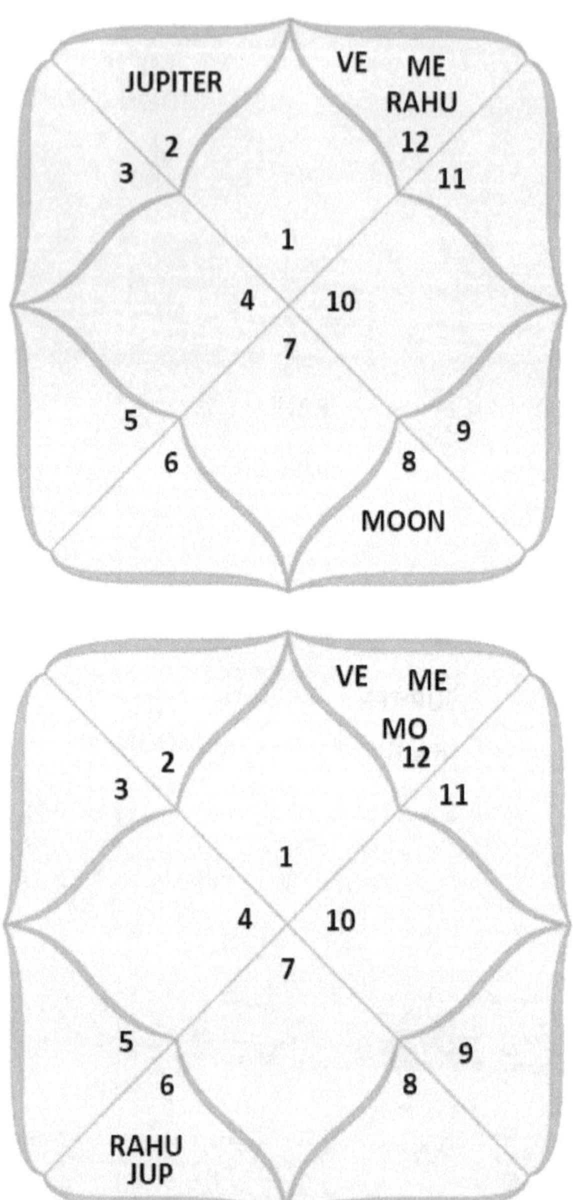
JUPITER
VE ME RAHU
2
3
12
11
1
4 10
7
5 9
6 8
MOON
VE ME
MO
2
3
12
11
1
4 10
7
5 9
6 8
RAHU
JUP

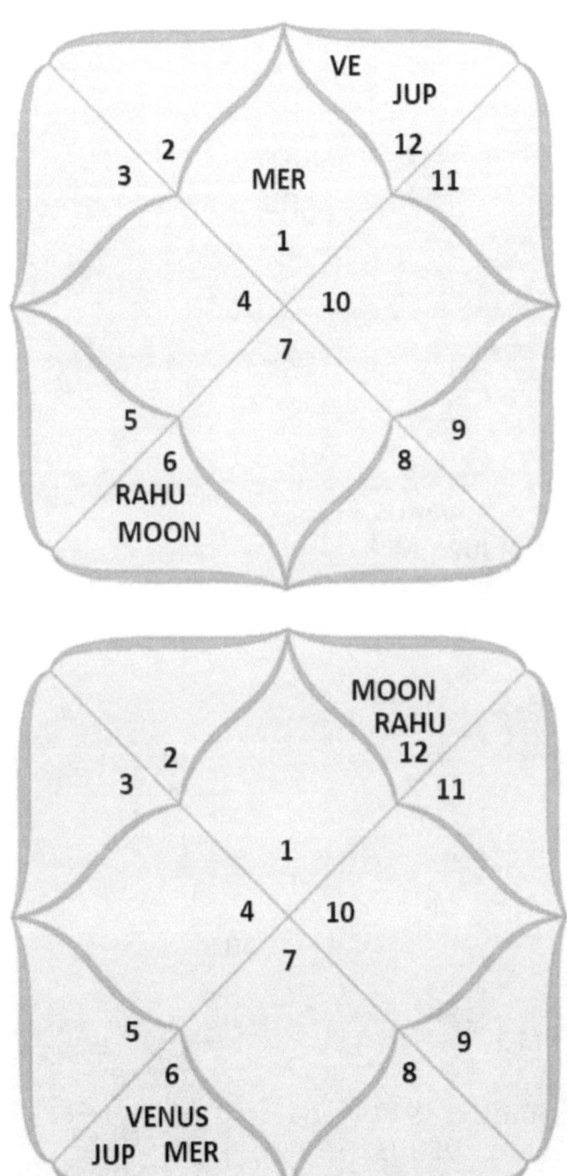
VE
JUP
12
2
3
MER
11
1
4
10
7
5
9
6
8
RAHU
MOON
MOON
RAHU
12
2
3
11
1
4
10
7
5
9
6
8
VENUS
JUP   MER

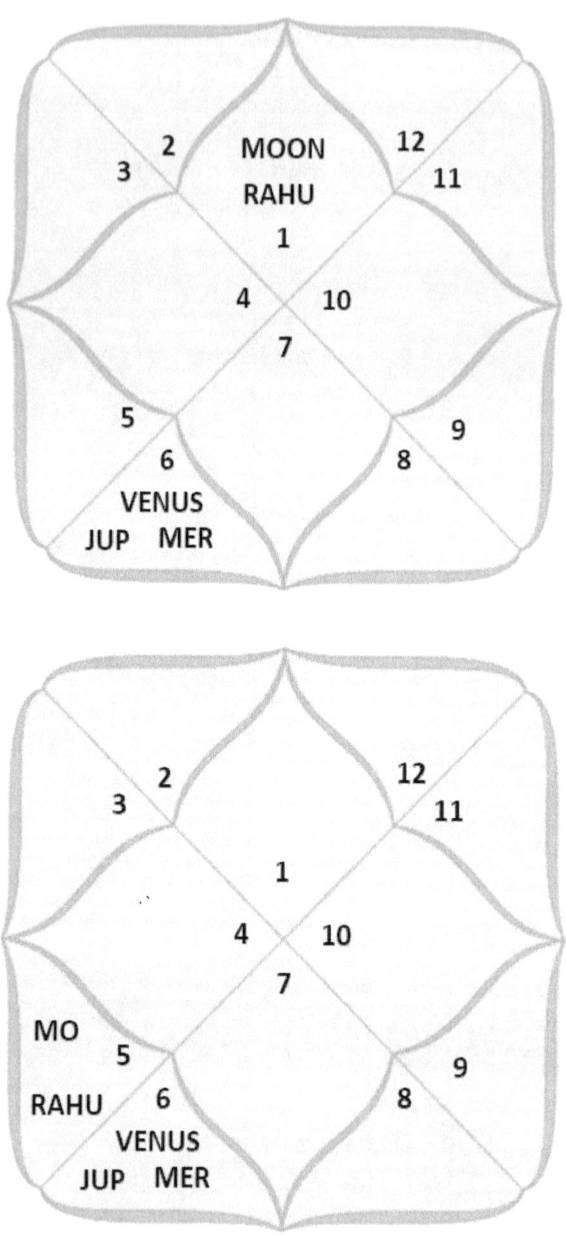
2
3
MOON
RAHU
12
11
1
4
10
7
5
9
6
8
VENUS
JUP   MER

2
3
12
11
1
4
10
7
MO
5
9
RAHU   6
8
VENUS
JUP   MER

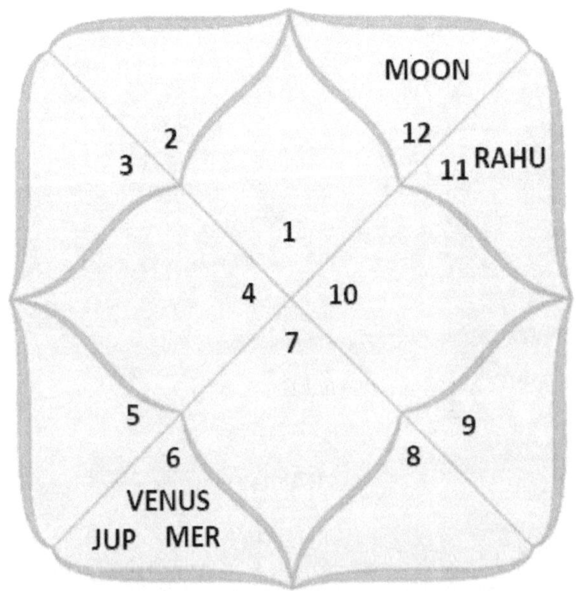

MOON
12
11 RAHU
2
3
1
4
10
7
5
9
6
8
VENUS
JUP MER

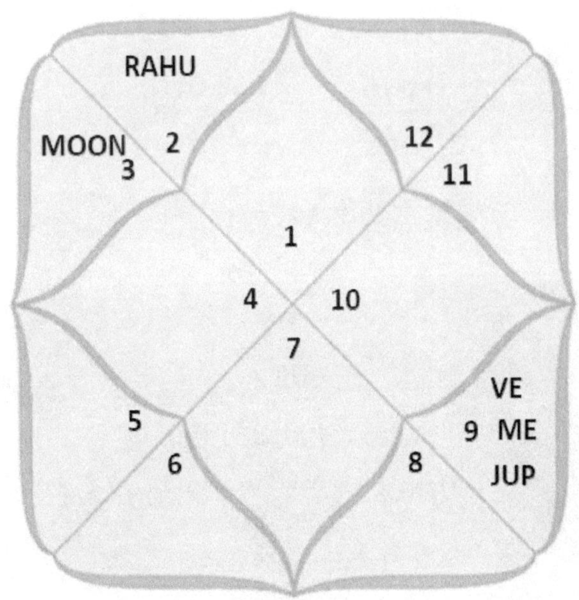

RAHU
MOON
3 2
12
11
1
4
10
7
5
VE
9 ME
6
8
JUP

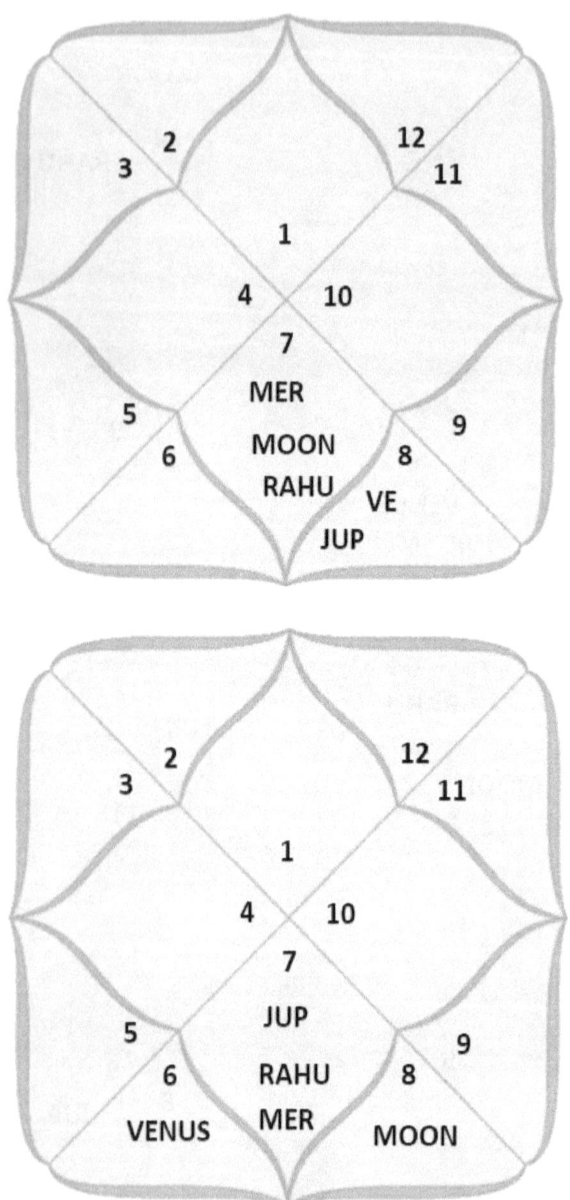
2
3
12
11
1
4
10
7
MER
MOON
RAHU
VE
JUP
5
6
8
9

2
3
12
11
1
4
10
7
JUP
RAHU
MER
5
6
VENUS
8
9
MOON

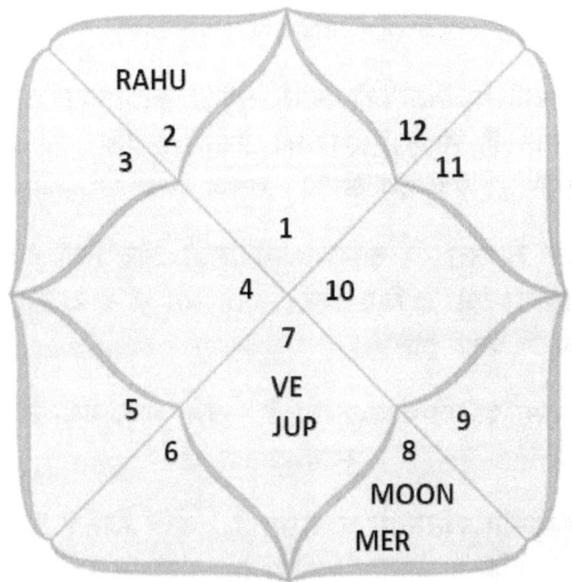

RAHU
2
3
12
11
1
4
10
7
VE
JUP
5
9
6
8
MOON
MER

जल और अभिशाप (पितृ दोष)

जैसे भागीरथ, गंगा को अपने पूर्वजों का तर्पण करने के लिए लाते हैं, तो उसी जल को अंजुली (हथेली) या कमंडल में किसी को श्राप देने के लिए धारण किया जा सकता है।

कमंडल के जल का उपयोग ऋषि/मुनि और सभी देवताओं द्वारा श्राप देने के लिए किया जाता था। ये श्राप, पितृ दोष के रूप में प्रकट होते हैं।

चंद्रमा प्रतिनिधित्व करता है - जल, मन, गंगा और स्वयं जातक

बृहस्पति प्रतिनिधित्व करता है - ऋषि जिनके पास कमंडल है

बृहस्पति प्रतिनिधित्व करता है - गुरु, धर्म के नौवें घर, पंडित

नौवां घर - धर्म का प्रतिनिधित्व करता है

चौथा भाव गर्भ का प्रतिनिधित्व करता है

जल प्रतिनिधित्व करता है - शुद्धि, पिछले जीवन की स्मृति

12वां भाव - मोक्ष, पिछले जन्म के श्राप का प्रतिनिधित्व करता है

अध्याय - दूसरा

पितृ दोष और मां गंगा

चोरी का दोष लगाने के लिए गुरु (कपिल ऋषि) का श्राप

वाल्मीकि रामायण के अनुसार राजा सगर का जन्म इक्ष्वाकु वंश में हुआ था। राजा सगर अयोध्या के राजा थे, जिनकी दो पत्नियाँ थीं, एक केशिनी और दूसरी सुमति।

राजा सगर अपनी दोनों पत्नियों के साथ संतान प्राप्ति के लिए हिमालय पर्वत की गुफाओं में तपस्या करने गए।

भृगु ऋषि के आशीर्वाद के परिणामस्वरूप, रानी केशिनी ने एक पुत्र (असमंजस) को जन्म दिया और सुमति के गर्भ (गर्भ-पिंड) से 60 हजार पुत्रों का जन्म हुआ।

महाराज सगर के सभी पुत्र बड़े क्रूर स्वभाव के थे, जो ऋषि-मुनियों को सताया करते थे। राजा सगर अपने पुत्रों की हरकतों से हमेशा परेशान रहते थे। राजा सगर अपने राज्य को लेकर चिंतित थे कि उनके बाद साम्राज्य का उत्तराधिकारी कौन होगा।

तब देवर्षि नारद महाराज सगर के पास गए और कहा कि आपके साठ हजार पुत्र हैं। आप पृथ्वी के एक शक्तिशाली राजा हैं। तुम्हें अश्वमेध यज्ञ करना चाहिए, जिससे तुम्हारा यश चारों दिशाओं में फैल जाए।

और अश्वमेघ यज्ञ के बाद, यज्ञ का घोड़ा छोड़ दिया गया, और उसकी रक्षा का दायित्व साठ हजार पुत्रों को दिया गया।

अश्वमेध का घोड़ा चारों दिशाओं में दौड़ा और राजा सगर के साठ हजार पुत्रों ने विभिन्न देशों के राजाओं से युद्ध किया, जिसमें कई देशों के राजा बंदी बना लिए गए।

राजा सगर के पुत्रों ने विभिन्न देशों में प्रजा पर अत्याचार किया। यह सब देखकर सभी देवता डर गए और खुद इंद्र भी अपने इंद्रासन (इंद्र का सिंहासन) को लेकर डरने लगे।

तब देवराज इंद्र ने नारद के सुझाव के अनुसार यज्ञ के घोड़े को कपिल मुनि के आश्रम में बांध दिया।

राजा सगर के साठ हजार पुत्रों ने घोड़े को हर जगह खोजने की कोशिश की, और घोड़े की तलाश करते हुए, वे कपिल मुनि के आश्रम पहुंचे जहां घोड़ा एक रस्सी से बंधा हुआ था जहां कपिल मुनि अपने ध्यान में थे।

कपिल मुनि के आश्रम में घोड़े को देखकर वे समझ गए कि घोड़े को कपिल मुनि ने चुरा लिया है और कपिल मुनि के बारे में बुरा-भला कहने लगे। कपिल मुनि ने अपनी आँखें खोलीं और उसी क्षण राजा सगर के साठ हजार पुत्रों को जलाकर भस्म कर दिया।

राजा सगर को अपने पुत्रों और अश्वमेध यज्ञ के घोड़े की चिंता होने लगी, इसलिए उन्होंने अपने पुत्रों और घोड़े को खोजने के लिए चारों दिशाओं में सैनिकों को भेजा, लेकिन सैनिकों को घोड़ा और राजा सगर के पुत्र नहीं मिले।

आखिरकार, राजा सगर अपने पुत्र असमंजस के पास गए और अश्वमेध यज्ञ करवाने के अपने निर्णय पर पछताने लगे। तब असमंजस ने कहा कि वह जाकर अपने भाइयों को खोजेगा ताकि अश्वमेध यज्ञ पूरा हो सके। असमंजस अपने साठ हजार भाइयों को खोजते हुए कपिल मुनि के आश्रम पहुंचे, जहां साठ हजार शवों की राख दिखाई दी। साठ हजार शवों की राख देखकर वह समझ गया कि यह उनके भाइयों की राख थी और कपिल मुनि ने उन्हें जलाया होगा। असमंजस ने कपिल मुनि के आश्रम में प्रवेश किया और कपिल मुनि को प्रणाम किया। असमंजस ने कहा कि वह राजा सगर का पुत्र, अयोध्या का राजा है। ये साठ हजार राख के ढेर राजा सगर के पुत्र और मेरे भाइयों के हैं।

मैं अपने भाइयों की ओर से आपसे क्षमा मांगता हूं। असमंजस के विनम्र स्वभाव से कपिल मुनि प्रसन्न हुए। और कपिल मुनि ने उन्हें बताया कि कैसे उनके भाइयों को मुक्ति (मोक्ष) मिल सकती है। उन्होंने कहा कि जब राजा भागीरथ तुम्हारे वंश में जन्म लेंगे, तब वे गंगा को पृथ्वी पर लाएंगे, तभी तुम्हारे भाइयों का उद्धार होगा। कपिल मुनि ने कहा, असमंजस पुत्र, तुम इस यज्ञ के घोड़े को लेकर अपना अश्वमेध यज्ञ पूर्ण करो।

चोरी का दोष लगाने के लिए गुरु (मांडव्य ऋषि) का श्राप

एक बार की बात है जब महर्षि मांडव्य तपस्या कर रहे थे, तभी राजा मंदरांचल के राज्य में चोरी की खबर आई और चोरों की तलाश में सैनिक महर्षि के आश्रम पहुंचे।

लेकिन चोरों ने सारा धन उनके आश्रम में रख दिया और जब राजा के सैनिकों ने ऋषि मांडव्य से चोरों के बारे में पूछा तो महर्षि चुप रहे, तब सैनिक महर्षि को राजा के पास ले गए।

राजा ने कहा कि ऋषि के भेष में जघन्य अपराध क्षम्य नहीं है, इसलिए इस ढोंगी को सूली पर चढ़ा दो। ऋषि मांडव्य ने राजा को समझाने की कोशिश की लेकिन राजा नहीं समझे।

राजा के सिपाहियों ने माण्डव्य ऋषि को सूली पर बिठाया, लेकिन वे अपने तप से शांत बैठे रहे और सूली उनका कुछ नहीं कर सकी।

आश्चर्यजनक रूप से कुछ दिनों तक सूली पर चढ़ाए जाने के बाद भी जब ऋषि मांडव्य की मृत्यु नहीं हुई तो राजा को अपनी गलती का एहसास हुआ और उन्होंने ऋषि से क्षमा मांगी। चोरी की सजा के रूप में राजा ने गलती से ऋषि मांडव्य को सूली पर चढ़ाने का आदेश दे दिया था।

गुरु की संपत्ति चोरी करने के लिए गुरु (वशिष्ठ ऋषि) का श्राप

वसु, पृथ्वी पर राजा शांतनु और गंगा के पुत्रों के रूप में पैदा हुए थे

महाभारत में, राजा शांतनु और गंगा का विवाह हुआ था और उनके आठ पुत्र थे, जिनमें से एक भीष्म (देवव्रत - वसुओं में से एक का अवतार) थे।

किंवदंतियों के अनुसार, शांतनु और गंगा अपने पिछले जन्म कर्मों के कारण पृथ्वी पर पैदा हुए थे। शांतनु, पांडवों और कौरवों के परदादा थे। पूर्व जन्म में इनका नाम महाभिक्शक था।

एक दिन, राजा शांतनु गंगा नदी के किनारे टहल रहे थे, जब उन्होंने एक सुंदर स्त्री को देखा। वह अपने मानव अवतार में देवी गंगा थीं लेकिन शांतनु को इस बारे में पता नहीं था। राजा उसकी सुंदरता से इतने प्रभावित हुए कि उन्होंने गंगा से विवाह करने का अनुरोध किया।

गंगा ने राजा के प्यार से प्रसन्न होकर कहा कि वह एक शर्त पर उनसे शादी करना स्वीकार करेगी कि वह उससे कभी नहीं पूछेंगे कि वह कहाँ से है या उसकी उत्पत्ति का वास्तविक स्वरूप क्या है। गंगा ने शांतनु से कहा कि वह उसके किसी भी कार्य पर सवाल न उठाएं। अगर उससे पूछताछ की गई तो वह उसे छोड़ देगी। शांतनु ने सारी शर्तें मान लीं और उन्होंने शादी कर ली। शांतनु और गंगा सुखी जीवन व्यतीत करते थे। समय बीतता गया और उन्हें एक नवजात पुत्र की प्राप्ति हुई।

जब बच्चे का जन्म हुआ तो गंगा, बच्चे को गंगा नदी में ले गई और उस बच्चे को नदी में बहा दिया।

वह फिर अपने राज्य को चली गई। शांतनु ने जो देखा उस पर विश्वास नहीं कर सका, लेकिन उसने गंगा से किए गए वचन के कारण खुद को गंगा से कोई प्रश्न पूछने से रोक दिया।

जैसे-जैसे साल बीतते गए, गंगा ने 6 और बच्चों को जन्म दिया, और उसने हर एक बच्चे के साथ ऐसा ही किया। बच्चे के पैदा होते ही उसे नदी में बहा दिया और उन सभी को मार डाला। शांतनु को दुख हुआ, क्योंकि उसे, उससे सवाल नहीं करने के लिए कहा गया था और संयम के साथ अपने दर्द को सेहता रहा।

जब आठवें बच्चे का जन्म हुआ, तो आठवें बच्चे को फेंकने के इरादे से गंगा नदी की ओर चली गई; इस विषय में राजा शांतनु ने उनसे प्रश्न किया। गंगा ने उन्हें वसुओं की कहानी और आठवें बच्चे के भाग्य के बारे में बताया

गंगा ने उत्तर दिया, "हे राजा, आपने मुझ से, अपना वादा तोड़ दिया है, और अब समय आ गया है कि मैं आपको छोड़ दूं। हालांकि, जाने से पहले, मैं आपके प्रश्न का उत्तर दूंगी और अपने मूल और अपने कार्यों के कारणों को बताऊंगी।" उसने, उसे बताया कि ऋषि वशिष्ठ के श्राप के कारण वह इस मानव अवतार में देवी गंगा हैं।

हिंदू धर्म में आठ वसुओं के नाम और उनके अर्थ बताए गए हैं।

वसुओं का विवरण:

1. अपा (जल), जिसका अनुवाद, आमतौर पर अपा से संबंधित एक पुरुष देवता है, जिसमें संगीत की क्षमता और अजेयता है।

2. ध्रुव (ध्रुव तारा) अपनी प्रकृति के निश्चित भाग को प्राप्त करता है, जो उसकी दृढ़ता से संबंधित है।

3. धारा (पृथ्वी) - यह अपने ज्ञान, परोपकारी स्वभाव और संवादी क्षमता को प्राप्त करती है।

4. अनिला - यह व्यापार कौशल, संसाधनशीलता को प्राप्त करता है।

5. सोम - यह अपनी कोमलता और संवेदनशीलता प्राप्त करता है, जो कभी-कभी चंचलता के रूप में प्रकट हो सकता है।

6. अनला (अग्नि) - यह अपनी ऊर्जा, मानसिक कौशल और विवेक प्राप्त करता है।

7. प्रत्यूषा - यह अपनी चमक, खुशी, आनंद और उम्मीद को प्राप्त करती है।

8. प्रभास (वैभव) - यह अपनी हल्की-हृदयता, पवित्रता, अच्छे स्वभाव और स्वस्थ आकांक्षाओं को प्राप्त करता है।

गंगा ने कहा कि ये आठ वसु अपनी पत्नियों के साथ घूम रहे थे और वे ऋषि वशिष्ठ के आश्रम में आए। उन्होंने आश्रम के बाहर वशिष्ठ की दिव्य गाय "नंदिनी" को देखा। पत्नियों में से एक को देवत्व ने इतना प्रभावित किया कि उसने अपने पति प्रभास से गाय लाने का अनुरोध किया।

प्रभास (वसुओं में से एक) ने अपनी पत्नी के आग्रह पर ऋषि वशिष्ठ के आश्रम से दिव्य गाय नंदिनी चुरा ली। वसु के पापपूर्ण कार्य के कारण, ऋषि वशिष्ठ ने वसुओं को पृथ्वी पर जन्म लेने का श्राप दिया। लेकिन, सभी वसुओं को अपने किए पर पश्चाताप हुआ, इसलिए उन्होंने क्षमा मांगी।

वशिष्ठ ने कहा कि श्राप को हटाया नहीं जा सकता है हालांकि श्राप के प्रभाव को कम किया जा सकता है। उन्होंने कहा - तुम सब जाओ और देवी गंगा से पृथ्वी पर अपनी माँ बनने का अनुरोध करो और उससे कहो कि वह, तुम्हारे जन्म लेते ही, जन्म से मुक्त कर दे ताकि तुम बिना किसी कष्ट के स्वर्ग लौट सको। चूँकि प्रभास वही था जिसने वास्तव में गाय को चुराया था, श्राप उसके साथ रहेगा, और उसे अपना पूरा जीवन पृथ्वी पर बिताना होगा। लेकिन वह एक महान जीवन व्यतीत करेगा और उसे पृथ्वी पर जन्म लेने वाली सर्वश्रेष्ठ आत्माओं में से एक माना जाएगा। इस तरह देवव्रत आगे चलकर प्रसिद्ध भीष्म बने।

लाल किताब पेंडिंग कर्म के माध्यम से इन योगों को कैसे देखें

बृहस्पति प्रतिनिधित्व करता है - गुरु

पीड़ित गुरु, प्रतिनिधित्व करता है - गुरु का श्राप

नौवां घर - धर्म

राहु प्रतिनिधित्व करता है - धोखा, झूठा दोष

आइए देखते हैं कुछ संयोजन:

यदि राहु और गुरु की युति नवम भाव में हो।

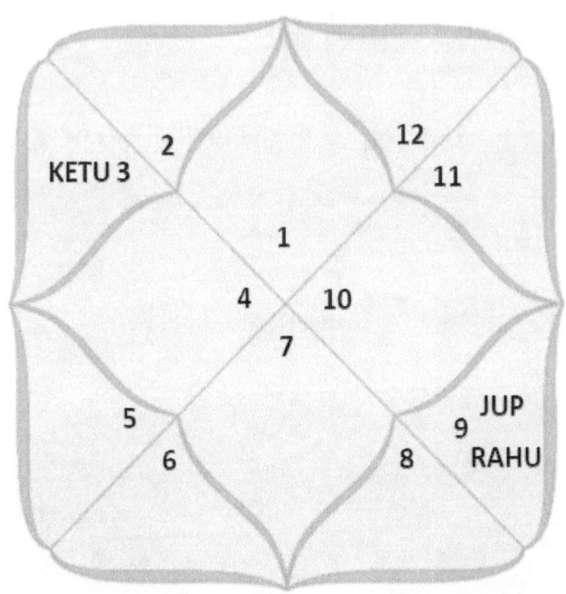

यदि राहु पंचम भाव में हो और गुरु नवम भाव में हो।

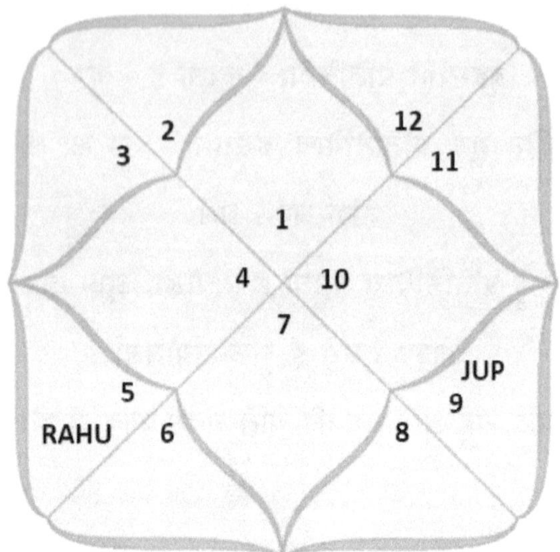

यदि राहु पांचवें भाव में है और गुरु पहले भाव में है।

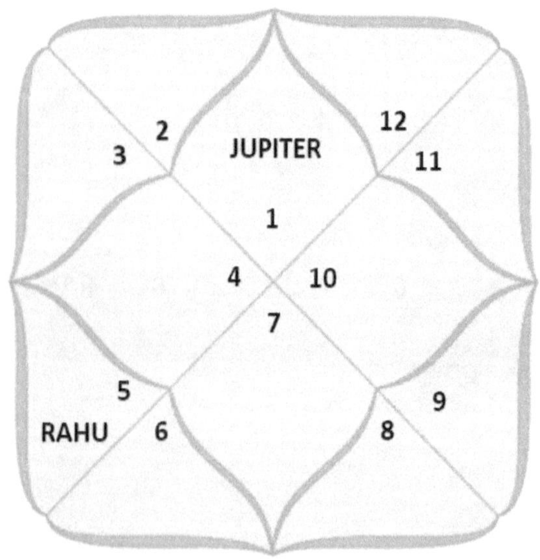

यदि राहु नवम भाव में और बृहस्पति पंचम भाव में हो।

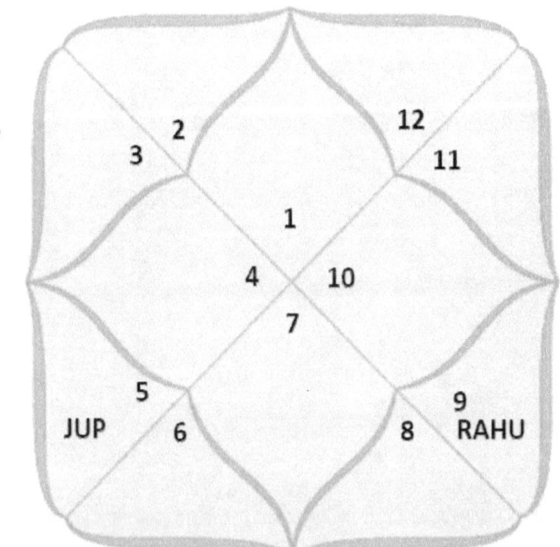

यदि राहु चतुर्थ भाव में हो और गुरु 12वें भाव में हो।

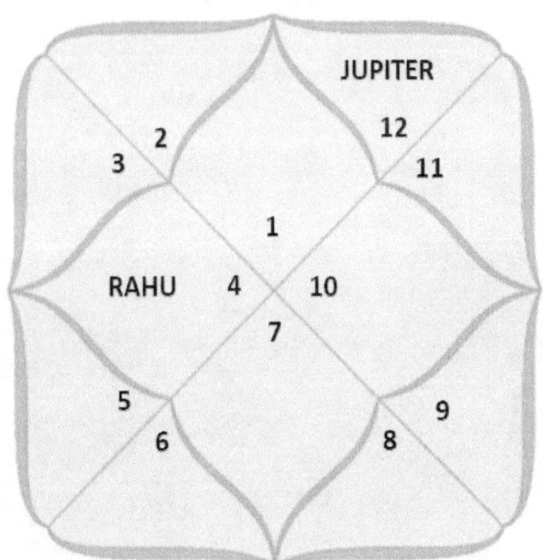

यदि राहु आठवें भाव में है और गुरु दूसरे भाव में है।

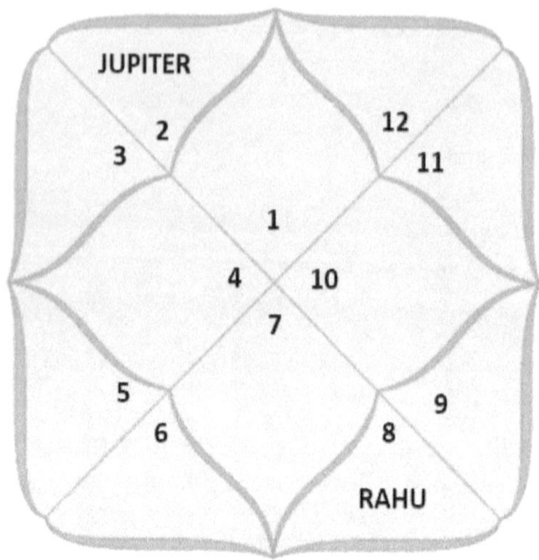

यदि राहु 12वें भाव में या आठवें भाव में है में हो और गुरु चौथे भाव में हो।

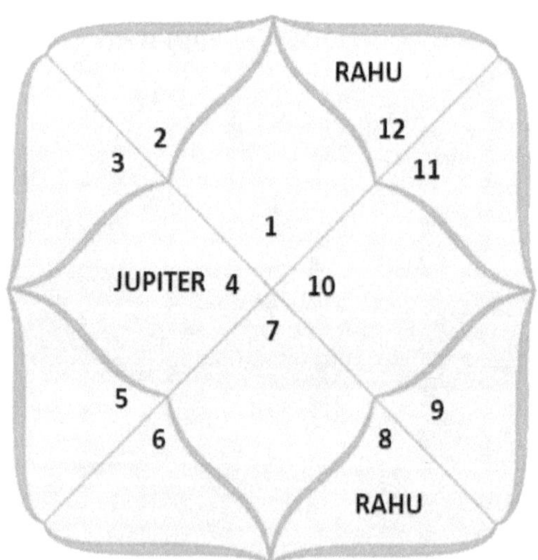

यदि राहु और बृहस्पति एक साथ पहले भाव में हों।

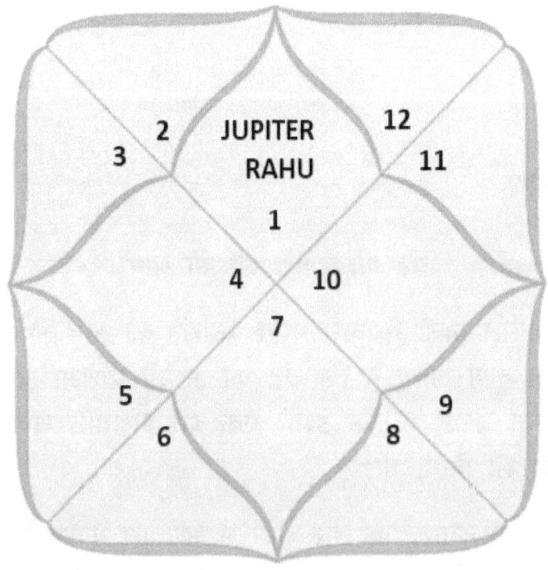

अध्याय - तीसरा

चंद्र दोष

चंद्र को गणेश जी का श्राप

यह गणपति यानी भगवान गणेश के चंद्र को श्राप की कहानी है। ऐसा कहा जाता है कि चंद्र को अपनी प्रतिभा और रूप पर इतना घमंड था कि उसने एक बार भगवान गणेश का अपमान भी किया था।

पुराणों के अनुसार, एक बार कुबेर ने भगवान गणेश को लंका में दावत के लिए आमंत्रित किया और जब गणेश कुबेर के महल (लंका) में दावत खाकर कैलाश लौट रहे थे, तो चंद्र ने उनके रंग (रूप) और उनके लंबोदर रूप (हाथी का गजमुख चेहरा) का मजाक उड़ाया। तब गणेश ने चंद्र को कुरूप होने का श्राप दिया और कहा कि जो कोई भी चतुर्थी के दिन चंद्र को देखेगा उसे झूठा कलंक लगेगा।

कहा जाता है कि उसके बाद चंद्र ने नारद की सलाह पर लड्डू और मोदक से गणेश जी की पूजा की; तब गणेश ने श्राप तो वापस ले लिया लेकिन यह भी कहा कि जो कोई भी चतुर्थी के दिन चंद्रमा को देखेगा, उसे चंद्रमा का कलंक लगेगा। ऐसा कहा जाता है कि भगवान कृष्ण को भी रत्न (सम्यन्तक मणि) चुराने का झूठा दोष लगा था क्योंकि उन्होंने गणेश चतुर्थी के दिन चंद्रमा को देखा था।

चंद्र को दक्ष का श्राप

प्रजापति दक्ष की 27 पुत्रियां थीं। दक्ष ने अपनी 27 पुत्रियों का विवाह चंद्र देव से करवाया। दक्ष, चंद्र देव को अपने दामाद के रूप में पाकर प्रसन्न हुए। क्योंकि उन्हें विश्वास था कि उनकी बेटियां चंद्र के साथ खुश रहेंगी।

लेकिन चन्द्र देव को उनकी 27 पत्नियों में सबसे प्रिय रोहिणी थी। शेष 26 दक्ष कन्याओं को चन्द्र देव की पत्नी होने का सुख प्राप्त नहीं हो रहा था। इस बात से सभी बेटियां दुखी थीं।

कहा जाता है कि चंद्र अपनी पत्नी, रोहिणी से इतना प्यार करते थे कि अन्य 26 पत्नियां चंद्र के व्यवहार से नाखुश हो गईं।

तब 26 कन्याओं ने दु:खी होकर यह बात अपने पिता प्रजापति दक्ष को बताई। प्रजापति दक्ष ने सोचा कि चंद्र देव से मिलना उचित होगा और दक्ष ने चन्द्र देव से कहा कि उन्हें सभी बेटियों के साथ समान व्यवहार करना चाहिए। दक्ष ने सोचा कि चंद्र देव उसकी बात समझेंगे। लेकिन दक्ष की बातों का चंद्र देव पर कोई असर नहीं हुआ।

चंद्र देव, अन्य पत्नियों के साथ पहले जैसा व्यवहार करने लगा। इस बात से दूसरी पत्नियां बहुत दुखी हुईं। जिसके बाद सभी 26 पत्नियों ने अपने पिता, दक्ष प्रजापति से चंद्र की शिकायत की।

पुत्रियों की दुर्दशा से क्रुद्ध होकर प्रजापति ने उन्हें कुष्ठरोग (कोढ़) का श्राप दे दिया। श्राप से ग्रसित होकर चंद्रमा का

तेज क्षीण होने लगा। इससे पृथ्वी की वनस्पति पर भी बुरा प्रभाव पड़ने लगा।

चंद्र देव, धीरे-धीरे कमजोर होने लगे और तीनों लोकों में हाहाकार मच गया। सभी देवता परेशान हो गए। तब सभी देवता, ब्रह्मा जी की शरण में पहुंचे और उपाय पूछा।

तब उन्होंने चंद्र देव से कहा कि वे शिवलिंग की पूजा करें और शिव के प्रसन्न होने पर ही उन्हें श्राप से मुक्ति मिलेगी।

तब चंद्र देव ने शिवलिंग की पूजा की, घोर तपस्या की और प्रभास क्षेत्र यानी सोमनाथ में दस करोड़ बार मृत्युंजय मंत्रों का जाप किया। चंद्र ने सोमनाथ में शिवलिंग की स्थापना कर तपस्या शुरू की।

चंद्र की कठोर तपस्या से प्रसन्न होकर शिव वहां प्रकट हुए और चंद्र को श्राप से मुक्त किया और उन्हें अमरता प्रदान की और बताया कि कृष्ण पक्ष में चंद्रमा का प्रत्येक चरण कमजोर होगा, लेकिन शुक्ल पक्ष में प्रत्येक चरण में वृद्धि होगी और पूर्ण चन्द्रमा की प्राप्ति होगी।

श्राप से मुक्ति मिलने के बाद चंद्रदेव ने भगवान शिव से माता पार्वती के साथ यहां रहने की प्रार्थना की। तब से भगवान शिव प्रभास क्षेत्र यानी सोमनाथ में ज्योतिर्लिंग के रूप में विराजमान हैं।

लाल किताब पेंडिंग कर्म के माध्यम से इन योगों को कैसे देखें

चंद्रमा प्रतिनिधित्व करता है - शरीर में पानी, माँ

शुक्र प्रतिनिधित्व करता है - आपकी त्वचा पर चमक, पत्नी

राहु प्रतिनिधित्व करता है - फंगस, बैक्टीरिया, कलंक, दक्ष

केतु प्रतिनिधित्व करता है - गणेश

आइए देखते हैं कुछ संयोजन:

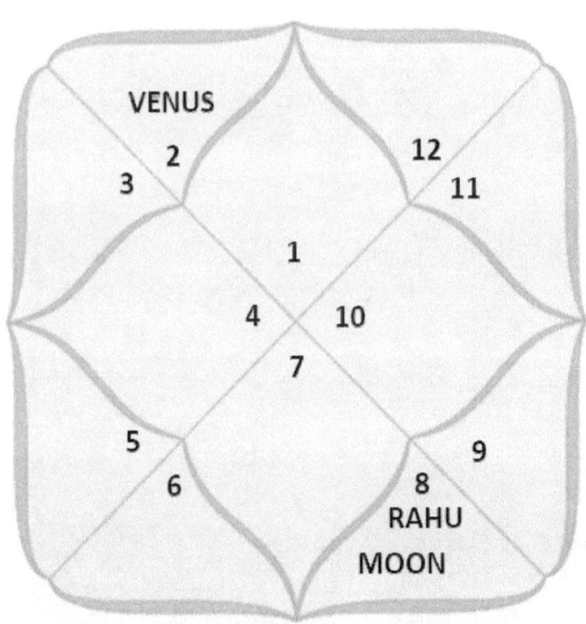

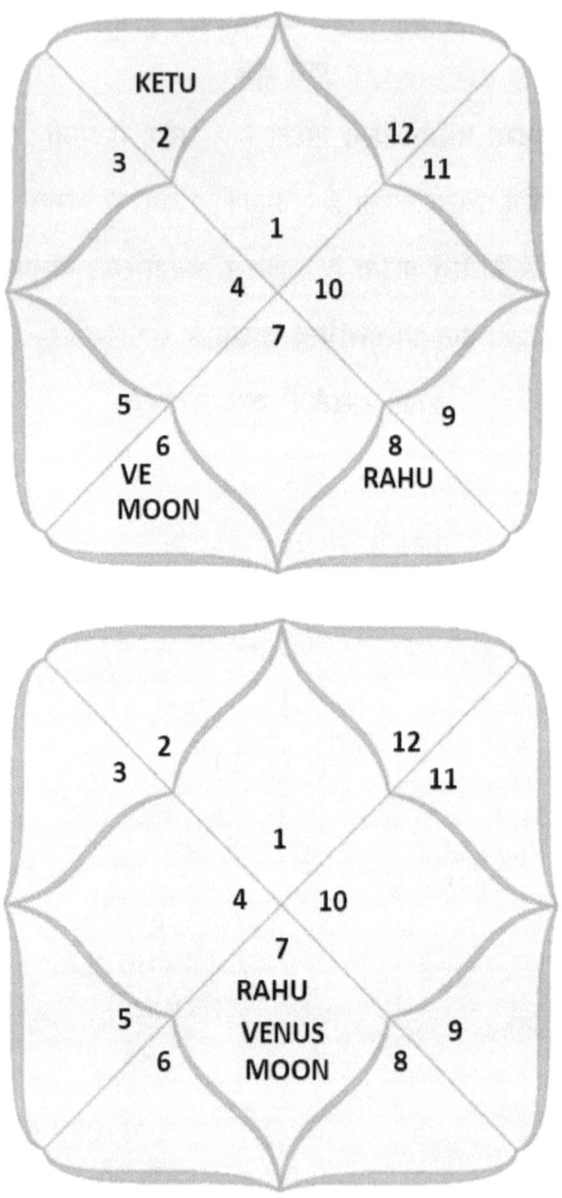
KETU
2
3
12
11
1
4
10
7
5
9
6
8
VE
RAHU
MOON
2
3
12
11
1
4
10
7
RAHU
5
VENUS
9
6
MOON
8
KETU

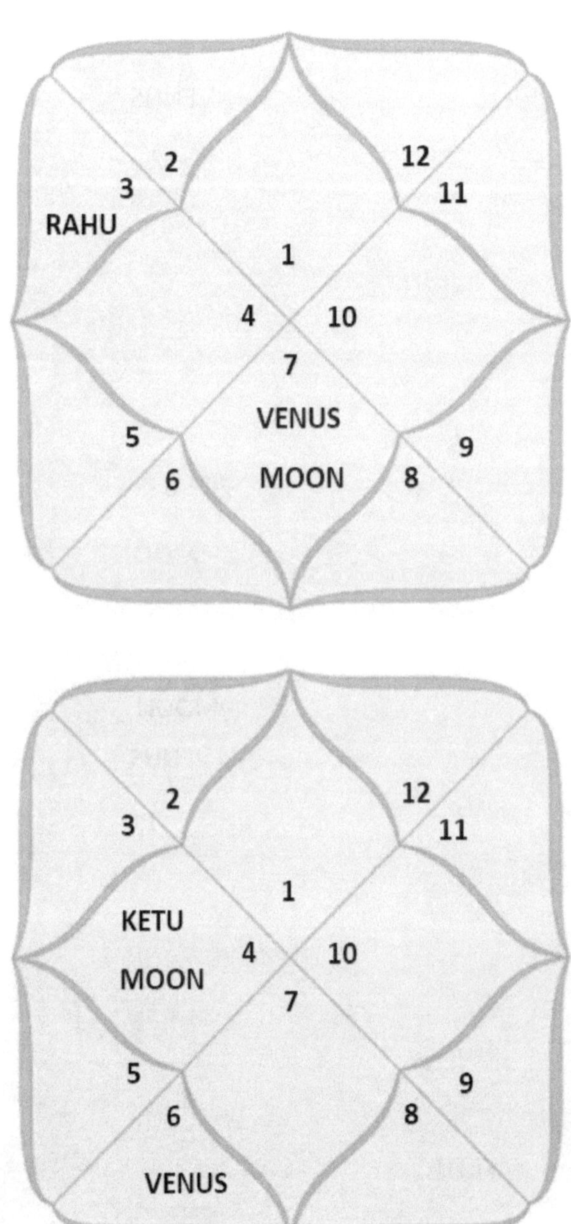
2
3
RAHU
12
11
1
4
10
7
VENUS
5
MOON
6
9
8
2
3
12
11
1
KETU
4
10
MOON
7
5
9
6
8
VENUS

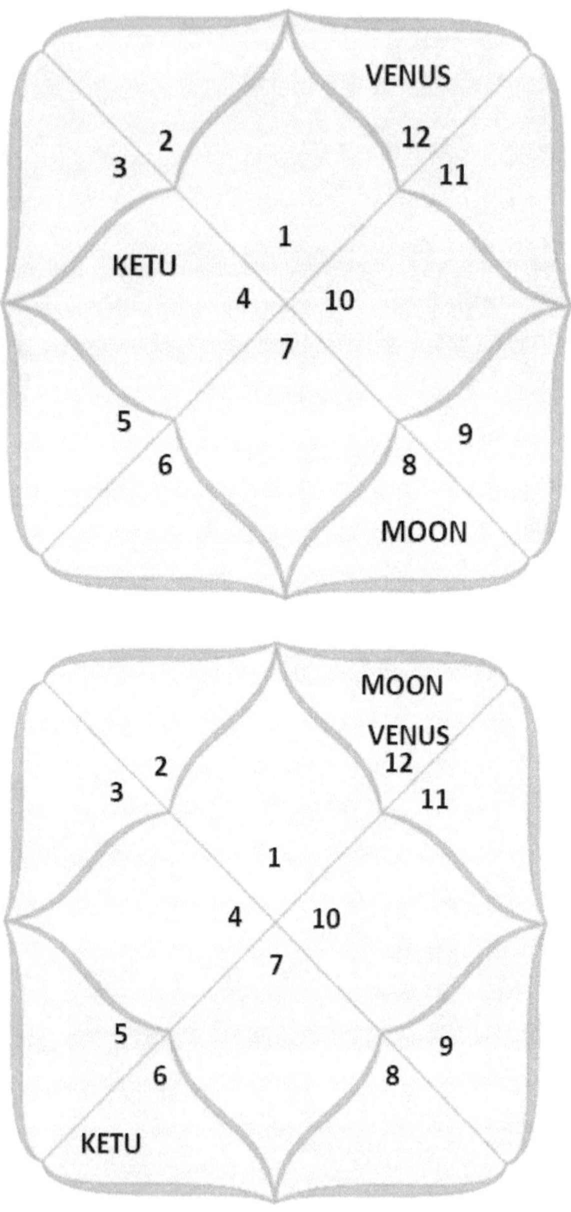
VENUS
2
3
12
11
1
KETU
4
10
7
5
9
6
8
MOON
MOON
VENUS
2
3
12
11
1
4
10
7
5
9
6
8
KETU

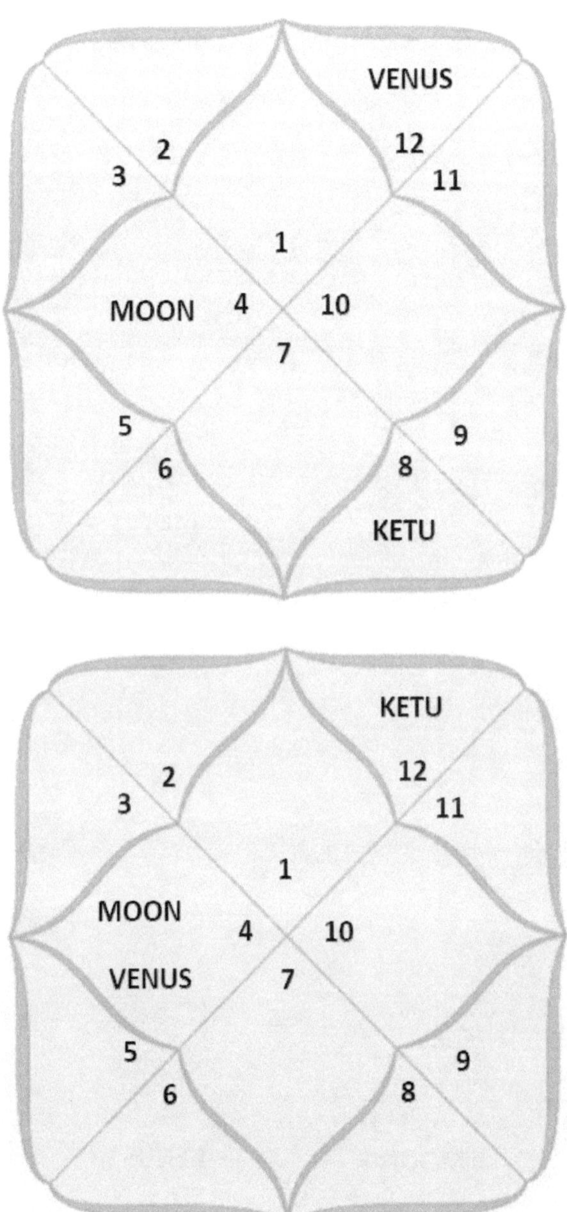
VENUS
12
11
2
3
1
MOON
4
10
7
5
9
6
8
KETU
KETU
12
11
2
3
1
MOON
4
10
VENUS
7
5
9
6
8

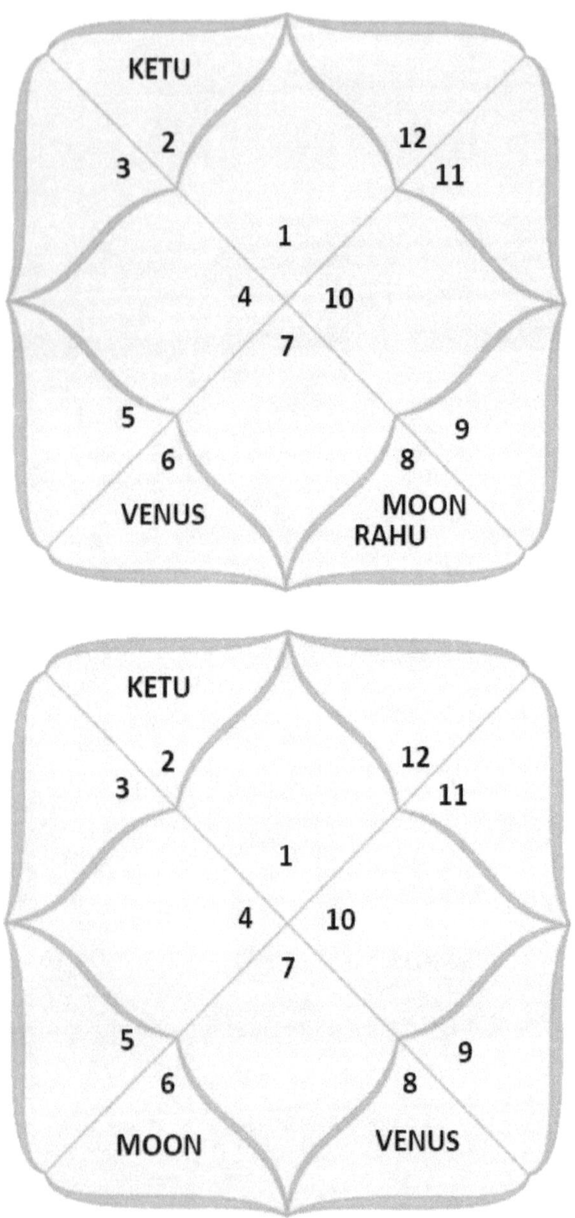
KETU
2
3
12
11
1
4
10
7
5
6
9
8
VENUS
MOON
RAHU
KETU
2
3
12
11
1
4
10
7
5
6
9
8
MOON
VENUS

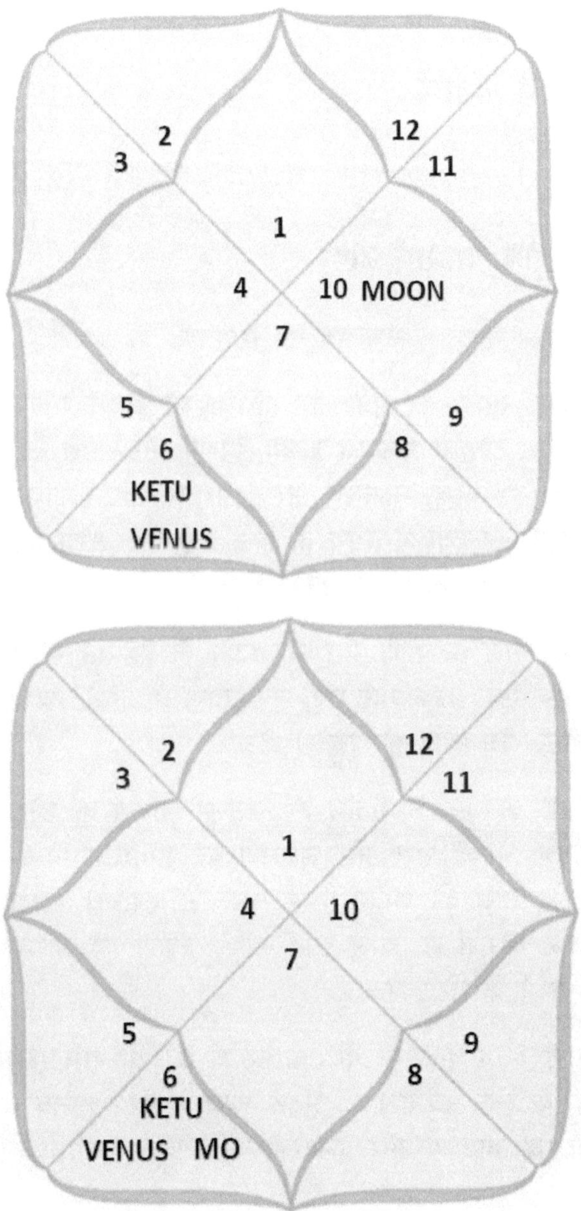

2
3
12
11
1
4
10 MOON
7
5
9
6
8
KETU
VENUS
2
3
12
11
1
4
10
7
5
9
6
8
KETU
VENUS MO

अध्याय - चार

नाग दोष या सर्प दोष

मेघनाथ का नागपाश

मेघनाथ, रावण का पुत्र और दुनिया का सबसे शक्तिशाली योद्धा था। उन्होंने भगवान ब्रह्मा, विष्णु और महेश के महान हथियार ब्रह्मास्त्र, नारायण अस्त्र, पशुपति अस्त्र प्राप्त किए थे। इसके अलावा मेघनाथ के पास कई ऐसे अस्त्र-शस्त्र भी थे जो शत्रु का नाश कर सकते थे।

जब श्री राम के साथ युद्ध में रावण के बड़े-बड़े योद्धा और भाई एक-एक करके मारे गए, तब रावण ने अपने ज्येष्ठ पुत्र, इंद्रजीत (मेघनाथ) को युद्ध में भेजा।

मेघनाथ के युद्ध के मैदान में आते ही रावण के छोटे भाई विभीषण ने श्री राम और लक्ष्मण को सावधान किया और उन्हें मेघनाथ की शक्तियों से परिचित कराया। इसके बाद भगवान श्रीराम ने अपने छोटे भाई लक्ष्मण को मेघनाथ से युद्ध करने के लिए भेजा।

लक्ष्मण स्वयं शेषनाग के अवतार थे जो श्री राम (भगवान विष्णु के एक अवतार) की मदद करने के लिए मानव रूप में पृथ्वी पर आए थे और वनवासी का जीवन व्यतीत कर रहे

थे। चूँकि लक्ष्मण मानव रूप में थे, इसलिए उनकी शारीरिक शक्ति मेघनाथ के राक्षस रूप से कम थी।

दूसरी ओर मेघनाथ के पास अपना मायावी रथ था जिसे वह अपनी इच्छानुसार आकाश और धरती पर ले जा सकता था। इस रथ की सहायता से वह किसी भी दिशा से आक्रमण कर सकता था।

लक्ष्मण और मेघनाथ के बीच भीषण युद्ध हुआ और लक्ष्मण ने अपने तप के बल पर अपने तीखे बाणों से उत्तर दिया।

लड़ते-लड़ते संध्या होने लगी। जैसे-जैसे दिन चढ़ता गया, मेघनाथ का बल भी बढ़ता गया, जिससे वह अपनी माया का प्रभाव दिखाने लगा। विभीषण को इसकी जानकारी थी, इसलिए उन्होंने भगवान श्री राम को युद्ध के मैदान में जाने और लक्ष्मण की मदद करने के लिए सतर्क किया।

विभीषण की बात सुनकर भगवान श्रीराम स्वयं लक्ष्मण की सहायता के लिए रणभूमि में गए, लेकिन तब तक मेघनाथ की शक्ति अत्यधिक बढ़ चुकी थी। वह सब दिशाओं से उन पर तीखे बाणों की वर्षा कर रहा था, जिसका दोनों उत्तर दे रहे थे।

इसके बाद इंद्रजीत ने आकाश से नागपाश अस्त्र चलाया और भगवान श्री राम और लक्ष्मण दोनों को नाग से बांध दिया। वह बाण इतना शक्तिशाली था कि उससे बंध कर दोनों मूर्च्छित हो गए और धीरे-धीरे मृत्यु के मुख की ओर जाने लगे। इस अस्त्र का निर्माण स्वयं भगवान ब्रह्मा ने किया था।

पूरी वानर सेना में शोक छा गया और जामवंत, सुग्रीव और विभीषण सहित किसी को भी इसका समाधान नहीं पता था। सभी शोक में डूबे हुए थे और अपनी हार स्वीकार कर चुके थे। उधर, यह समाचार सुनकर माता सीता भी रोने लगीं।

इसका एक ही उपाय था, स्वयं गरुड़ देवता द्वारा नागपाश को काटना। भगवान हनुमान को इस बात का पता चल गया और वे तुरंत गरुड़ देवता के पास पहुंचे। पहले तो गरुड़ देवता ने इसे भगवान की माया समझकर जाने से मना कर दिया, लेकिन हनुमान और नारद मुनि के समझाने पर वे जाने को तैयार हो गए। हनुमान ने गरुड़ को सारी कहानी सुनाई और उन्हें लंका ले आए।

गरुड़ देवता भगवान श्री राम और लक्ष्मण के पास पहुंचे और उन्होंने कद्रू पुत्र नागों को अपनी चोंच से काट डाला और भगवान श्री राम और लक्ष्मण को इससे मुक्त कर दिया। जैसे ही वे नागपाश से मुक्त हुए, और उसका प्रभाव कम हो गया और कुछ ही समय में दोनों को होश आ गया।

होश में आने के बाद प्रभु श्रीराम ने गरुड़ को धन्यवाद दिया। इसके बाद गरुड़ अपने लोक को चला गया और प्रभु पर विपत्ति टल गई।

परीक्षित और तक्षक नाग की कहानी

महाभारत के अनुसार, परीक्षित का जन्म पांडवों के परिवार में हुआ था जो बहुत ही धर्मपरायण राजा थे। राजा परीक्षित के पिता का नाम अभिमन्यु और माता का नाम उत्तरा था। राजा परीक्षित अर्जुन के पौत्र थे। महाभारत युद्ध जीतने के बाद, पांडवों ने कुछ समय के लिए हस्तिनापुर पर शासन किया, उन्होंने हस्तिनापुर को परीक्षित को सौंप दिया और पांडव, द्रौपदी के साथ वन में तपस्या करने चले गए।

पुराणों के अनुसार सतयुग, त्रेतायुग, द्वापरयुग और कलियुग चार युग हैं। राजा परीक्षित के शासन काल में द्वापर का अंत और कलियुग का प्रारंभ माना जाता है। राजा परीक्षित से जुड़ी कथा, कलियुग का आगमन कैसे हुआ और उसका प्रभाव कैसे बढ़ा, इसका वर्णन श्रीमद्भागवत पुराण में किया गया है।

एक दिन राजा परीक्षित वन में शिकार खेलने गए और जंगल में उनका सामना कलियुग से हो गया। राजा को आभास हुआ कि कलियुग उनके राज्य में प्रवेश करने की कोशिश कर रहा है, परीक्षित कलियुग पर बहुत क्रोधित हुए, और उन्होंने उसे मारने के लिए अपने हथियार उठा लिए।

यह देखकर कलियुग ठीक हो गया और वह राजा के सामने गिड़गिड़ाने लगा, जिस पर राजा को उस पर दया आ गई और उसने कलियुग को जीवनदान दे दिया।

उसके बाद कलियुग ने उससे आग्रह किया कि यदि वह उसे अपने राज्य में प्रवेश नहीं करने दे रहा है तो वह कहां निवास करेगा। इस पर राजा परीक्षित ने कलियुग के रहने के लिए पाँच स्थान दिए: जुआ, वेश्यालय, शराब, हिंसा और सोना।

एक दिन परीक्षित शिकार करने वन में गए। राजा ने एक हिरण का पीछा किया और काफी दूर तक पीछा करने के बाद भी राजा उसे ढूंढ नहीं पाया और थकावट के कारण उसे प्यास लग गई।

राजा ने आश्रम में जाकर मुनि शमीक से जल माँगा, पर मुनि अपने ध्यान में लीन थे, अत: उन्होंने कोई उत्तर नहीं दिया।

परीक्षित ने अपने मस्तक पर स्वर्ण मुकुट धारण किया हुआ था और कलियुग के प्रभाव से राजा परीक्षित को लगा कि यह ऋषि साधक का ढोंग कर उनका अपमान कर रहे हैं।

राजा ने अपने बाण की नोक से एक मरे हुए सर्प को उठाया और उस सर्प को ऋषि शमीक मुनि के गले में डाल दिया। इतने भयानक अपराध का कारण सिर्फ इतना था कि कलियुग राजा के सिर पर सवार था। इस घटना के बाद राजा अपने नगर लौट आया।

ऋषि शमीक ध्यान में लीन थे, इसलिए वे नहीं जान सके कि राजा ने उनके साथ क्या किया है।

उस समय शमीक ऋषि का पुत्र, श्रृंगी नदी में स्नान कर रहा था। अन्य ऋषि कुमारों ने पूरी कहानी सुनाई कि कैसे एक राजा ने उनके पिता का तिरस्कार किया था।

जब उसे इस बात का पता चला तो वह राजा पर बहुत क्रोधित हुआ। श्रृंगी ने सोचा कि यदि यह राजा जीवित रहा तो इसी प्रकार ब्राह्मणों का अपमान करता रहेगा। उनके मन में ऐसा विचार आया और उन्होंने अपनी अंजुली (हथेली) में नदी का जल लिया और राजा परीक्षित को श्राप दिया कि

आज से सातवें दिन उन्हें तक्षक नामक सर्प डसेगा, जिससे उनकी मृत्यु हो जाएगी।

महल में लौटकर जब राजा ने अपना मुकुट उतार दिया, तो उसे अपनी गलती का एहसास हुआ; ऋषि शमीक ध्यान में लीन थे, इसलिए उन्हें यह भी पता नहीं चल सका कि राजा ने उनके साथ क्या किया है।

इस घटना के तुरंत बाद शमीक ऋषि को पता चला कि उनके पुत्र ने राजा परीक्षित को श्राप दे दिया है और वे बहुत दुखी हुए और अपने पुत्र से कहा, तुमने घोर पाप किया है। इस छोटी सी गलती के लिए आपने उस महान राजा को कड़ी सजा दी है।

मेरे गले में मरा हुआ साँप डालना राजा द्वारा जानबूझकर नहीं किया गया था; उस समय वे कलियुग के प्रभाव में थे। उसके राज्य में प्रजा सुखी है और हम निर्भय होकर जप, तप, यज्ञ आदि करते थे। राजा की अनुपस्थिति में अराजकता और अधर्म होगा।

यह राजा श्राप के योग्य नहीं था परन्तु आपने इसे श्राप देकर जघन्य अपराध किया है। पुत्र के अपराध से शमीक मुनि को बड़ा ग्लानि होने लगी।

तो ऋषि शमीक, परीक्षित से मिलने गए। शमीक ने राजा को बताया कि एक गलती के कारण उसके बेटे ने उसे श्राप दिया था और आज से सातवें दिन सर्पदंश से उसकी मृत्यु हो जाएगी।

राजा परीक्षित ने अपने जीवन के शेष सात दिन, ज्ञान और भगवान की भक्ति प्राप्त करने में व्यतीत करने का संकल्प लिया।

लाल किताब पेंडिंग कर्म के माध्यम से इन योगों को कैसे देखें

केतु प्रतिनिधित्व करता है - सर्प या सर्पदोष

राहु प्रतिनिधित्व करता है - सर्प या सर्पदोष

सूर्य प्रतिनिधित्व करता है - राजा, आत्मा

आइए देखते हैं कुछ संयोजन:

यदि राहु और सूर्य पंचम भाव में हों।

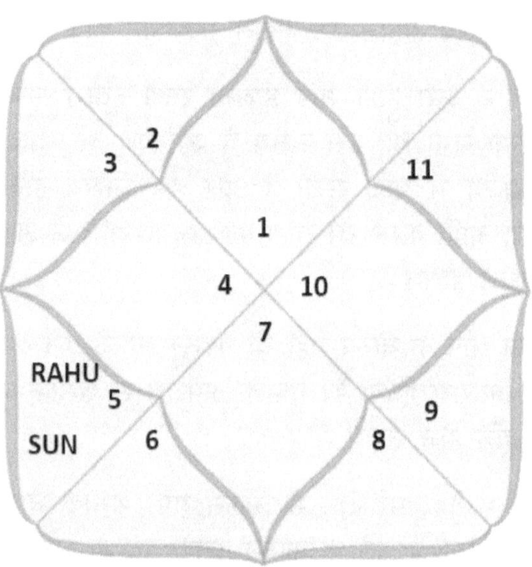

यदि केतु और राहु पंचम भाव में हों।

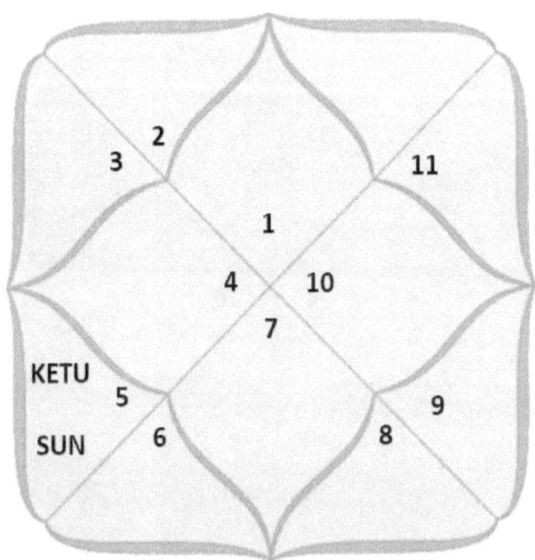

यदि चौथे भाव में सूर्य के साथ केतु या राहु की युति हो।

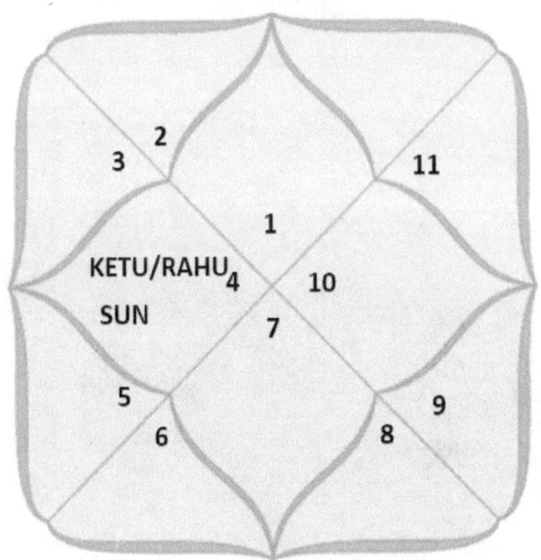

यदि केतु या राहु पंचम भाव में हो और सूर्य प्रथम भाव में हो।

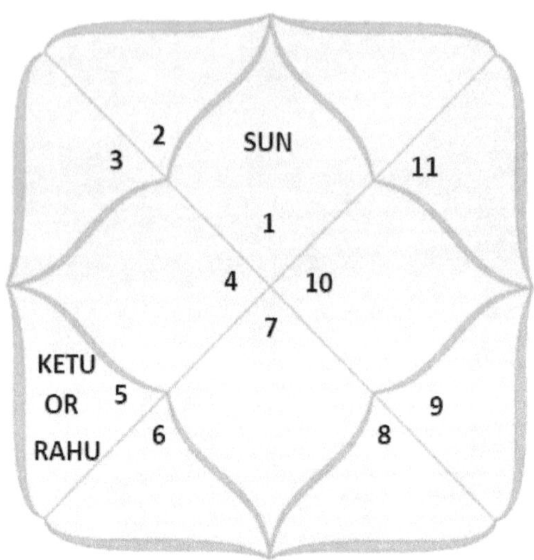

यदि केतु या राहु पंचम भाव में हो और सूर्य नवम भाव में हो।

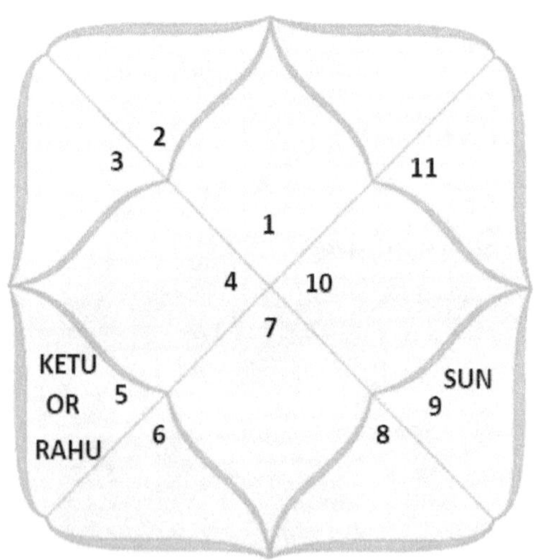

यदि केतु या राहु पंचम भाव में हो और सूर्य नवम भाव में हो।

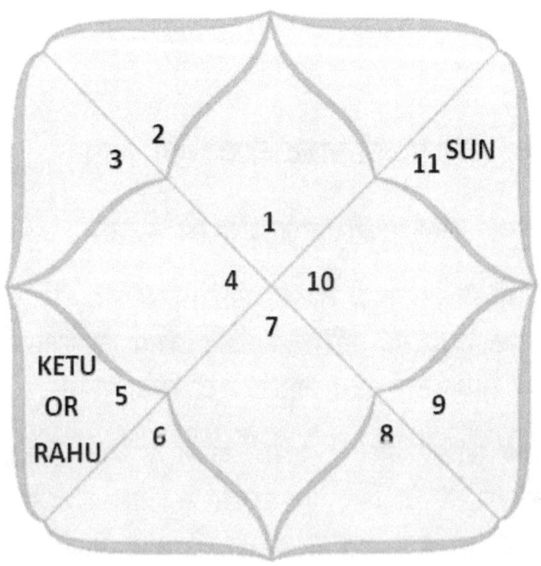

अध्याय - पंचम

नाग के निवास को नष्ट करने का श्राप

अर्जुन और नाग वंश की कहानी

किंवदंतियों के अनुसार, तक्षक, खांडवप्रस्थ पर शासन करता था। अग्नि के देवता, अग्निदेव, खांडवप्रस्थ का भक्षण करना चाहते थे ताकि अग्निदेव अपनी भूख मिटा सकें।

पांडवों को खांडवप्रस्थ पर शासन करने के बाद, अर्जुन सभी सांपों को मारने के लिए पूरे जंगल में आग लगाना चाहता था, लेकिन हर बार, इंद्र ने बारिश की और आग बुझा दी।

इसलिए अग्नि, एक ब्राह्मण के वेश में, कृष्ण और अर्जुन के पास गया और उनसे मदद मांगी। तब अर्जुन ने खांडवप्रस्थ में सभी सांपों को मारने के लिए पूरे जंगल में आग लगा दी।

इसीलिए तक्षक को पांडव कुल के प्रति द्वेष था। अर्जुन के प्रपौत्र परीक्षित को ऋषि श्रृंगी ने श्राप दिया था कि वह सर्पदंश से मर जाएगा, तब तक्षक ने खुद को भेष बदलकर परीक्षित को काट लिया और पांडव वंश का अंत कर दिया।

लाल किताब पेंडिंग कर्म के माध्यम से इन योगों को कैसे देखें

राहु प्रतिनिधित्व करता है - नाग (सर्प)

मेष राशि प्रतिनिधित्व करता है - अग्नि देव

सिंह राशि प्रतिनिधित्व करता है - अग्नि देव

धनु राशि- अग्नि देव

ग्रहों का योग

मेष राशि में राहु, अग्नि राशि को पीड़ित करेगा, चाहे वह किसी भी भाव में पड़े।

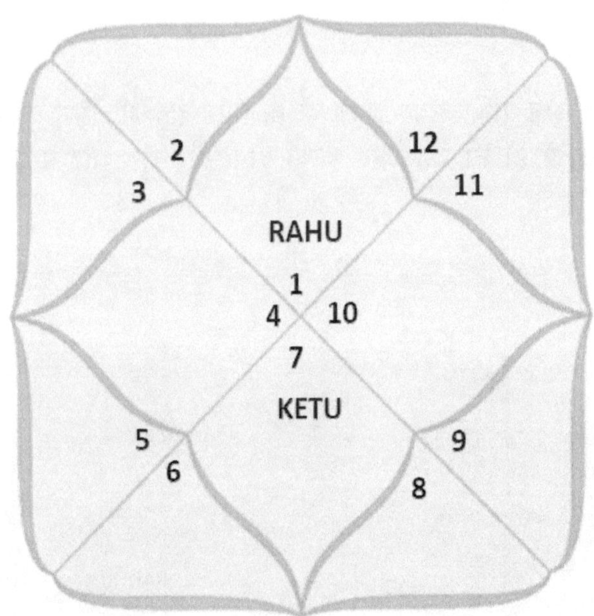

यदि मेष राशि पंचम भाव में हो और राहु भी पूर्व पुण्य भाव में पंचम भाव में हो तो सर्प दोष के कारण पूर्व जन्म दोष होता है।

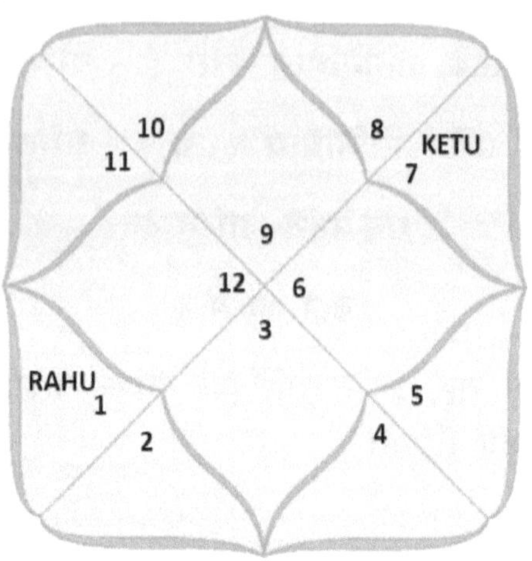

यदि मेष राशि नवम भाव में हो और राहु भी पितृ नवम भाव में हो तो यह जीव हत्या दोष और गुरु चांडाल दोष देता है।

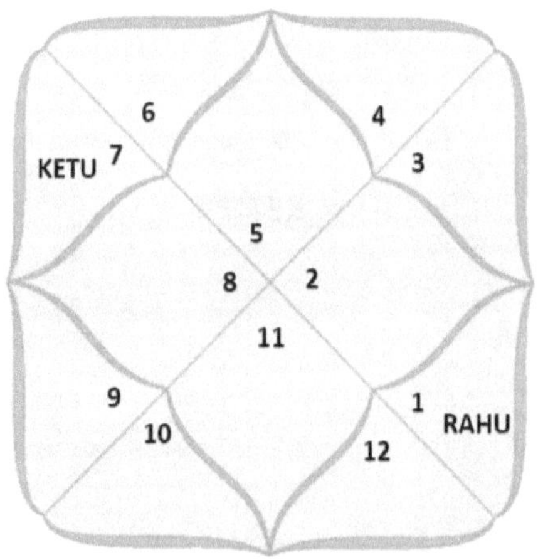

नीचे विभिन्न घरों में अग्नि राशि (सिंह) के पीड़ित होने के कुछ उदाहरण दिए गए हैं।

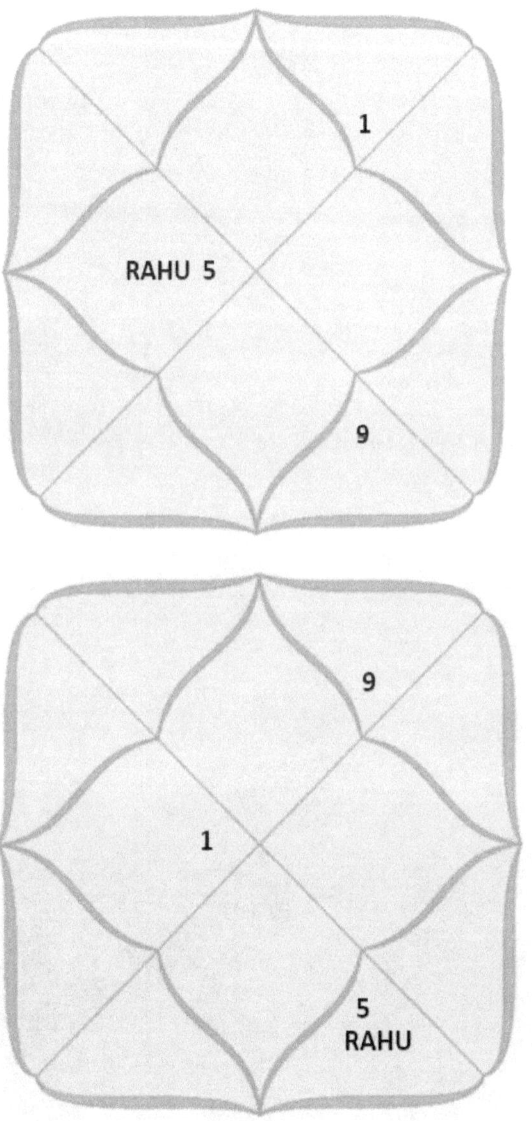

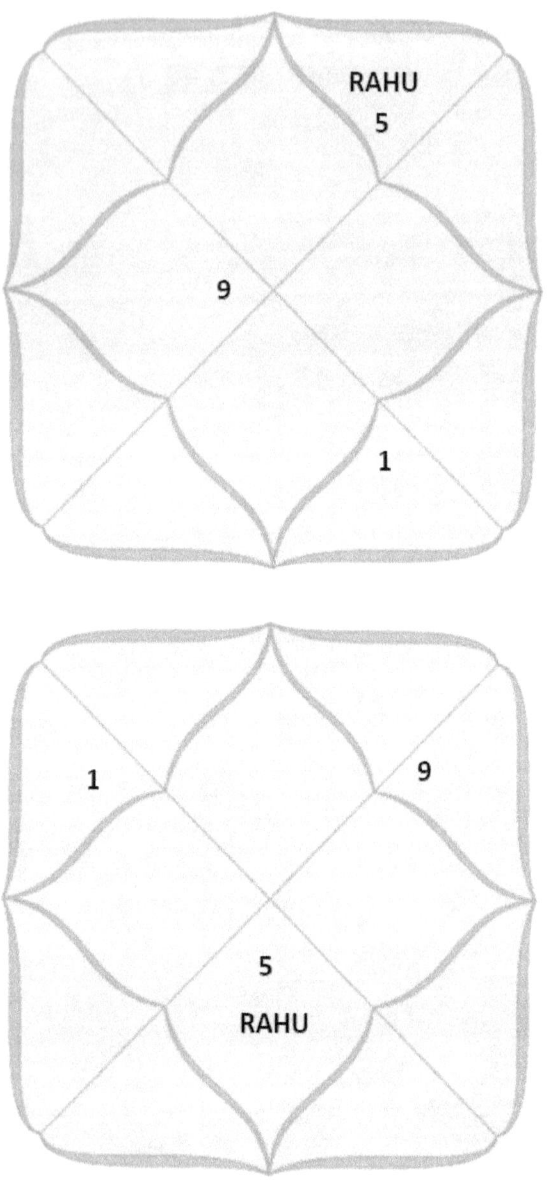
RAHU
5
9
1
1
9
5
RAHU

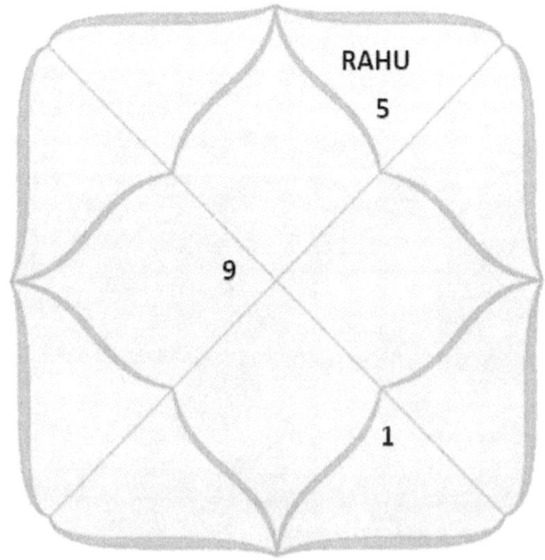

नीचे विभिन्न घरों में अग्नि राशि (धनु) के पीड़ित होने के कुछ उदाहरण दिए गए हैं।

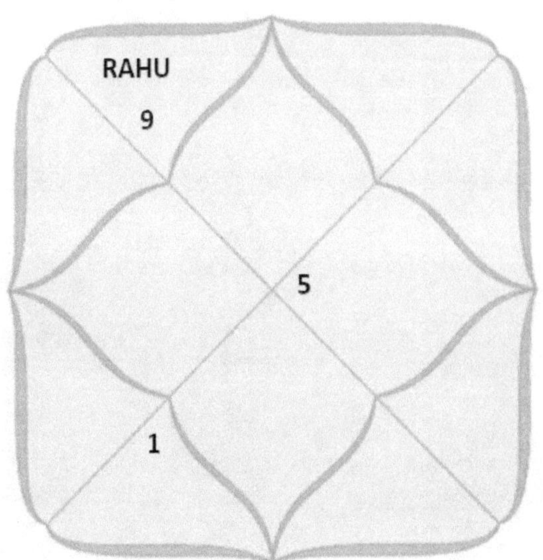

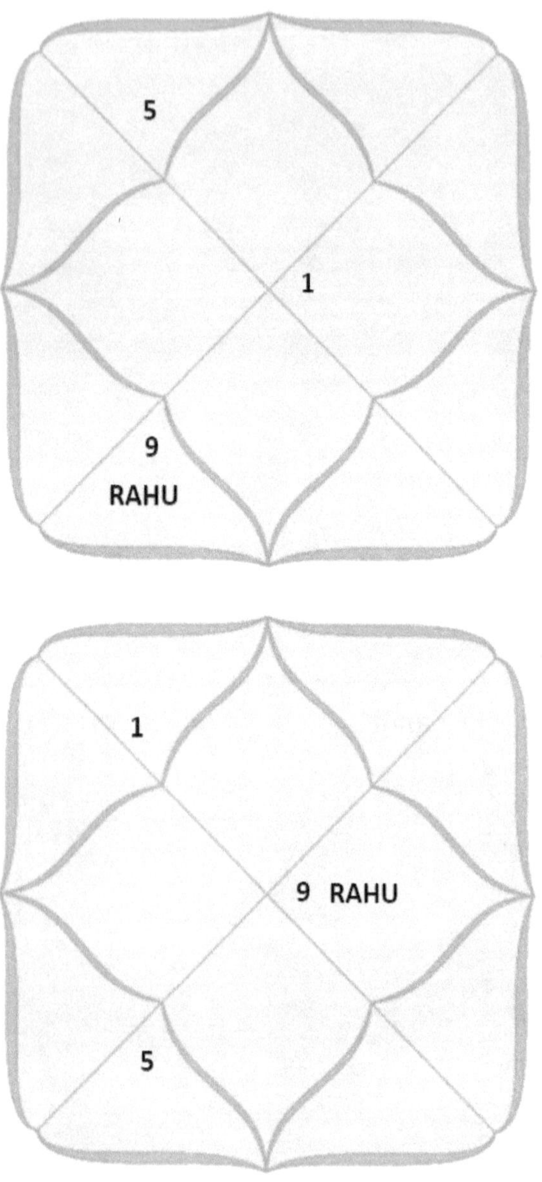
5
1
9
RAHU
1
9 RAHU
5

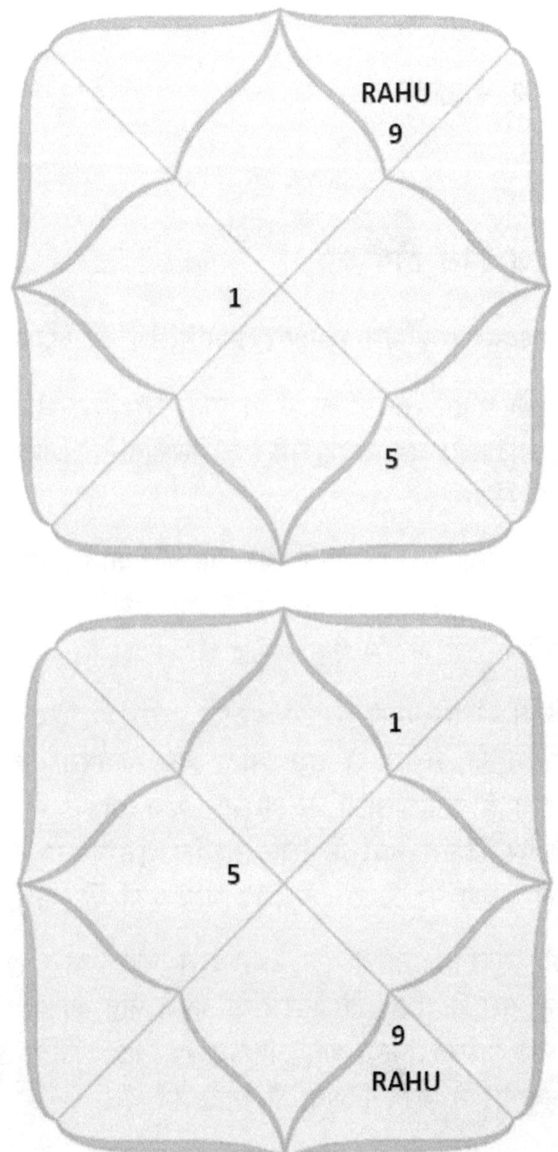
RAHU
9
1
5
1
5
9
RAHU

अध्याय - छठा

सूर्य वंश पितृ दोष

भगवान राम और रामेश्वर ज्योतिर्लिंग की कहानी

हिंदुओं के पवित्र तीर्थस्थलों में से एक रामेश्वरम मंदिर एक प्रसिद्ध मंदिर है। यह पवित्र मंदिर तमिलनाडु के रामनाथपुरम जिले में स्थित है।

मंदिर में स्थापित शिवलिंग को बारह ज्योतिर्लिंगों में से एक माना जाता है। भगवान शिव को समर्पित रामेश्वरम ज्योतिर्लिंग देश भर में एक प्रसिद्ध तीर्थस्थल है।

रामेश्वरम में हर साल, लाखों श्रद्धालु दर्शन के लिए पहुंचते हैं। सावन के महीने में इस मंदिर की विशेषता और भी बढ़ जाती है। मान्यताओं के अनुसार यहां मौजूद शिवलिंग, शत्रुओं पर विजय पाने के लिए अत्यंत शुभ माना जाता है (राम ने रावण पर विजय के लिए यहां पूजा की थी)।

यह भी माना जाता है कि रामेश्वरम वह स्थान है जहाँ भगवान राम ने रावण को मारने के अपने पाप का प्रायश्चित करने का फैसला किया था, जो ब्राह्मण था क्योंकि उसकी माँ (कैकसी) ने ऋषि विश्रवा से शादी की थी।

ब्राह्मण रावण का वध करने के बाद, भगवान राम ने रावण की हत्या के पाप से छुटकारा पाने के लिए इस स्थान पर तपस्या करने की इच्छा व्यक्त की।

लाल किताब पेंडिंग कर्म के माध्यम से इन योगों को कैसे देखें

राहु प्रतिनिधित्व करता है - दैत्ये कुल, रावण, ग्रहण

सूर्य प्रतिनिधित्व करता है - भगवान राम, सूर्य वंश

सूर्य और राहु की युति दर्शाती है - सूर्य का पितृ दोष

नीचे दिए गए कुछ उदाहरण पितृ दोष को दर्शाते हैं:

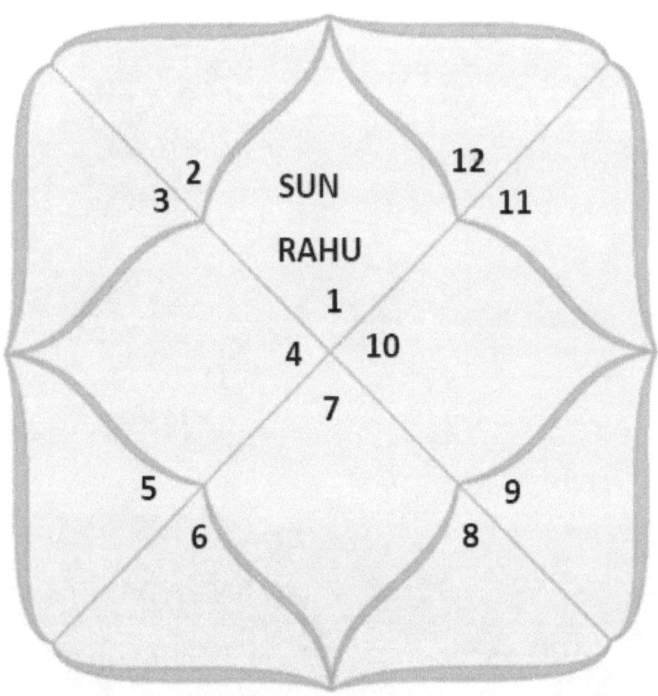

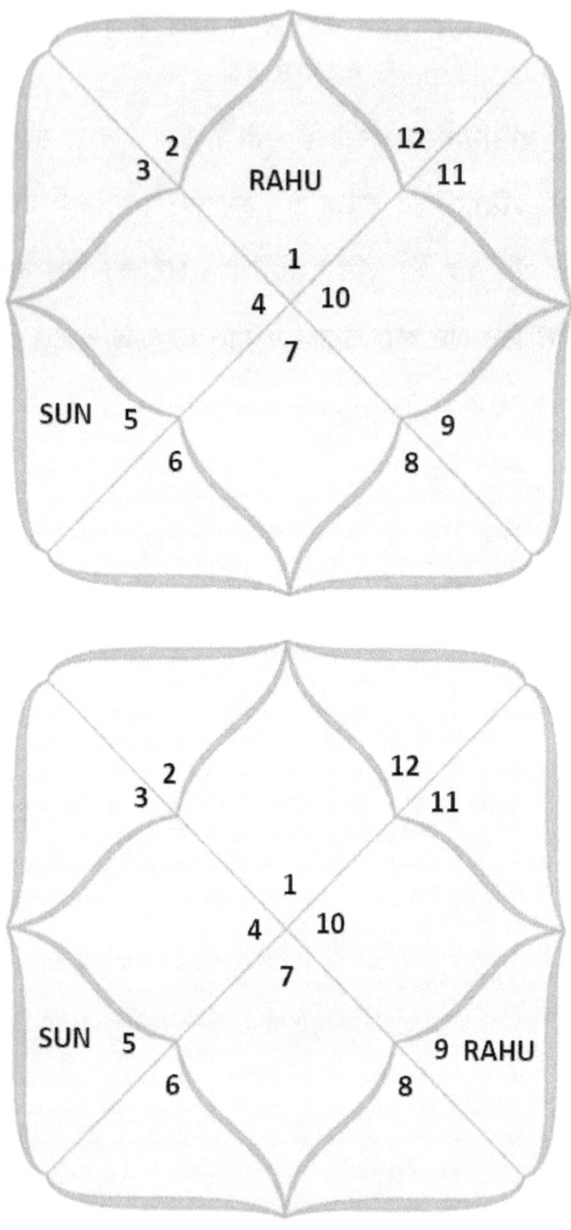
2
3
12
11
RAHU
1
4
10
7
SUN
5
9
6
8
2
3
12
11
1
4
10
7
SUN
5
9 RAHU
6
8

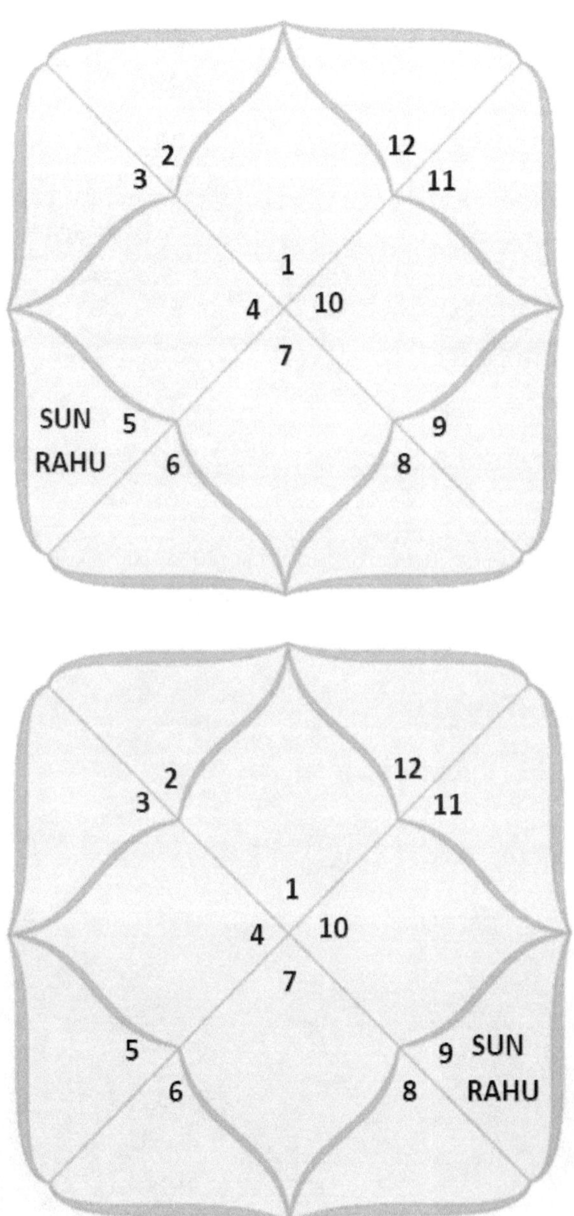
2
3
12
11
1
4
10
7
SUN
RAHU
5
6
9
8
2
3
12
11
1
4
10
7
5
6
9
8
SUN
RAHU

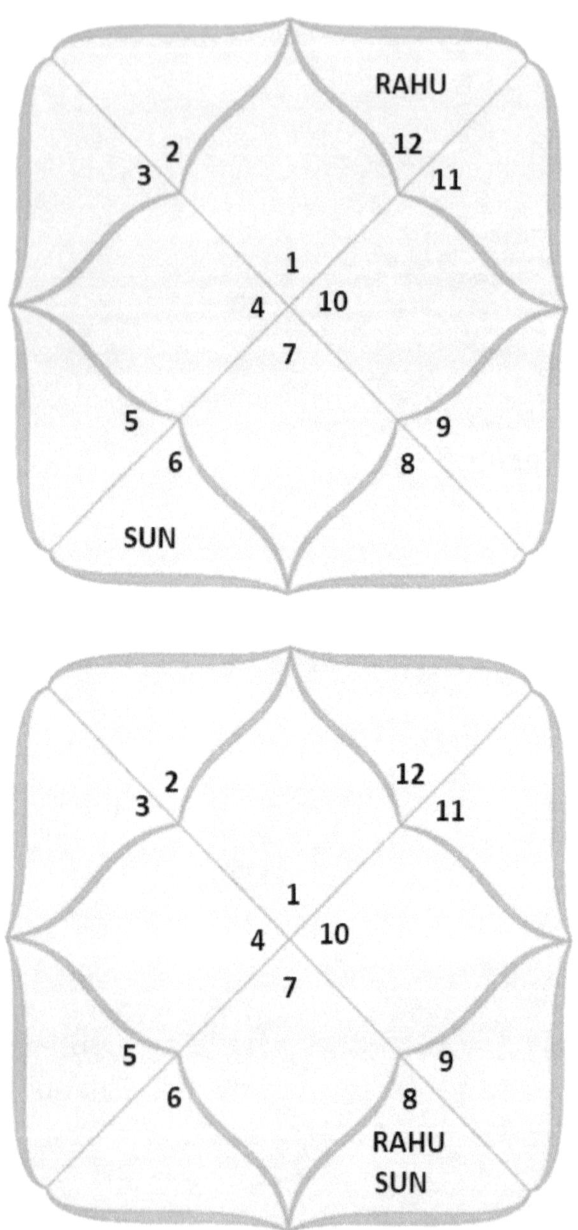
RAHU
12
11
2
3
1
4 10
7
5
6 8
9
SUN
2
3
12
11
1
4 10
7
5
6 8
9
RAHU
SUN

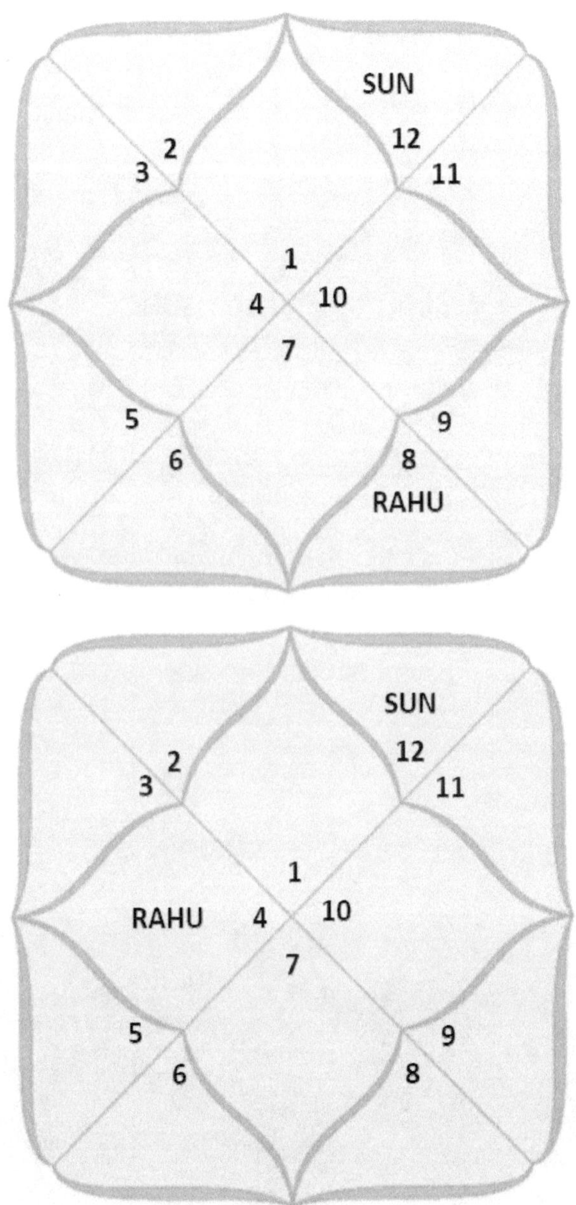
SUN
12
11
2
3
1
4
10
7
5
6
9
8
RAHU
SUN
12
11
2
3
1
RAHU
4
10
7
5
6
9
8

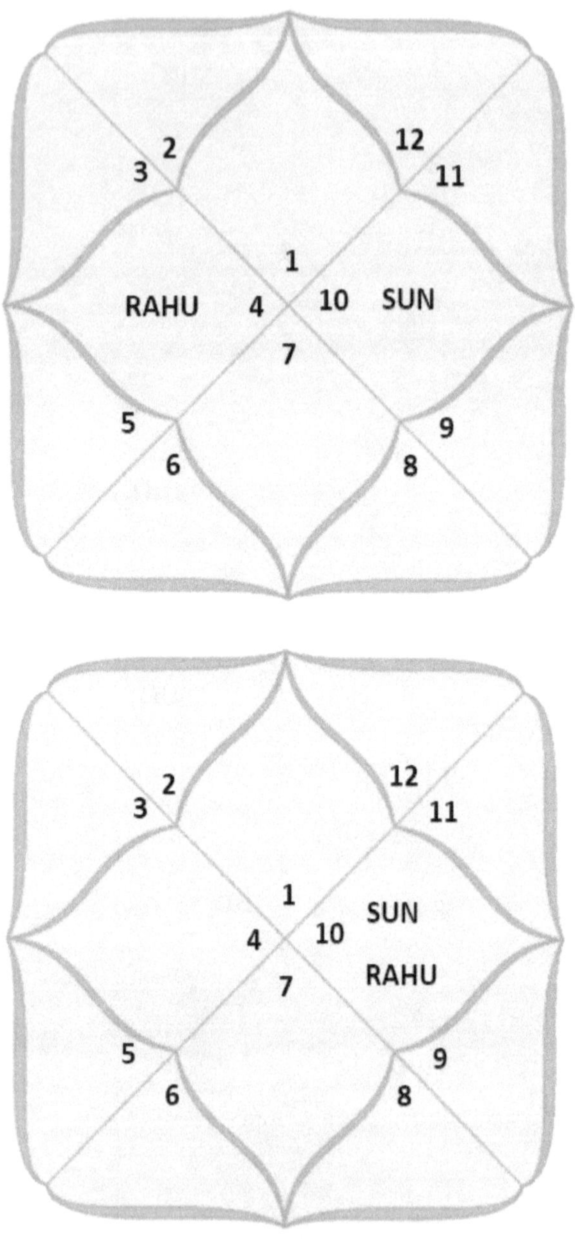

2
3
12
11
1
RAHU
4
10
SUN
7
5
9
6
8
2
3
12
11
1
SUN
4
10
RAHU
7
5
9
6
8

रामेश्वरम ज्योतिर्लिंग के दर्शन कर प्रायश्चित करें

सूर्य और बृहस्पति की युति या त्रिकोण में - रामेश्वरम ज्योतिर्लिंग का प्रतिनिधित्व करते हैं

सूर्य प्रतिनिधित्व करता है - भगवान राम

बृहस्पति प्रतिनिधित्व करता है - रामेश्वरम ज्योतिर्लिंग

इस ग्रहण से बाहर निकलने के लिए जातक को बृहस्पति की सहायता लेनी चाहिए।

यदि जातक की कुण्डली में निम्न योग हो तो वे कम से कम लगातार तीन वर्षों तक रामेश्वर ज्योतिर्लिंग के दर्शन कर सकते हैं।

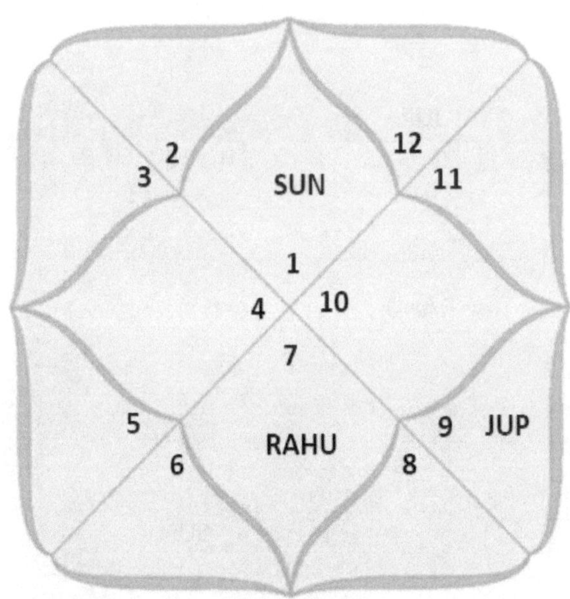

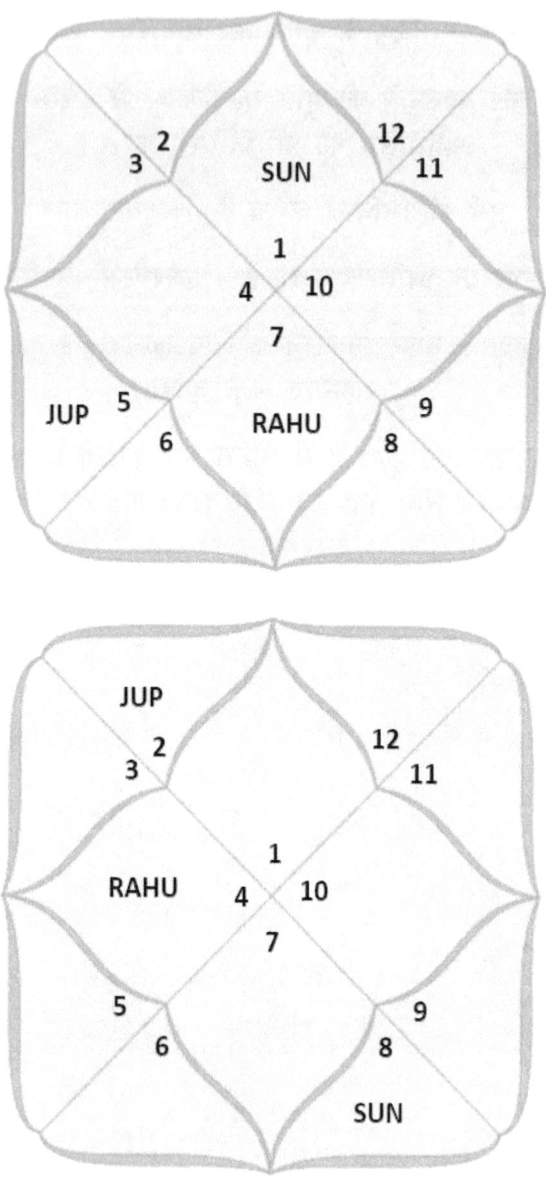
2
3
12
11
SUN
1
4 10
7
JUP 5
RAHU
6
8
9
JUP
2
3
12
11
RAHU
1
4 10
7
5
9
6
8
SUN

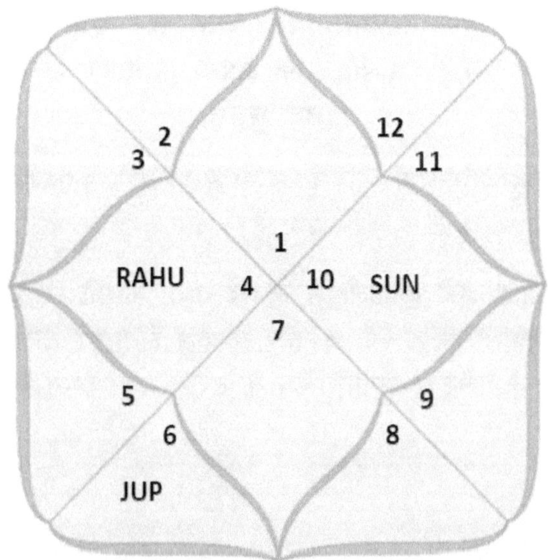

2
3
12
11
1
RAHU
4
10
SUN
7
5
9
6
8
JUP

पीड़ित बृहस्पति प्रतिनिधित्व करता है - ऋषि विशर्वा जिनके कुल / वंश को उनके अपने पुत्र रावण के कारण कलंक लगा।

नीचे राहु के कारण पीड़ित बृहस्पति के कुछ उदाहरण दिए गए हैं।

यदि जातक की कुण्डली में निम्न योग, कुंडली में, या वर्ष फल कुंडली में हो तो, वे कम से कम लगातार तीन वर्षों तक रामेश्वर ज्योतिर्लिंग के दर्शन कर सकते हैं।

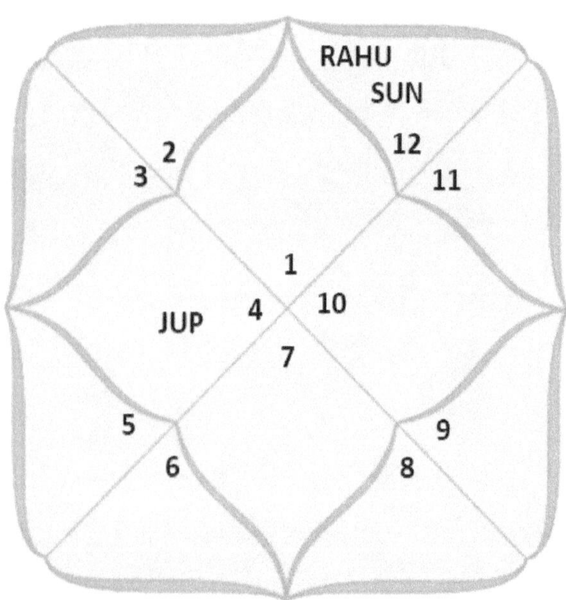

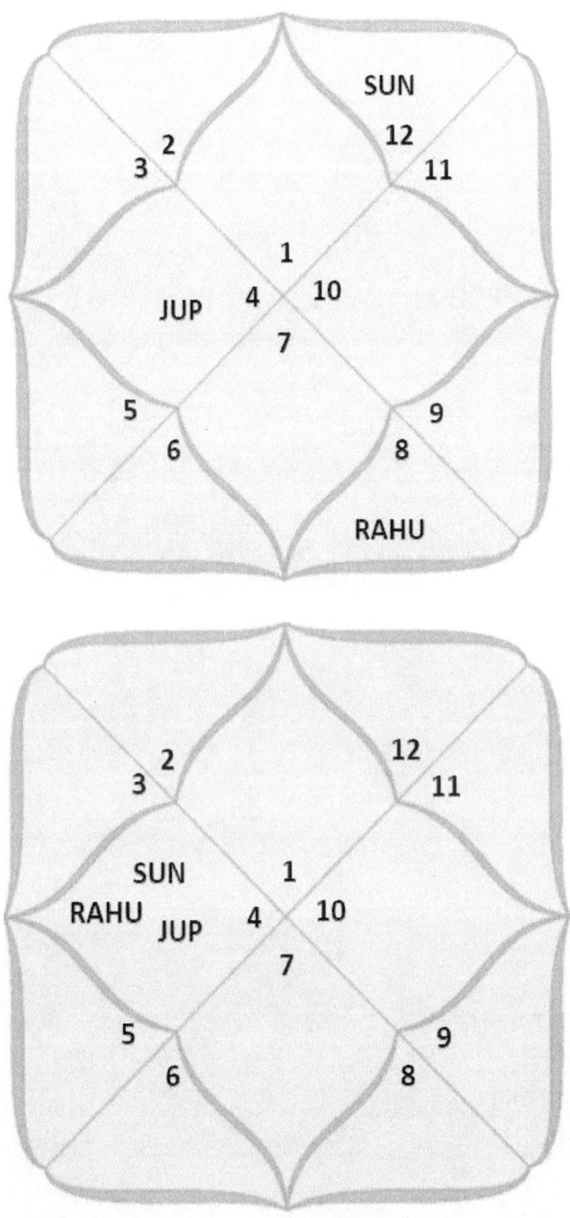
SUN
12
11
2
3
1
4 10
JUP
7
5
9
6
8
RAHU

2
3
12
11
SUN
RAHU
1
JUP
4 10
7
5
9
6
8

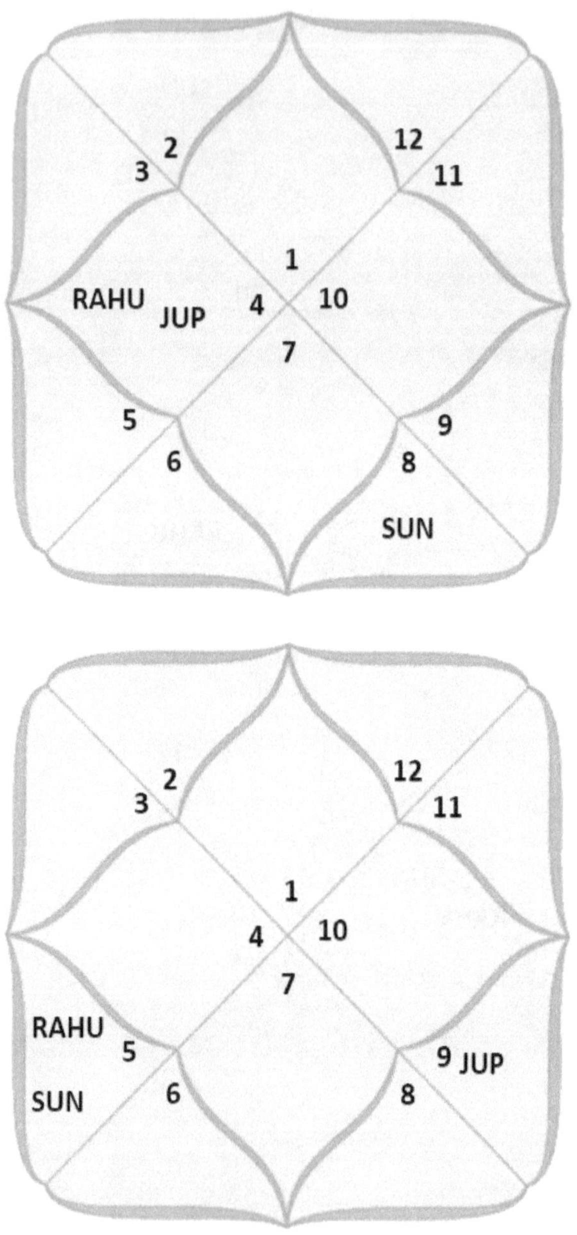
2
3
12
11
1
RAHU
JUP
4
10
7
5
9
6
8
SUN

2
3
12
11
1
4
10
7
RAHU
5
9 JUP
SUN
6
8

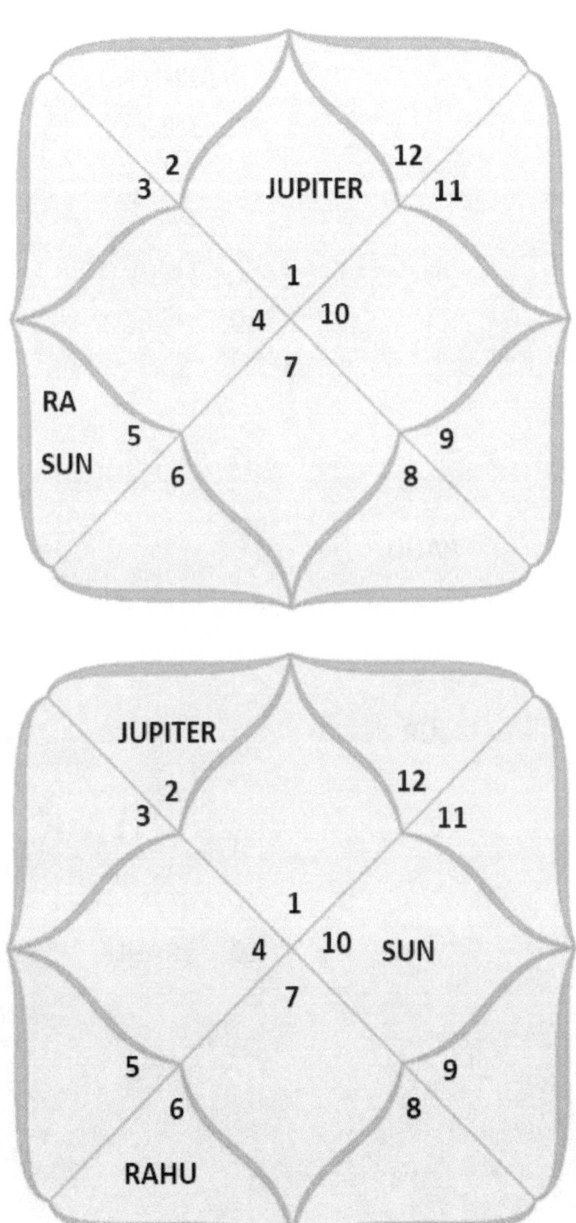
2
3
12
JUPITER
11
1
10
4
7
RA
SUN
5
6
9
8
JUPITER
2
3
12
11
1
10
SUN
4
7
5
9
6
8
RAHU

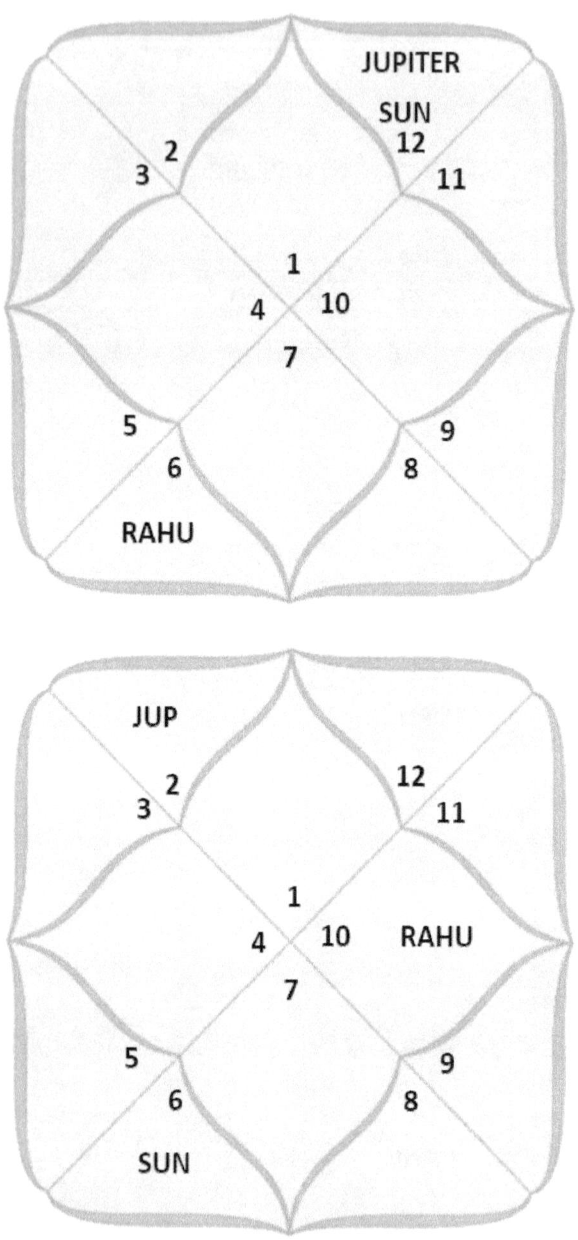
JUPITER
SUN
12
11
2
3
1
4   10
7
5
9
6   8
RAHU
JUP
2
3
12
11
1
4   10   RAHU
7
5   9
6   8
SUN

अध्याय - सप्तम

गौ हत्या दोष

गौतम ऋषि और त्र्येमकेश्वर ज्योतिर्लिंग

श्री त्र्यंबकेश्वर मंदिर, नासिक जिले में स्थित है। यह मंदिर भगवान शिव के 12 ज्योतिर्लिंगों में से एक है, जो भारत में सबसे अधिक पूजे जाने वाले ज्योतिर्लिंगों में से एक है।

जिस प्रकार गंगा अवतरण का श्रेय महान तपस्वी भागीरथ जी को जाता है, उसी प्रकार गोदावरी नदी (गौतमी) का अवतरण ऋषि गौतम और उनकी पत्नी अहिल्या की तपस्या को जाता है।

त्र्यंबकेश्वर ज्योतिर्लिंग के तीन सिर हैं, जिन्हें एक भगवान ब्रह्मा, भगवान विष्णु और भगवान शिव का रूप माना जाता है।

पौराणिक कथा के अनुसार प्राचीन काल में ब्रह्मगिरि पर्वत पर देवी अहिल्या और उनके पति ऋषि गौतम रहते थे और समाज की भलाई के लिए तपस्या किया करते थे।

एक बार की बात है, कई सालों तक बारिश नहीं हुई। बारिश की कमी के कारण धीरे-धीरे लोगों ने वहां से पलायन करना शुरू कर दिया। इससे चिंतित होकर महर्षि गौतम ने तपस्या की।

वरुण देव, उनकी घोर तपस्या से प्रसन्न हुए और वहां प्रकट हुए और महर्षि गौतम से कहा कि तुम एक गड्ढा खोदो

जो हमेशा पवित्र जल से भरा रहेगा। गड्ढे के इस पानी के इस्तेमाल से वहां फिर से पेड़-पौधे उगने लगेंगे और जितने भी मनुष्य, पशु-पक्षी भाग गए थे वे वापस उसी जगह लौट आएंगे।

एक बार महर्षि गौतम के शिष्य उसी गड्ढे से पानी लेने गए और उसी समय अन्य ऋषियों की पत्नियां भी अपने-अपने बर्तन लेकर वहां आ गईं। महर्षि गौतम के शिष्य और ऋषियों की पत्नियां आपस में झगड़ने लगीं कि पहले कौन जल ग्रहण करेगा।

तभी माता अहिल्या वहां आईं और कहा कि ये शिष्य अन्य लोगों से पहले यहां आए थे। इसलिए उन्हें पहले जल ग्रहण करने देना चाहिए। इससे ऋषियों की पत्नियों ने अपमान महसूस किया और उन्हें लगा कि अहिल्या अपने शिष्यों का पक्ष ले रही हैं।

तब उन सब स्त्रियों ने घर जाकर अपने अपने पतियों को यह बात बताई। तब सभी ऋषियों को क्रोध आया और उन सभी ने महर्षि गौतम से बदला लेने की सोची और यज्ञ करने का निर्णय लिया।

वे सभी, यज्ञ देव की पूजा करने लगे। तब यज्ञ देव प्रसन्न होकर वहां प्रकट हुए। उन सभी ऋषियों ने महर्षि गौतम को अपमानित करने के लिए यज्ञ देव से सहायता मांगी।

तब यज्ञ देव ने कहा कि इतने बड़े महर्षि के साथ ऐसा व्यवहार करना उचित नहीं है।

लेकिन वे ऋषि, यज्ञ देव से अपनी मांग पर अड़े हुए थे, और उसे कमजोर गाय का रूप धारण करने और उनके आश्रम

में प्रवेश करने के लिए कहा ताकि जैसे ही गौतम ऋषि उस गाय को स्पर्श करें, वह उसके स्पर्श से मर जाए।

अतः यज्ञ देव ने एक कमजोर गाय का रूप धारण किया और महर्षि गौतम के आश्रम में प्रवेश किया। तब गौतम ऋषि ने उस गाय को देखा और उन्होंने देखा कि गाय बहुत कमजोर थी इसलिए उन्होंने उसे अपने हाथों से खिलाना शुरू किया लेकिन गाय जमीन पर गिर गई और मर गई।

सभी ऋषियों ने गौतम ऋषि पर गाय की हत्या का आरोप लगाया और गौतम ऋषि को गौ हत्यारा बताकर झूठा दोष लगाया।

ऐसी विषम परिस्थिति देखकर उन ब्राह्मणों ने गौतम ऋषि से प्रायश्चित के लिए कहा। तब उन्होंने कहा, गौतम, आपको तीन बार पृथ्वी की परिक्रमा करनी है, फिर लौटकर गंगा को यहाँ लाएँ, और एक करोड़ शिवलिंग से भगवान शिव की पूजा करें जो मिट्टी से बने हैं। इसके बाद ही तुम इस श्राप से मुक्त हो जाओगे।

तब गौतम ऋषि, शिवलिंग की स्थापना कर पूजा करने लगे। ऋषि की भक्ति से प्रसन्न होकर शिव और माता पार्वती वहां प्रकट हुए।

शिव ने वरदान मांगने को कहा। तब ऋषि गौतम ने शिव से उस स्थान पर देवी गंगा को भेजने का अनुरोध किया। देवी गंगा ने कहा कि यदि शिव इस स्थान पर रहेंगे, तभी वे उस आश्रम में आएंगी।

भगवान शिव त्र्यंबकेश्वर ज्योतिर्लिंग के रूप में वहां निवास करने के लिए तैयार हो गए और गंगा नदी, गौतमी के रूप में वहां बहने लगी। गोदावरी भी गौतमी नदी का एक नाम है।

लाल किताब पेंडिंग कर्म के माध्यम से इन योगों को कैसे देखें

आइए देखते हैं कुछ ग्रहों की युति

बृहस्पति प्रतिनिधित्व करता है - गौतम ऋषि

राहु प्रतिनिधित्व करता है - झूठा दोष

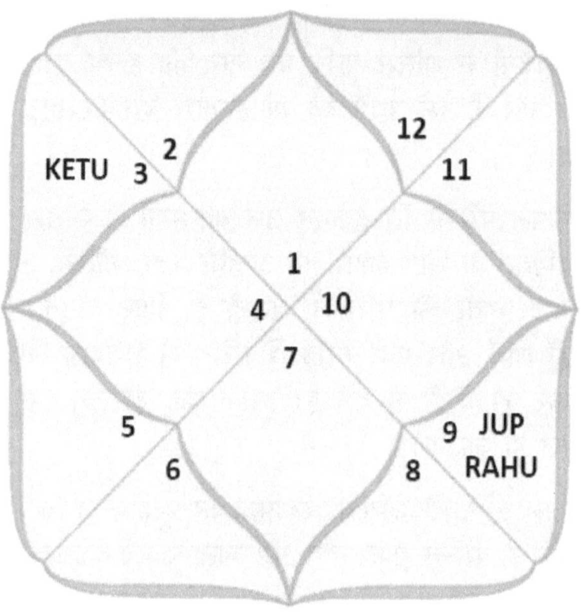

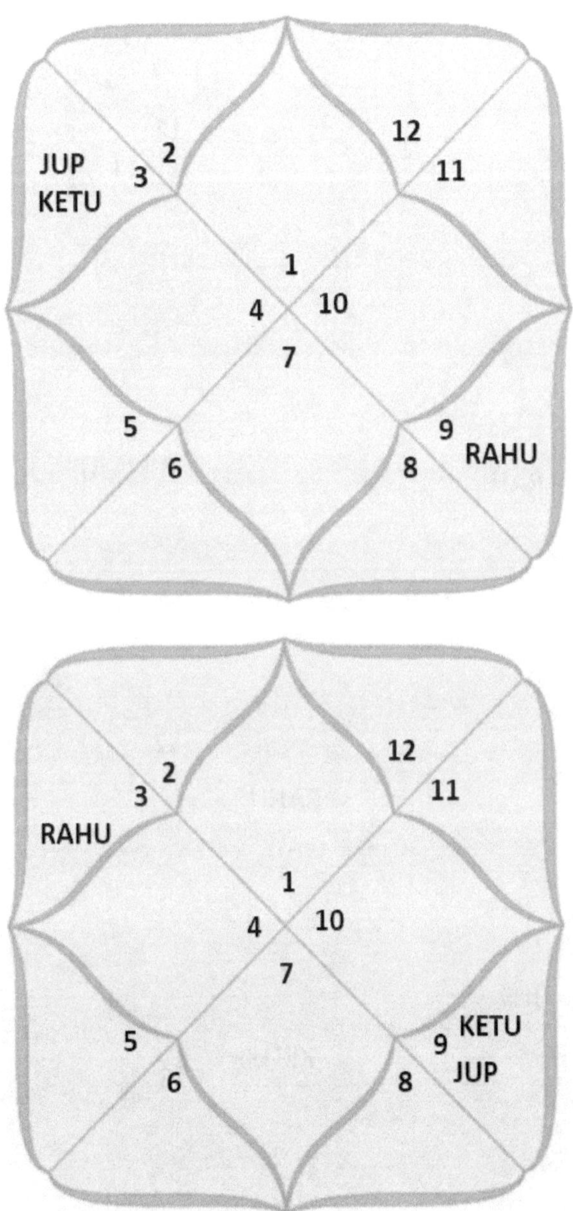
12
11
2
3
JUP
KETU
1
10
4
7
5
9
RAHU
6
8
12
11
2
3
RAHU
1
10
4
7
5
9
KETU
JUP
6
8

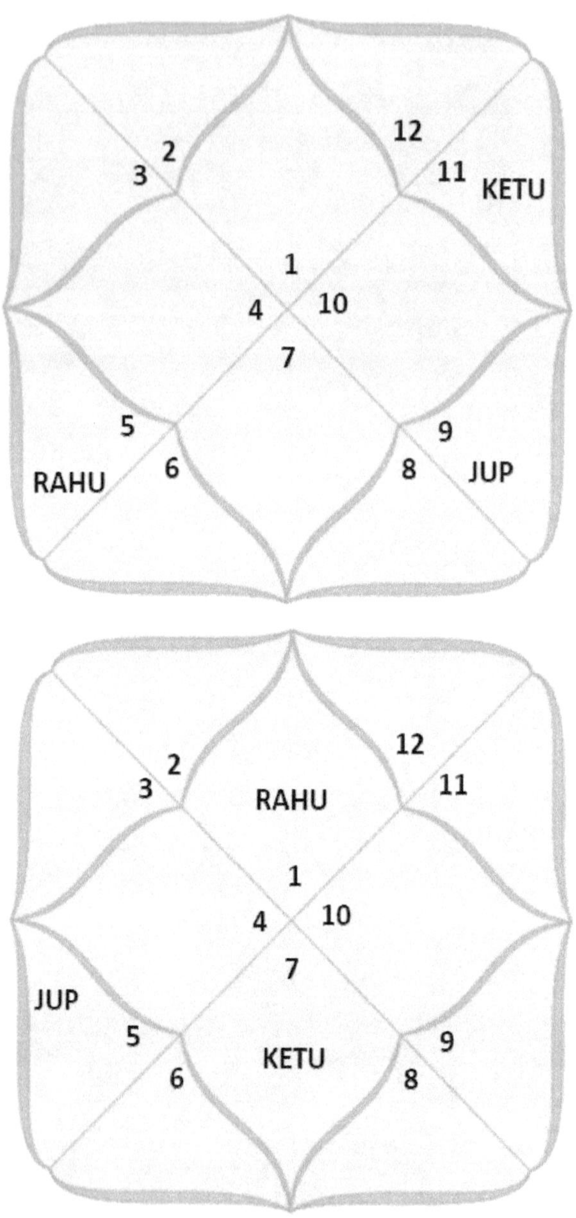
12
11
KETU
2
3
1
4
10
7
5
RAHU
6
8
9
JUP
12
11
2
3
RAHU
1
4
10
7
JUP
5
KETU
9
6
8

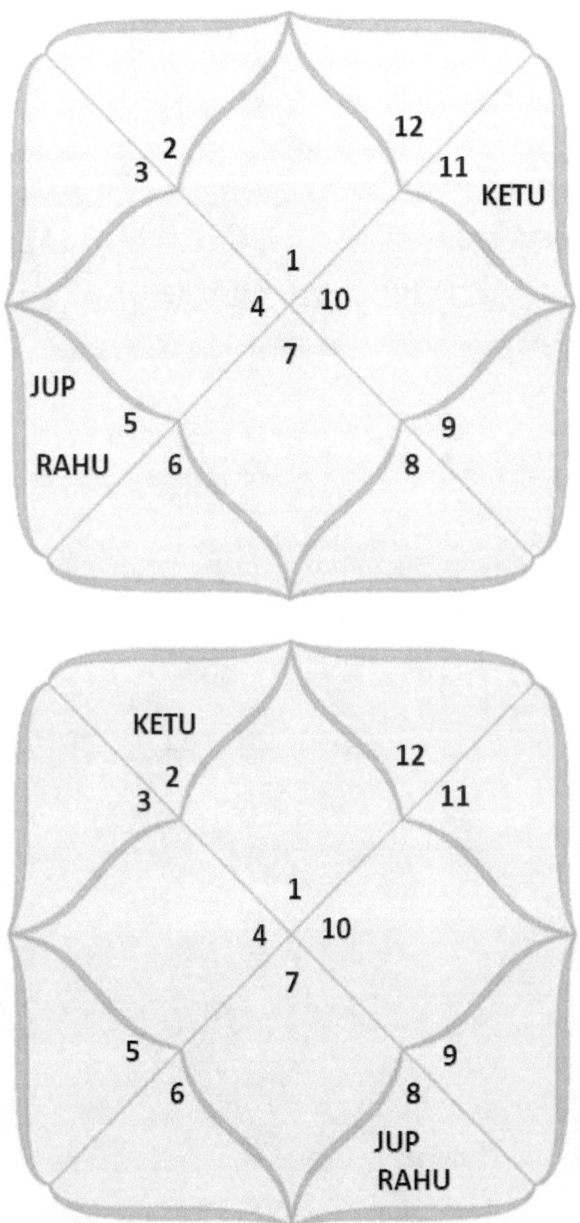
12
11
KETU
2
3
1
10
4
7
JUP
5
9
RAHU
6
8

KETU
12
2
11
3
1
10
4
7
5
9
6
8
JUP
RAHU

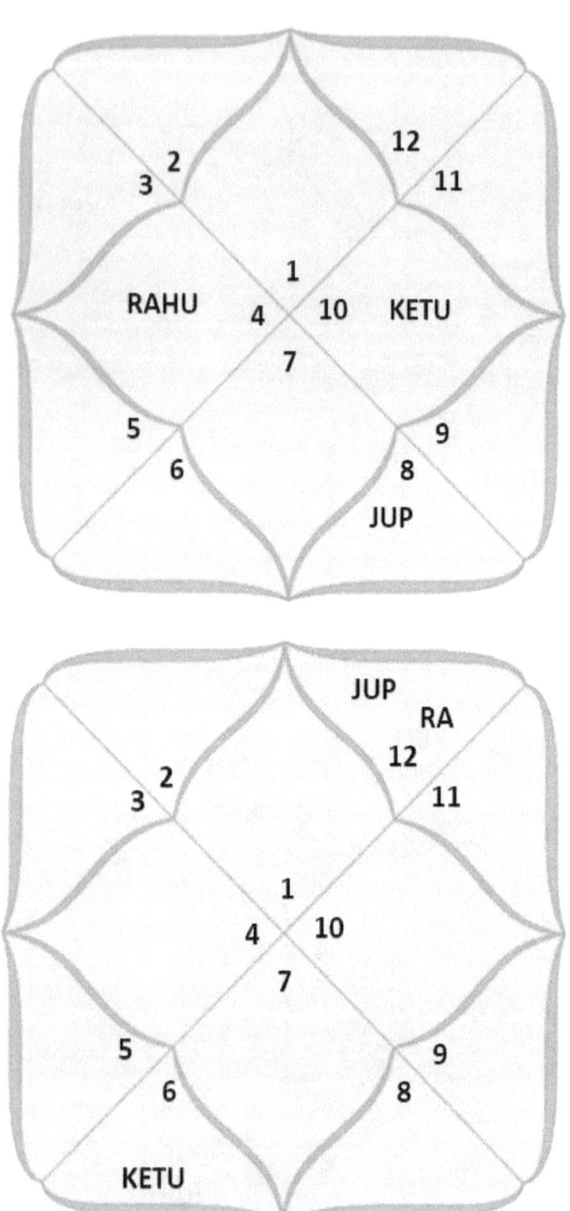
12
11
2
3
1
RAHU
4 10 KETU
7
5
6
9
8
JUP
JUP
RA
12
2
3
11
1
4 10
7
5
9
6
8
KETU

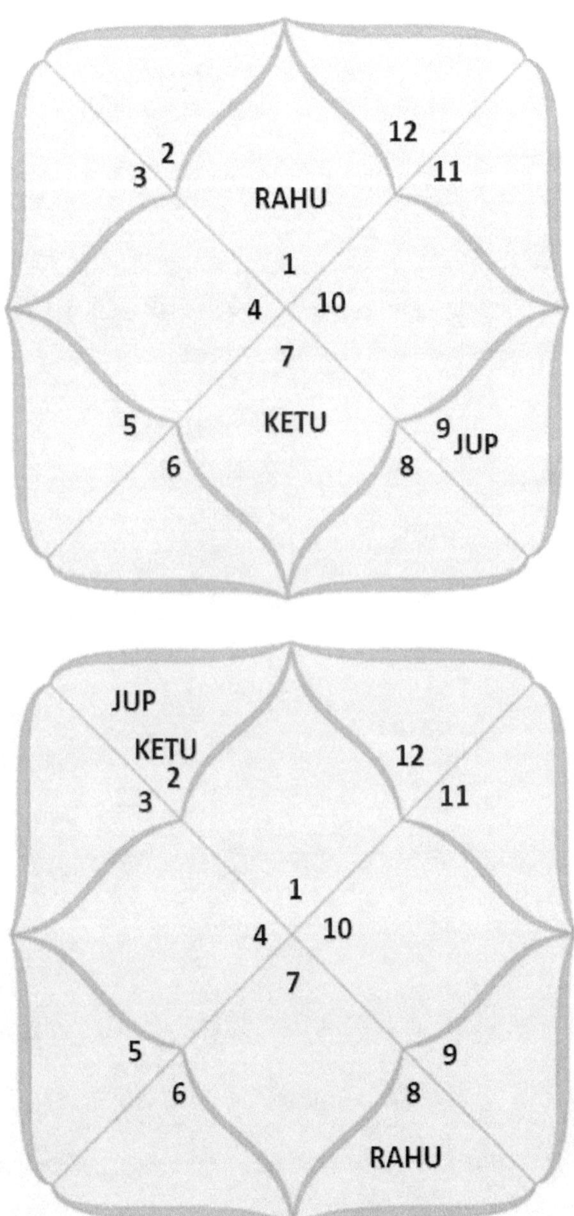
12
2
3
11
RAHU
1
4
10
7
5
KETU
9 JUP
6
8
JUP
KETU
2
3
12
11
1
4
10
7
5
9
6
8
RAHU

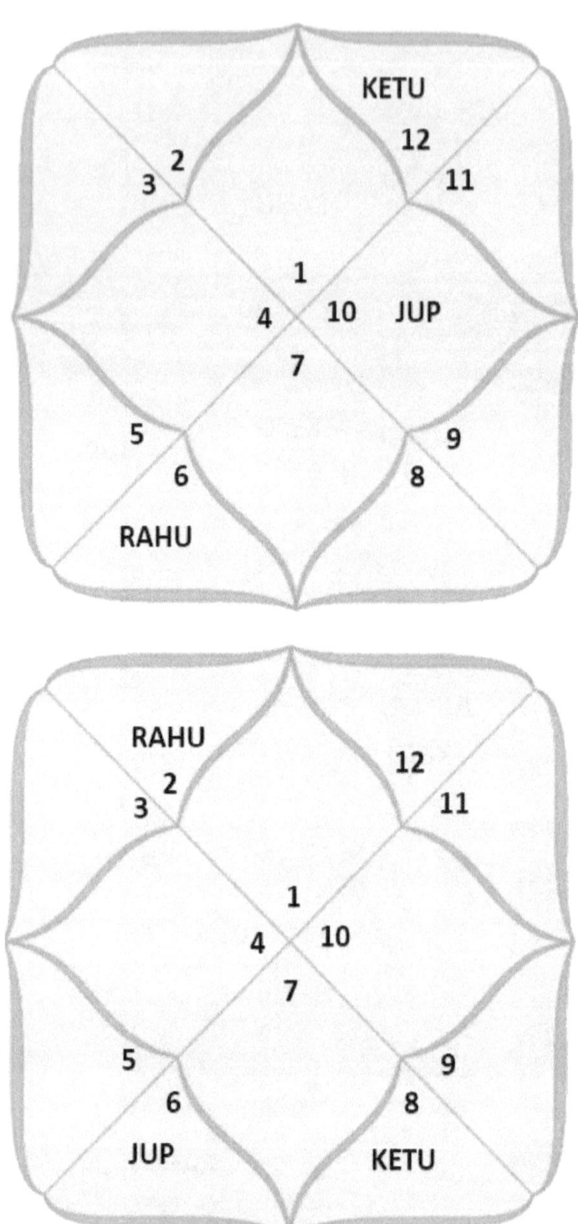
KETU
12
2
3
11
1
4
10
JUP
7
5
9
6
8
RAHU
RAHU
2
3
12
11
1
4
10
7
5
9
6
8
JUP
KETU

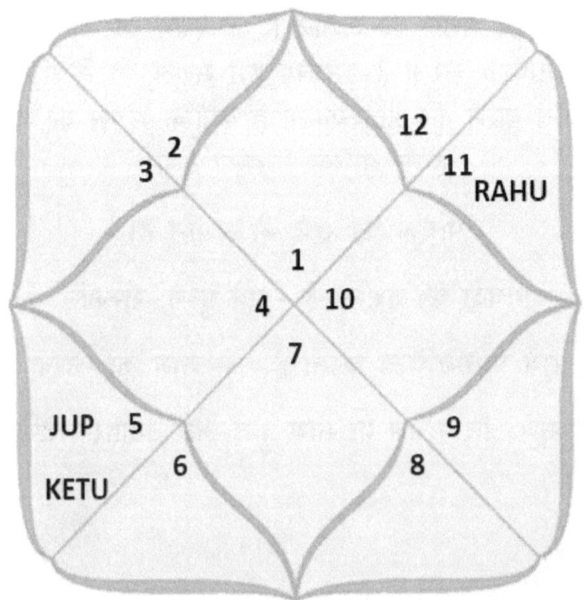
12
2
3
11
RAHU
1
4
10
7
JUP
5
9
KETU
6
8

पहला घर मंगल की जमीन है जो स्वयं या जातक का प्रतिनिधित्व करता है इसलिए हमें मंगल की स्थिति की भी जांच करने की आवश्यकता है क्योंकि मंगल का पीड़ित होना अधिक समस्या देगा।

पांचवां घर सूर्य की जमीन है।

पांचवां घर दर्शाता है - पूर्व पुण्य, सम्मान

सूर्य प्रतिनिधित्व करता है - सम्मान का कारक

हम सूर्य और मंगल के साथ कुछ और उदाहरण देखेंगे।

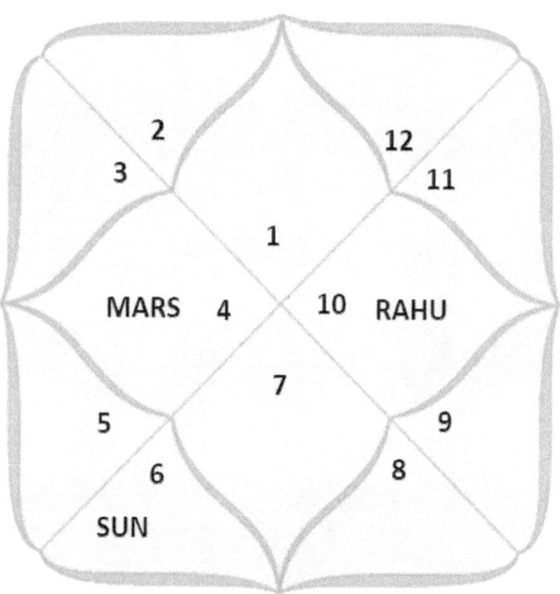

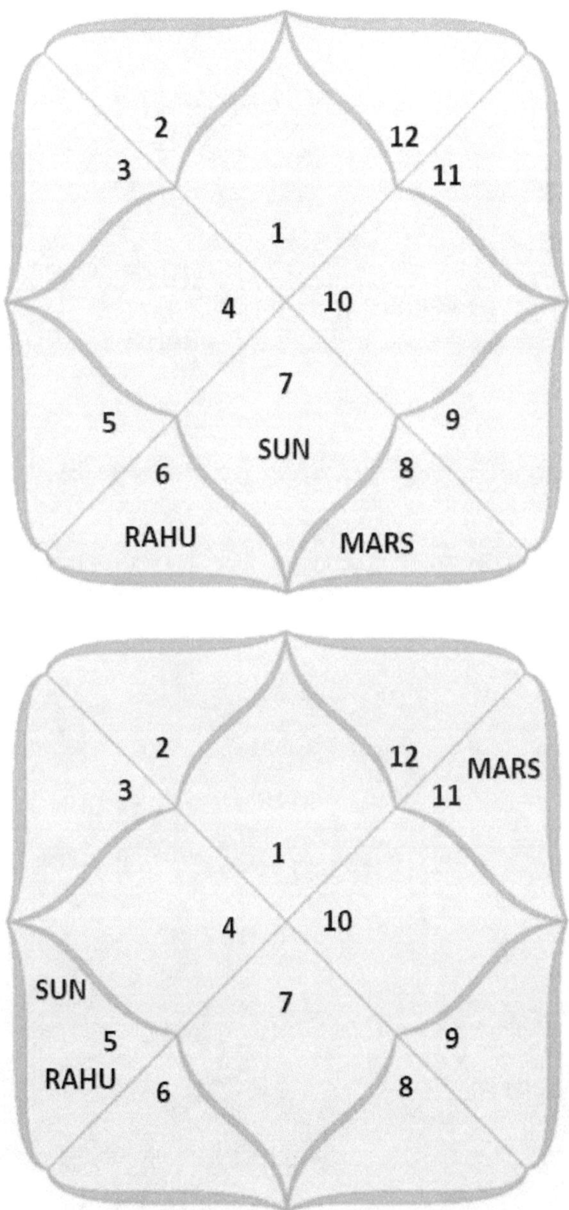
2
3
12
11
1
4
10
7
5
9
6
8
SUN
RAHU
MARS

2
3
12
11
MARS
1
4
10
SUN
7
5
9
RAHU
6
8

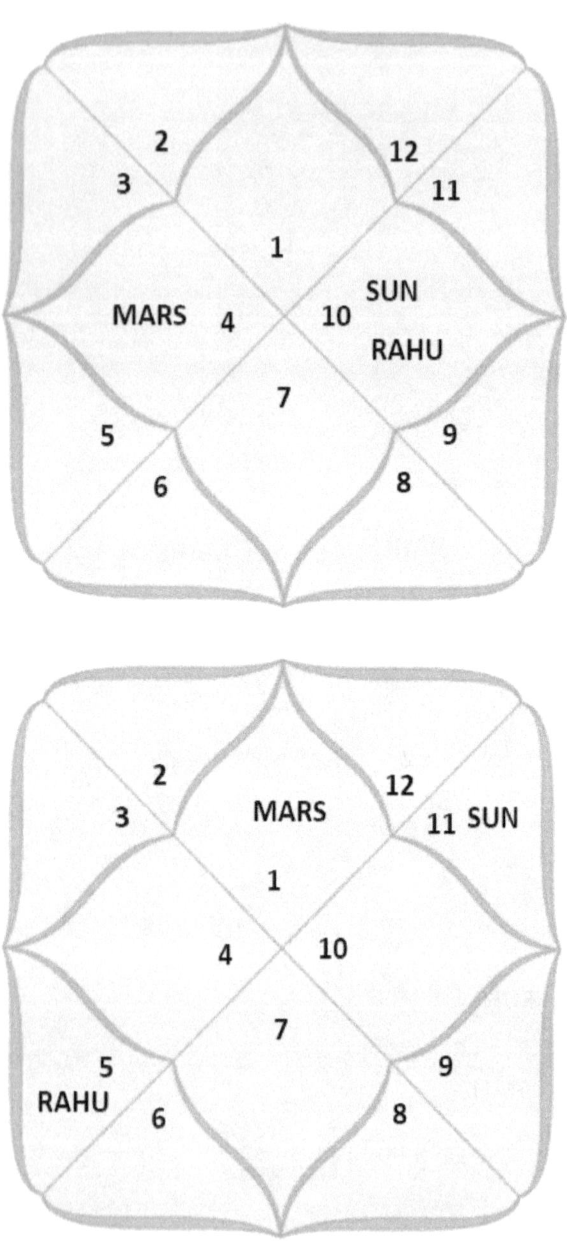
2
3
12
11
1
MARS
4
10
SUN
RAHU
7
5
9
6
8
2
3
MARS
12
11 SUN
1
4
10
7
5
9
RAHU
6
8

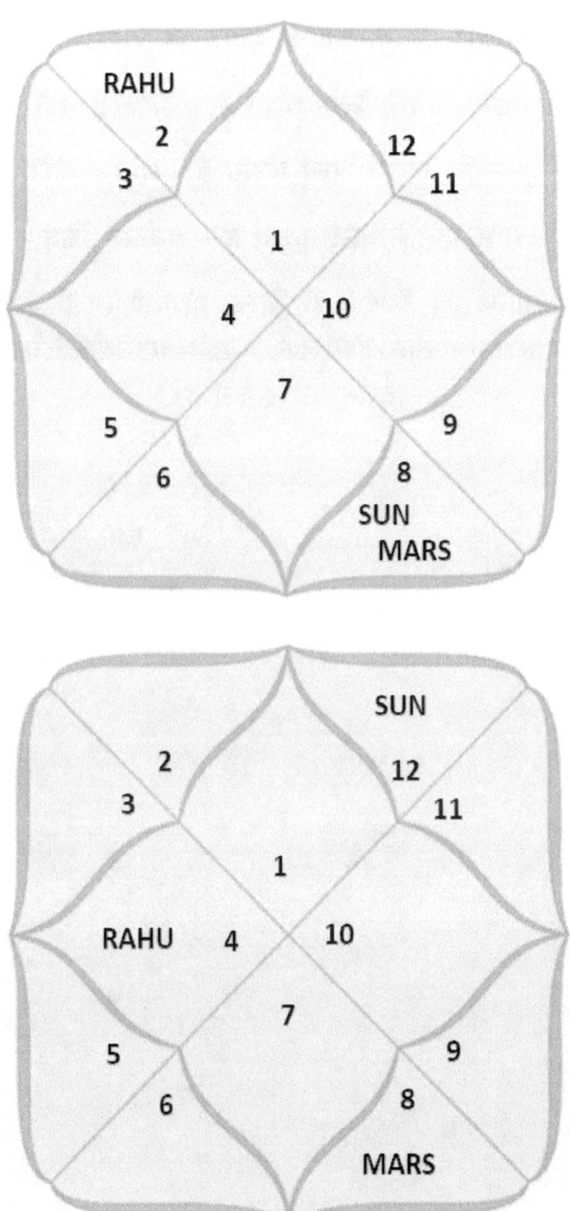
RAHU
2
3
12
11
1
4
10
7
5
9
6
8
SUN
MARS
SUN
2
12
3
11
1
RAHU
4
10
7
5
9
6
8
MARS

त्र्येमकेश्वर ज्योतिर्लिंग के दर्शन कर प्रायश्चित करें

चंद्रमा प्रतिनिधित्व करता है - गोदावरी नदी

बृहस्पति प्रतिनिधित्व करता है - गौतम ऋषि

शनि प्रतिनिधित्व करता है - भगवान शिव

यदि जातक की कुण्डली में निम्न योग हो तो वे कम से कम लगातार तीन वर्षों तक त्र्येमकेश्वर ज्योतिर्लिंग के दर्शन कर सकते हैं।

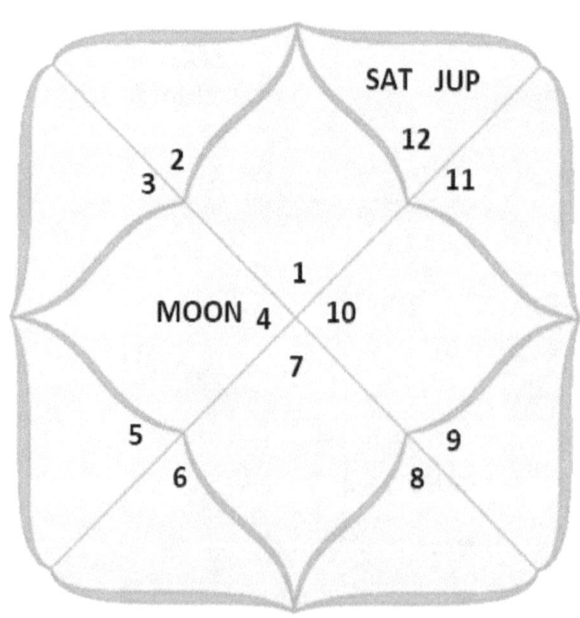

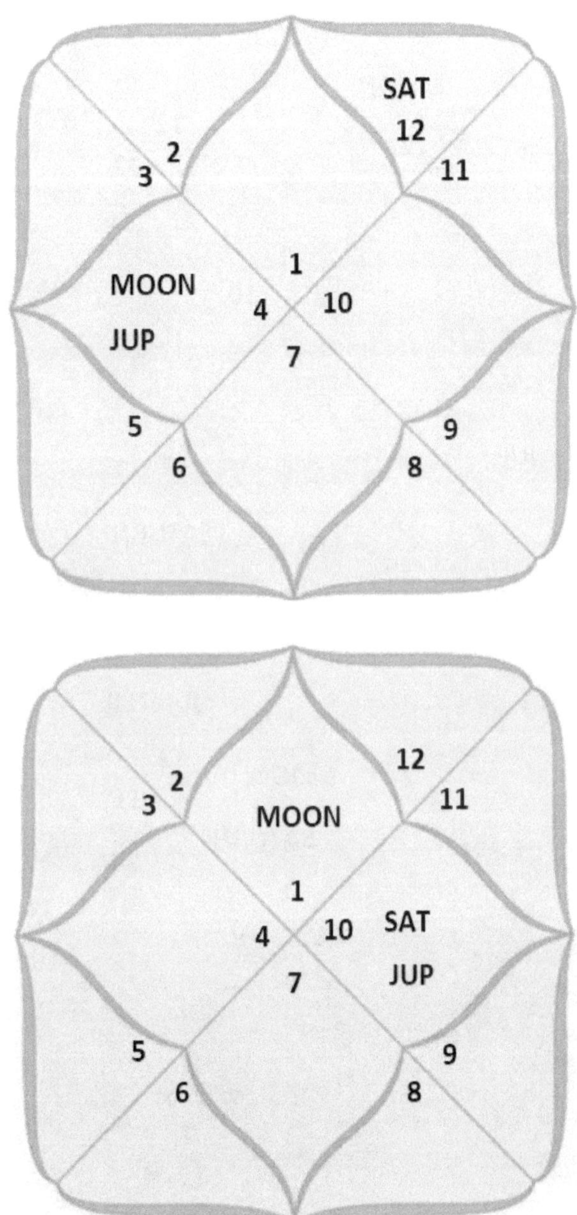
SAT
12
11
2
3
1
MOON
10
4
JUP
7
5
9
6
8
12
2
3
11
MOON
1
10
4
SAT
7
JUP
5
9
6
8

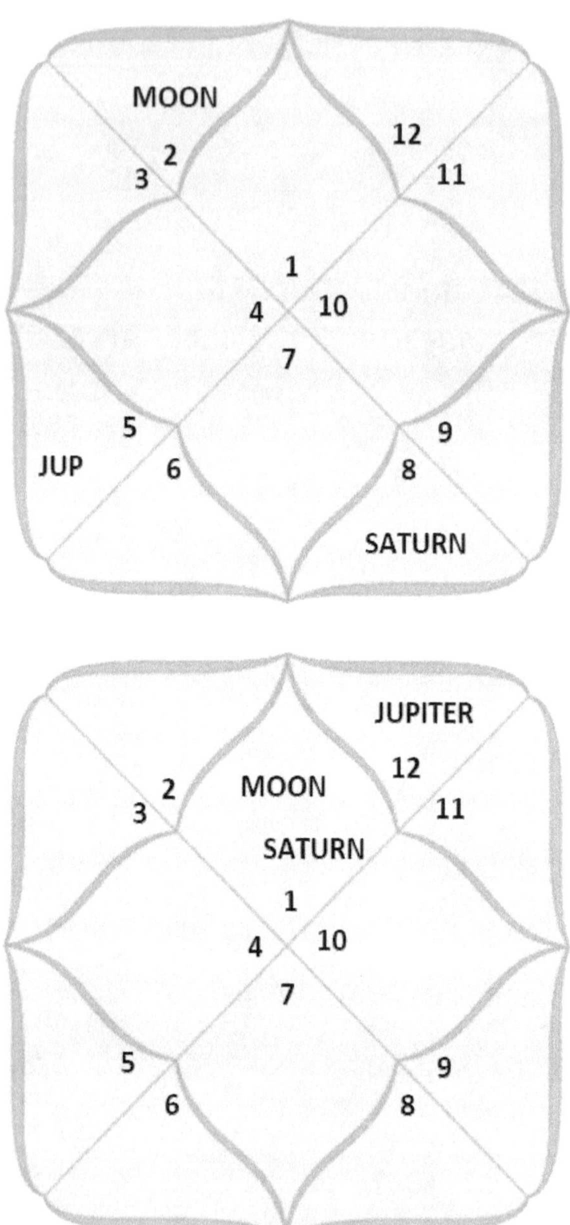
MOON
2
3
12
11
1
4
10
7
5
JUP
6
9
8
SATURN
JUPITER
2
3
MOON
12
11
SATURN
1
4
10
7
5
6
9
8

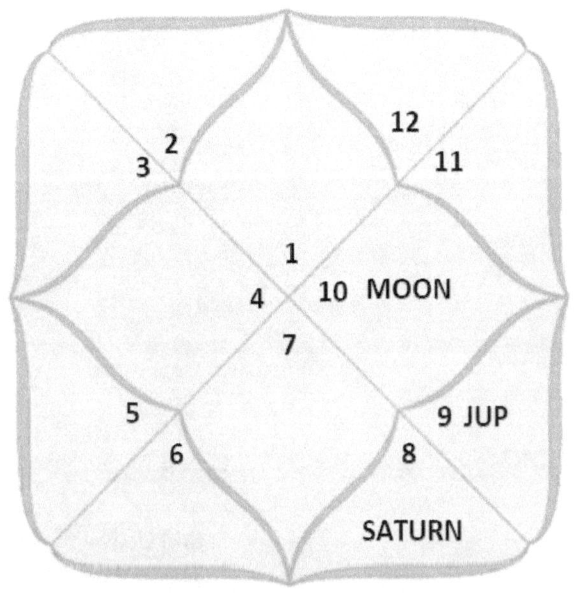
12
2
3
11
1
4 10 MOON
7
5
9 JUP
6 8
SATURN

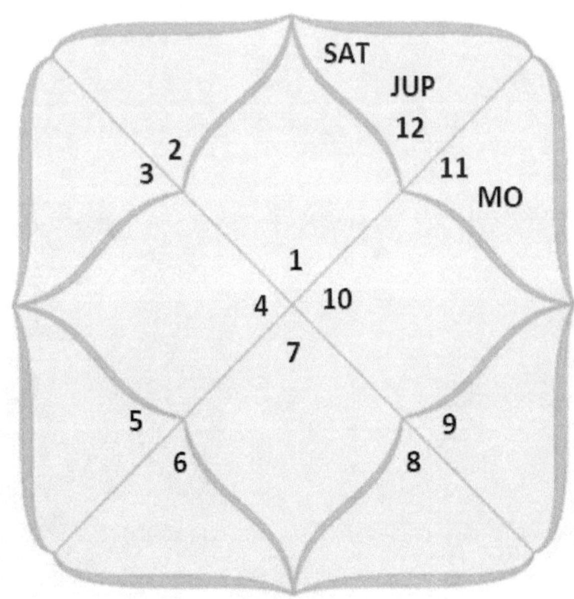
SAT
JUP
12
2
3 11
MO
1
4 10
7
5 9
6 8

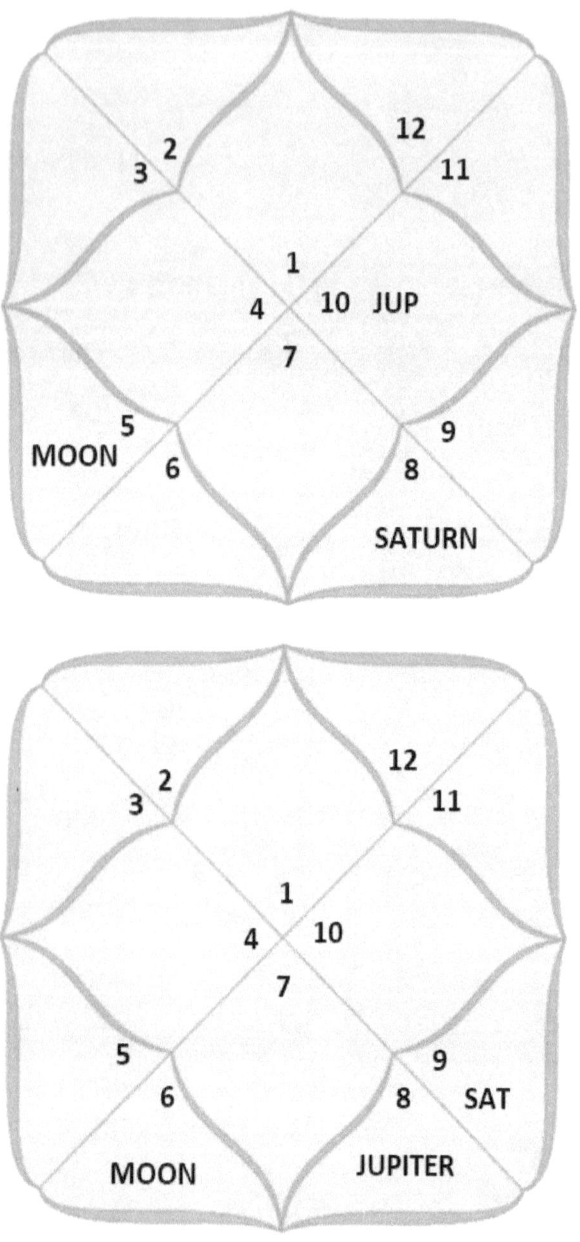
12
2
3
11
1
4 10 JUP
7
5
MOON
6
9
8
SATURN
12
2
3
11
1
4 10
7
5
9
6 8 SAT
MOON
JUPITER

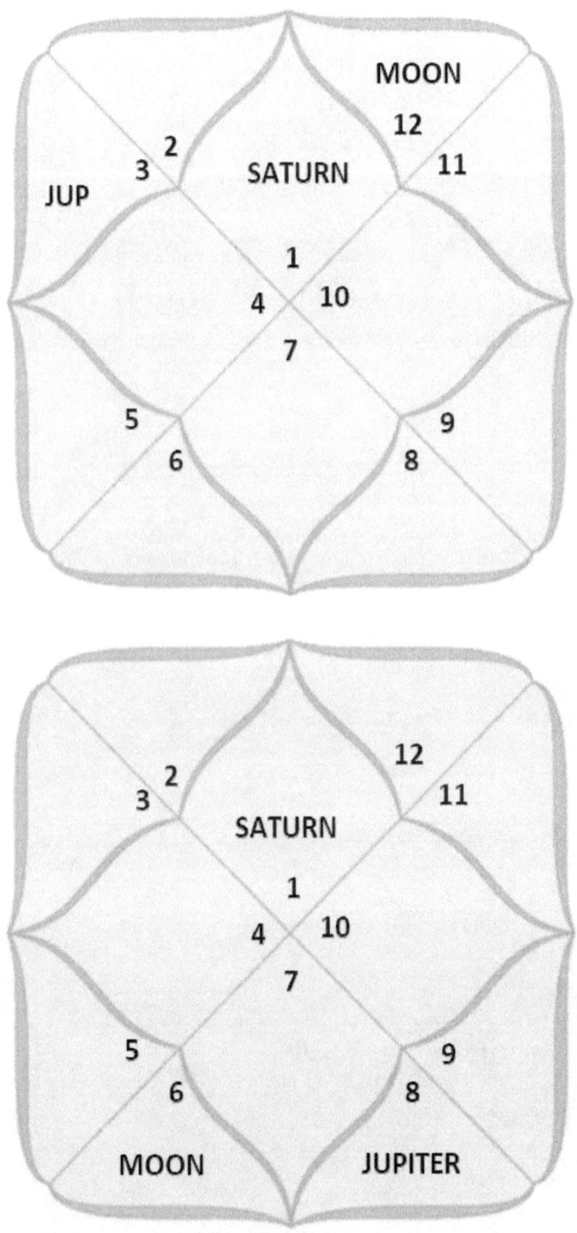
MOON
12
11
2
3
SATURN
JUP
1
4
10
7
5
9
6
8
12
11
2
3
SATURN
1
4
10
7
5
9
6
8
MOON
JUPITER

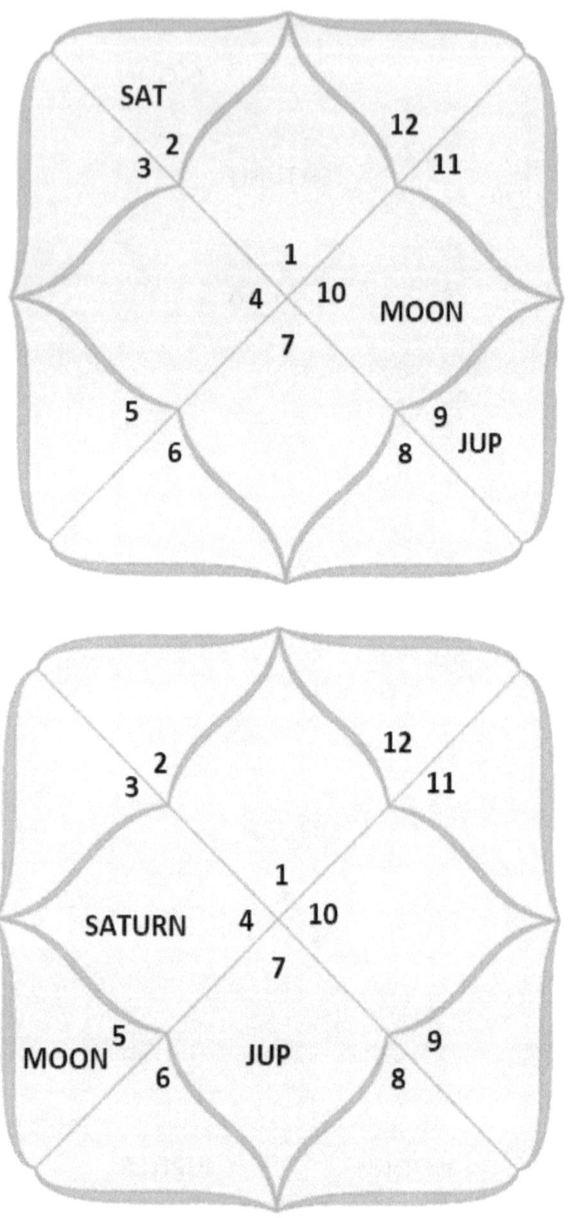
SAT
2
3
12
11
1
4 10
MOON
7
5
6
9
JUP
8
2
3
12
11
1
SATURN 4 10
7
5
MOON
6
JUP
9
8

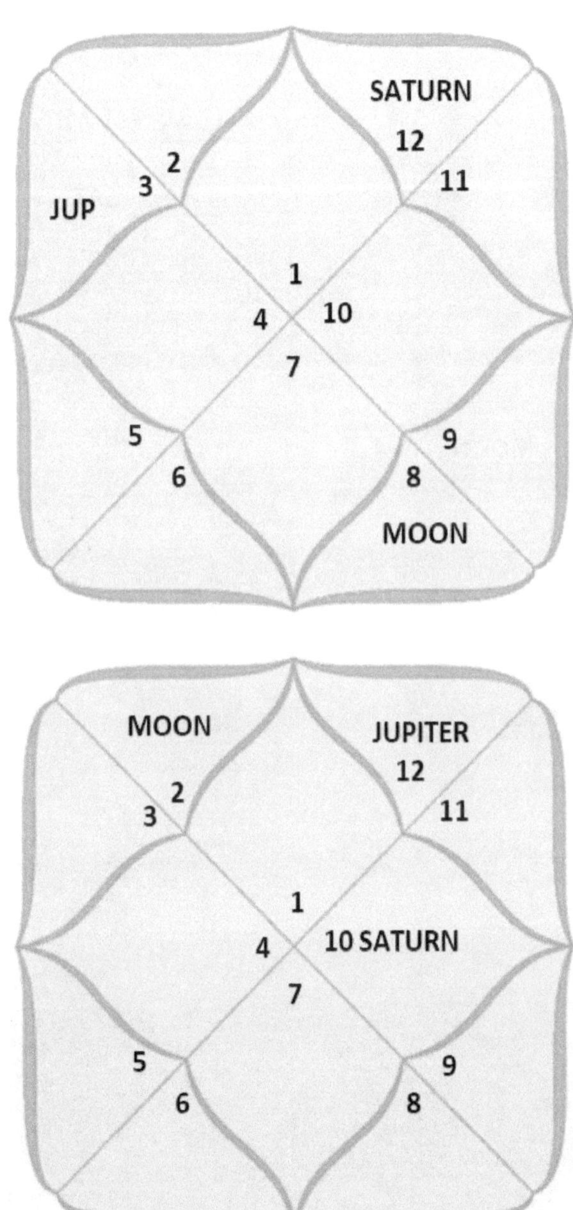
SATURN
12
2
3
11
JUP
1
4
10
7
5
9
6
8
MOON
MOON
JUPITER
2
12
3
11
1
4
10 SATURN
7
5
9
6
8

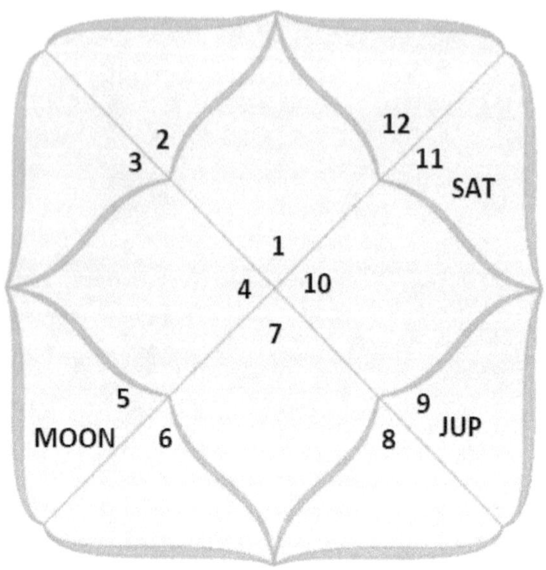

12
11
SAT
2
3
1
4
10
7
5
MOON
6
9
JUP
8

अध्याय – आठ

ब्रह्म हत्या दोष

शिव और भगवान ब्रह्मा की कहानी

एक बार भगवान विष्णु और ब्रह्मा के बीच वरिष्ठता को लेकर विवाद हो गया। जब इस विषय में वेदों से पूछा गया तो उन्होंने शिव को सर्वश्रेष्ठ और सर्वोच्च बताया।

ब्रह्मा जी ने ब्रह्मांड के निर्माता के रूप में श्रेष्ठ होने का दावा किया और भगवान विष्णु ने स्वयं को संपूर्ण सृष्टि के पालनकर्ता के रूप में श्रेष्ठ बताया। तभी वहां एक विराट लिंग प्रकट हुआ। दोनों देवताओं की सहमति से यह निर्णय लिया गया कि जो इस लिंग का अंत पहले खोजेगा वही श्रेष्ठ माना जाएगा।

अत: दोनों शिवलिंग के सिरों को खोजने के लिए विपरीत दिशा में चल पड़े। विष्णु को लिंग का अंत नहीं मिला इसलिए वे लौट आए। ब्रह्मा जी भी लिंग के अंत का पता नहीं लगा पाए लेकिन विष्णु से कहा कि उन्हें अंत मिल गया है। और ब्रह्मा ने झूठ का सहारा लिया। ब्रह्मा ने कहा कि केतकी का फूल इसका साक्षी है।

ब्रह्मा के झूठ बोलने के कारण, स्वयं शिव वहां प्रकट हुए और उन्होंने ब्रह्मा जी का एक सिर काट दिया और केतकी

के फूल को श्राप दिया कि केतकी के फूल कभी पूजा में नहीं आएंगे और न ही ब्रह्मा जी की पूजा होगी। इसलिए भगवान ब्रह्मा की पूजा नहीं की जाती है। लेकिन ऐसा करने से शिव पर ब्रह्मा की हत्या का पाप लग गया ।

लाल किताब पेंडिंग कर्म के माध्यम से इन योगों को कैसे देखें

राहु, मंगल युति या ट्राइन अहंकार का प्रतिनिधित्व करता है

पीड़ित बृहस्पति प्रतिनिधित्व करता है - ब्रह्मा का सिर, झूठी शान

शनि प्रतिनिधित्व करता है - झूठी शान को तोड़ना

पहला घर, मंगल की जमीन है जो स्वयं या जातक का प्रतिनिधित्व करता है इसलिए हमें मंगल की स्थिति की भी जांच करने की आवश्यकता है क्योंकि मंगल का पीड़ित होना अधिक समस्या देगा।

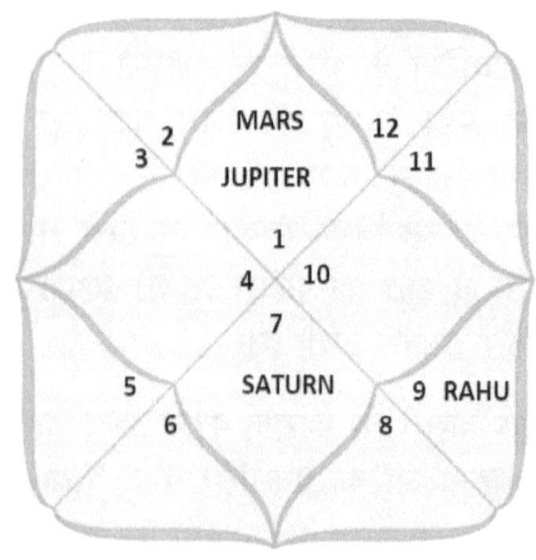

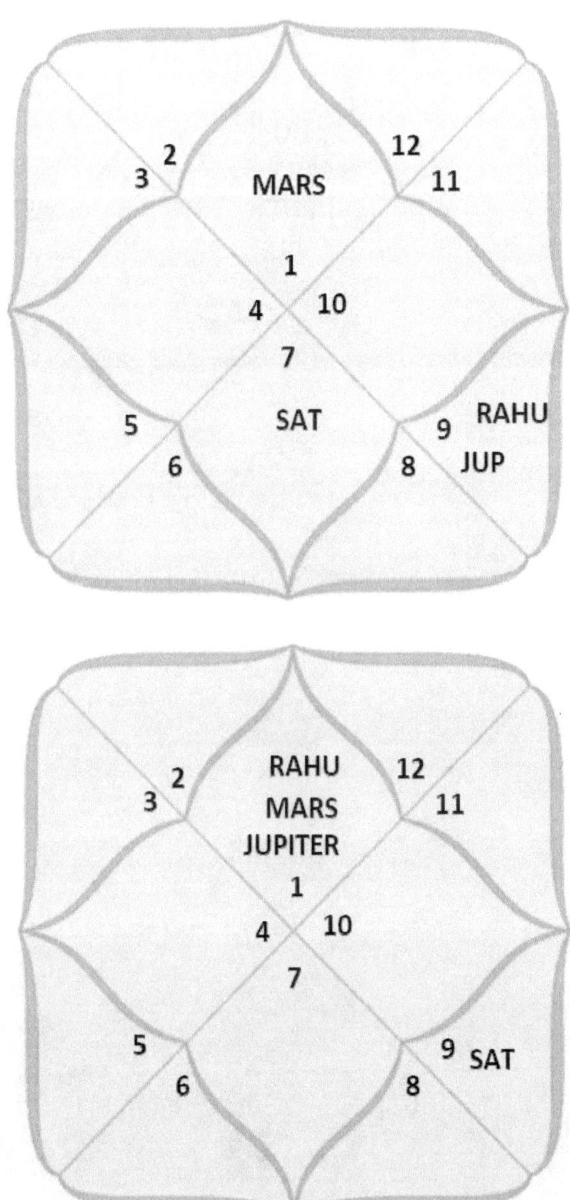
2
3
12
11
MARS
1
4 10
7
SAT
5
6 8
9 RAHU
JUP
2
3
RAHU
MARS
JUPITER
12
11
1
4 10
7
5
6 8
9 SAT

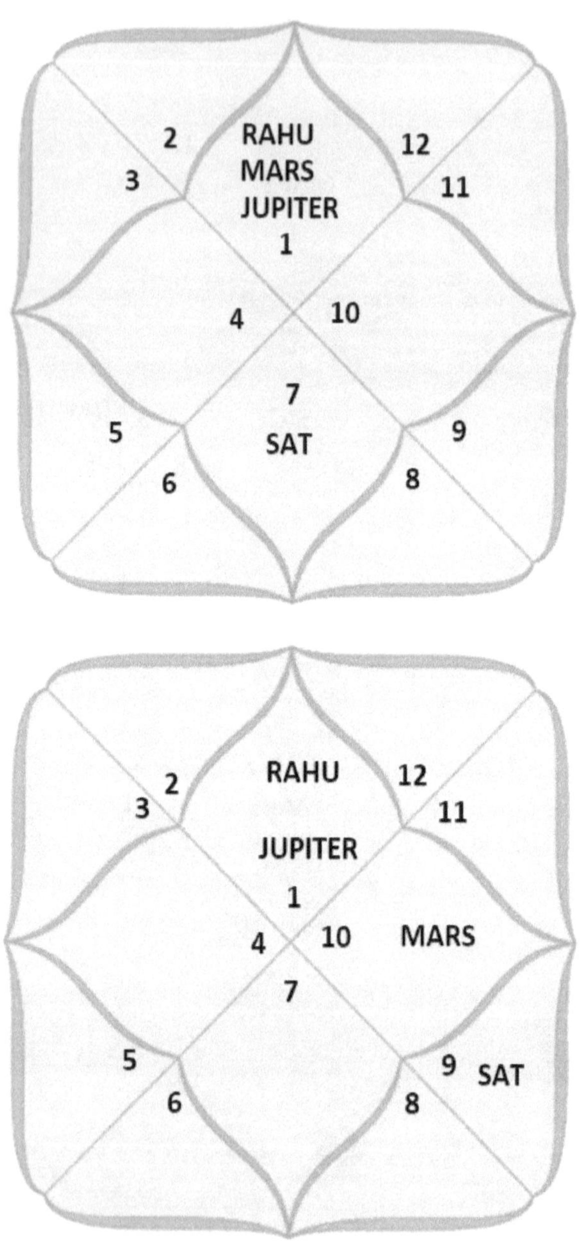
2
RAHU
MARS
JUPITER
1
12
3
11
4
10
7
SAT
5
9
6
8
RAHU
2
12
3
11
JUPITER
1
4
10
MARS
7
5
9
SAT
6
8

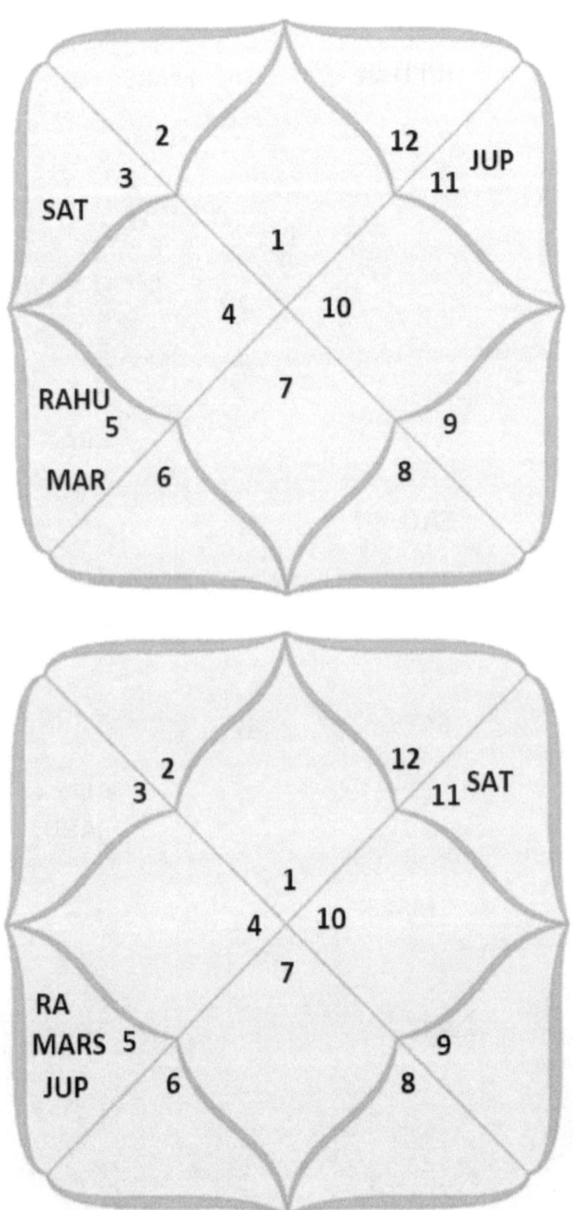

2
3
SAT
12
JUP
11
1
4
10
7
RAHU
5
9
MAR
6
8

2
3
12
SAT
11
1
4
10
7
RA
MARS
5
9
JUP
6
8

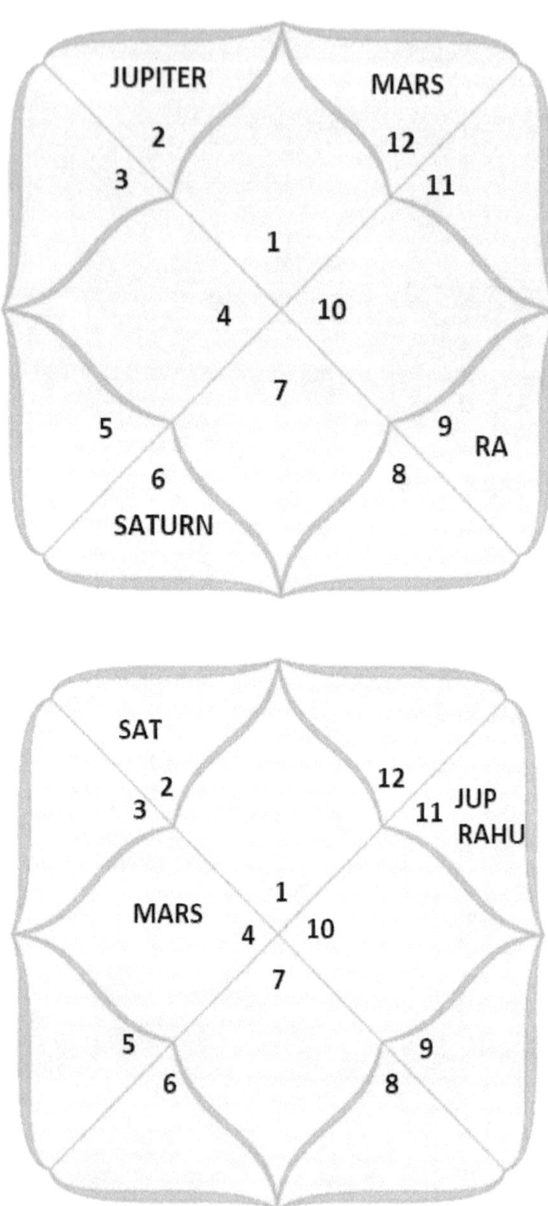
JUPITER
MARS
2
12
3
11
1
4
10
7
5
9
RA
6
8
SATURN
SAT
2
12
3
11
JUP
RAHU
MARS
1
4
10
7
5
9
6
8

काशी विश्वनाथ ज्योतिर्लिंग के दर्शन कर प्रायश्चित करें

जातक को कपाल मोचन कुंड (काशी) जाना चाहिए, जिसके बाद काल भैरव मंदिर (काशी) जाना चाहिए और अंत में काशी विश्वनाथ मंदिर (काशी - बनारस) जाना चाहिए।

शनि, केतु और बृहस्पति की युति या त्रिकोण में - काशी विश्वनाथ ज्योतिर्लिंग

शनि प्रतिनिधित्व करता है - काल भैरव

यदि जातक की कुण्डली में निम्न युति है तो वे लगातार तीन वर्षों तक काशी विश्वनाथ ज्योतिर्लिंग के दर्शन कर सकते हैं।

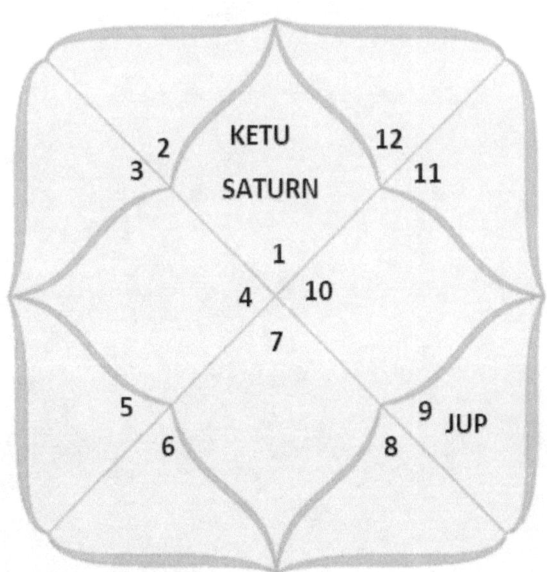

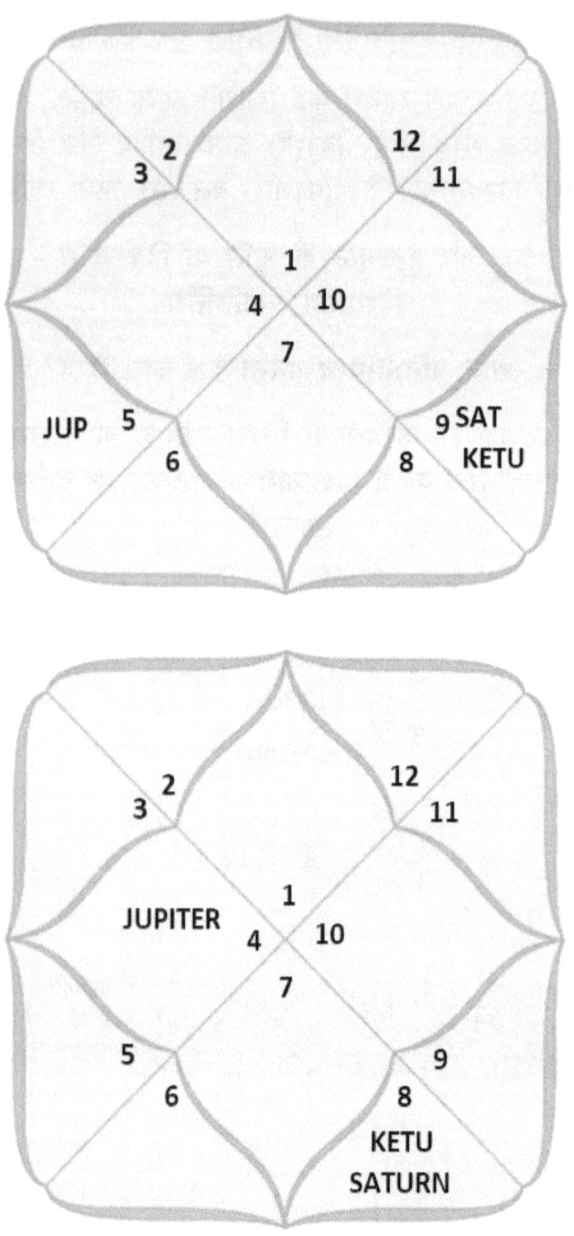
2
3
12
11
1
4
10
7
JUP
5
9 SAT
KETU
6
8
2
3
12
11
1
JUPITER
4
10
7
5
9
6
8
KETU
SATURN

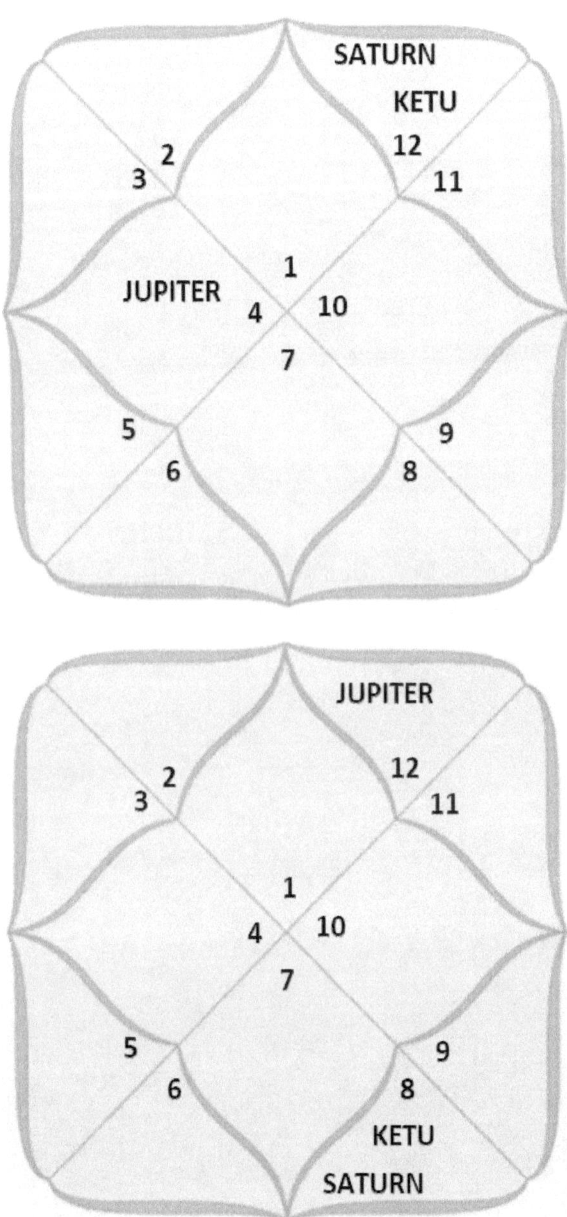
SATURN
KETU
12
11
2
3
1
JUPITER
4
10
7
5
9
6
8
JUPITER
12
11
2
3
1
4
10
7
5
9
6
8
KETU
SATURN

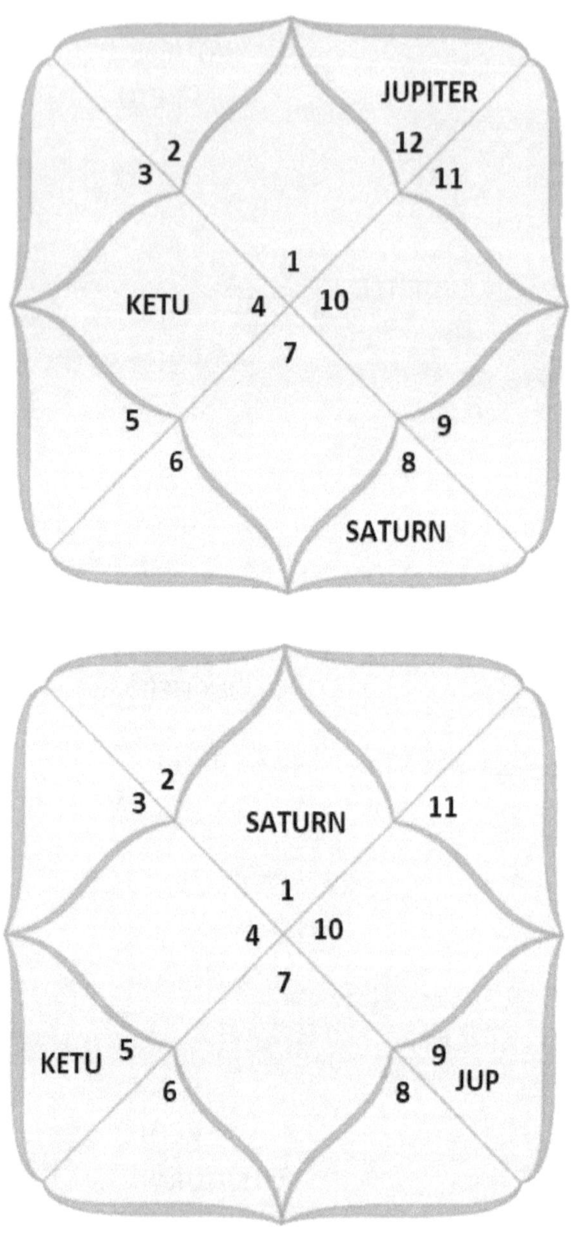
JUPITER
12
11
2
3
1
KETU
4
10
7
5
9
6
8
SATURN

2
3
SATURN
11
1
4
10
7
KETU
5
9
JUP
6
8

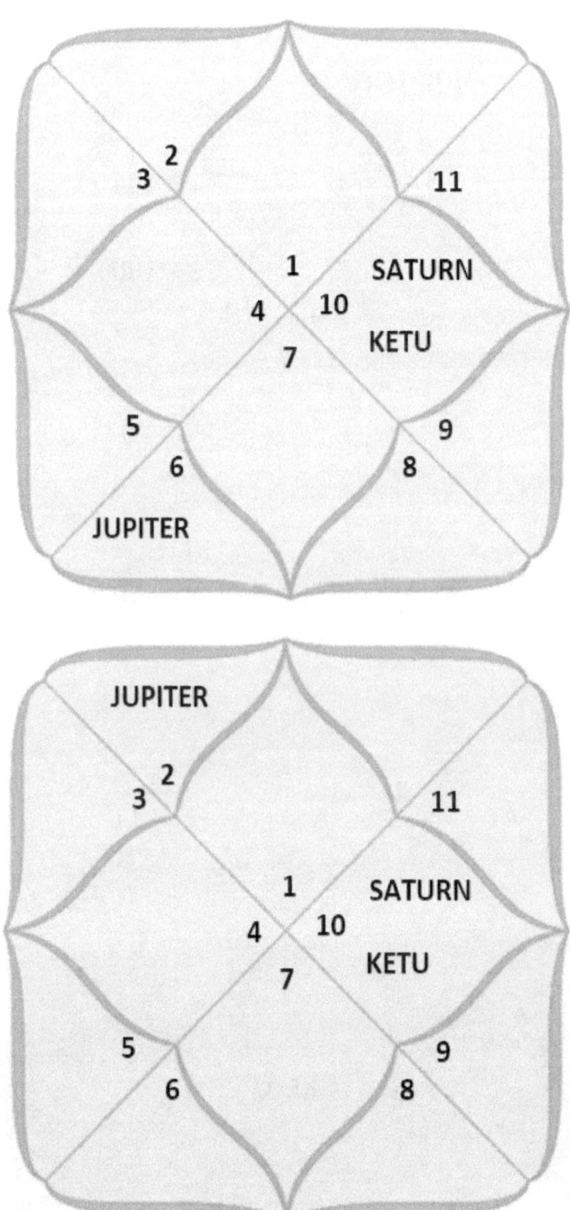
3
2
11
1
SATURN
4
10
KETU
7
5
9
6
8
JUPITER
JUPITER
3
2
11
1
SATURN
4
10
KETU
7
5
9
6
8

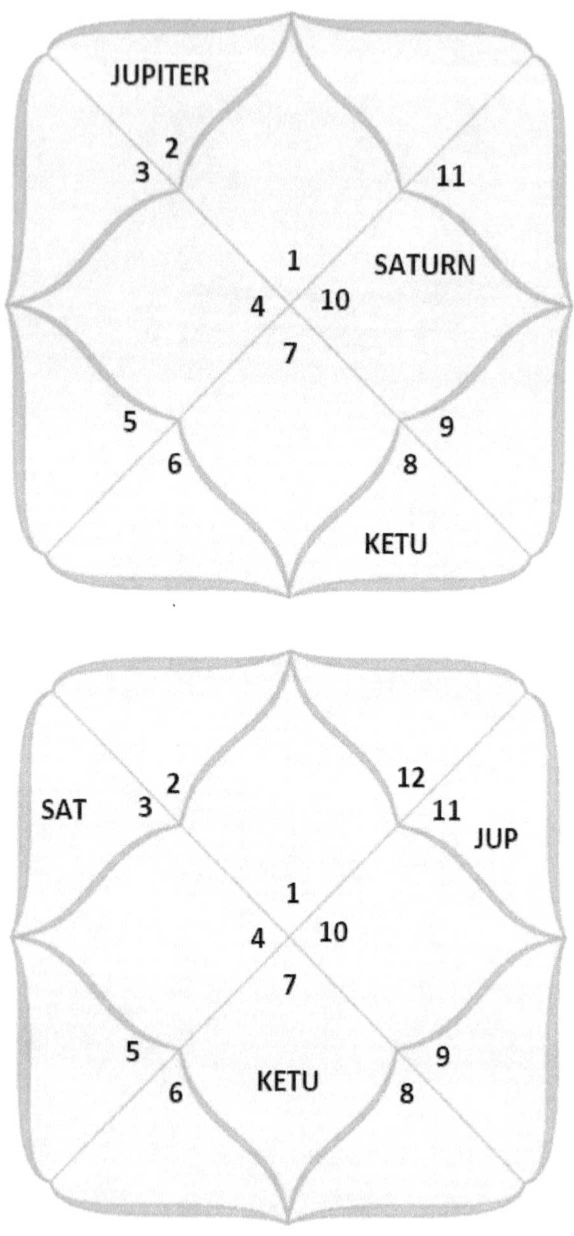
JUPITER
2
3
11
1
SATURN
4
10
7
5
9
6
8
KETU

SAT
2
3
12
11
JUP
1
4
10
7
5
9
6
8
KETU

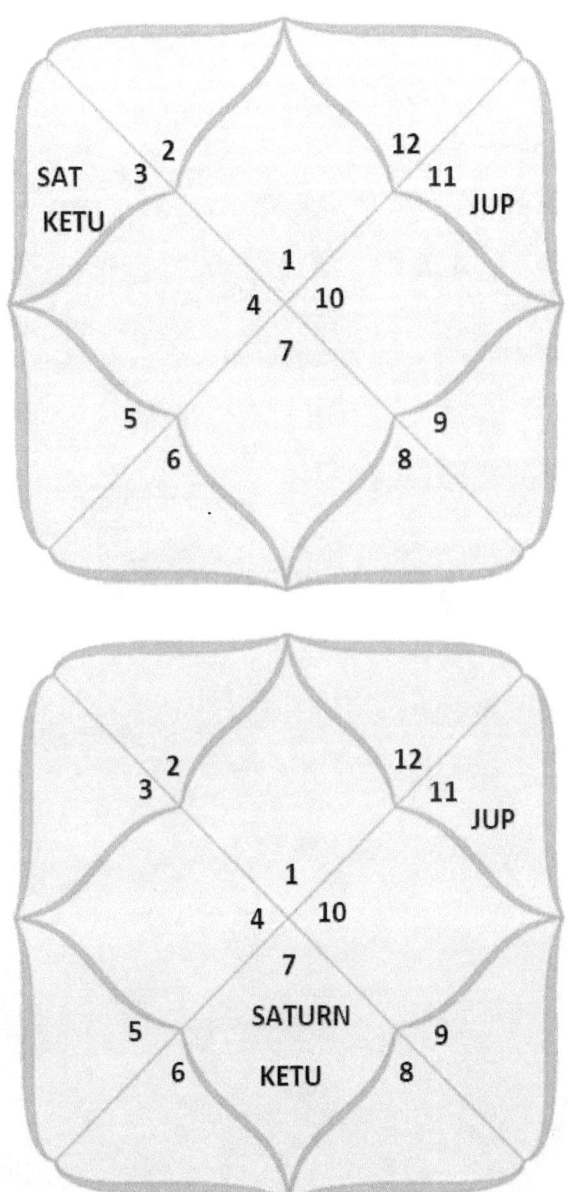
SAT
KETU
3
2
12
11
JUP
1
4 10
7
5
6
8
9
3
2
12
11
JUP
1
4 10
7
SATURN
KETU
5
6
8
9

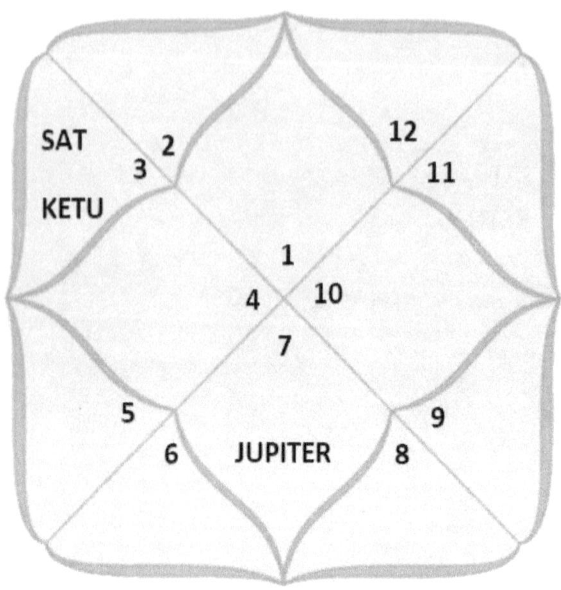

SAT
KETU
2
3
12
11
1
4
10
7
5
6
JUPITER
8
9

अध्याय - नौ

गुरु हत्या और गोत्र वंश हत्या दोष

पांडवों और पंच केदार की कहानी

महाभारत के भीषण युद्ध के बाद पांडवों पर गोत्र वंश (भाई और उनके कुरु वंश) और गुरु की हत्या का पाप लगा था, जिसके लिए उन्हें पश्चाताप करना पड़ा।

इसीलिए ऋषि वेदव्यास और भगवान कृष्ण ने उन्हें अपने पापों के प्रायश्चित के लिए भगवान शिव की पूजा करने की सलाह दी, लेकिन महादेव उनसे बहुत नाराज थे। जब पांडव उत्तराखंड के गढ़वाल पहुंचे, तो भगवान शिव ने उनसे छिपने के लिए एक बैल का रूप धारण किया।

तब भीम ने विशाल रूप धारण कर चारों ओर देखा और उन्होंने गुप्त काशी में एक बैल के रूप में शिव को पहचान लिया। यह देखकर भगवान शिव भूमिगत होने लगे लेकिन भीम ने बैल को पीछे से पकड़ लिया।

इस वजह से बैल का पिछला हिस्सा उसी हिस्से में रह गया और शरीर के बाकी हिस्से चार अलग-अलग जगहों से निकल आए। आज इन पांच स्थानों को पंचकेदार के नाम से जाना जाता है और वहां भगवान शिव की पूजा की जाती है।

केदारनाथ महादेव मंदिर

यह वही स्थान है जहां पांडवों ने भगवान शिव को देखा था और भीम ने उन्हें पकड़ लिया था। इसलिए यहां भगवान शिव के रूप में बैल की पीठ की पूजा की जाती है। केदारनाथ धाम पाँच केदारों, चार छोटे धामों और बारह ज्योतिर्लिंगों में से एक है। इसलिए इस स्थान का महत्व और भी बढ़ जाता है।

तुंगनाथ महादेव मंदिर

यहां भगवान शिव के रूप में बैल की भुजाओं की पूजा की जाती है। इसलिए इस मंदिर में उनके शस्त्रों की पूजा की जाती है।

रुद्रनाथ महादेव मंदिर

यहां भगवान शिव के रूप में बैल के मुख की पूजा की जाती है। यह उत्तराखंड के चमोली जिले में स्थित है।

मद्महेश्वर मंदिर

यहां भगवान शिव के रूप में बैल की नाभि की पूजा की जाती है। इसलिए इसे मद्महेश्वर के नाम से जाना जाता है। यह मंदिर उत्तराखंड के गढ़वाल क्षेत्र के गौंदर गांव में स्थित है।

कल्पेश्वर महादेव मंदिर

बैल की जटाओं को भगवान शिव के रूप में पूजा जाता है। यह उत्तराखंड के गढ़वाल क्षेत्र के अंतर्गत उर्गम घाटी में स्थित है।

लाल किताब पेंडिंग कर्म के माध्यम से इन योगों को कैसे देखें

बृहस्पति प्रतिनिधित्व करता है - गुरु और गोत्र

केतु प्रतिनिधित्व करता है - कुल (पारिवारिक वंश)

शनि प्रतिनिधित्व करता है - पिछले जीवन के कर्म के कारण

राहु प्रतिनिधित्व करता है - लक्ष्यहीन भटकना

पहला घर मंगल की जमीन है जो स्वयं या जातक का प्रतिनिधित्व करता है इसलिए हमें मंगल की स्थिति की भी जांच करने की आवश्यकता है क्योंकि मंगल का पीड़ित होना अधिक समस्या देगा।

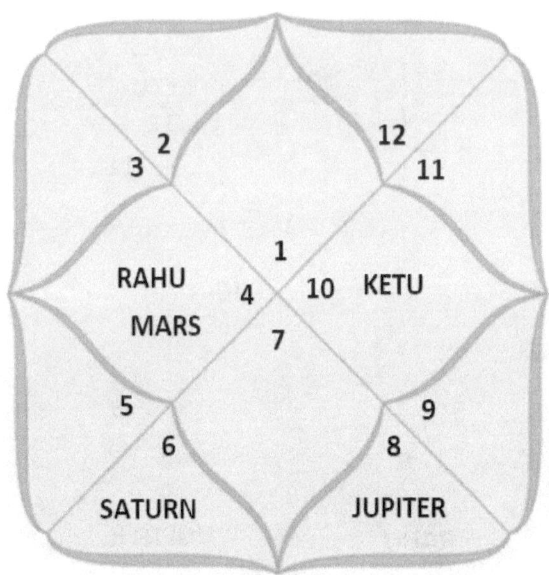

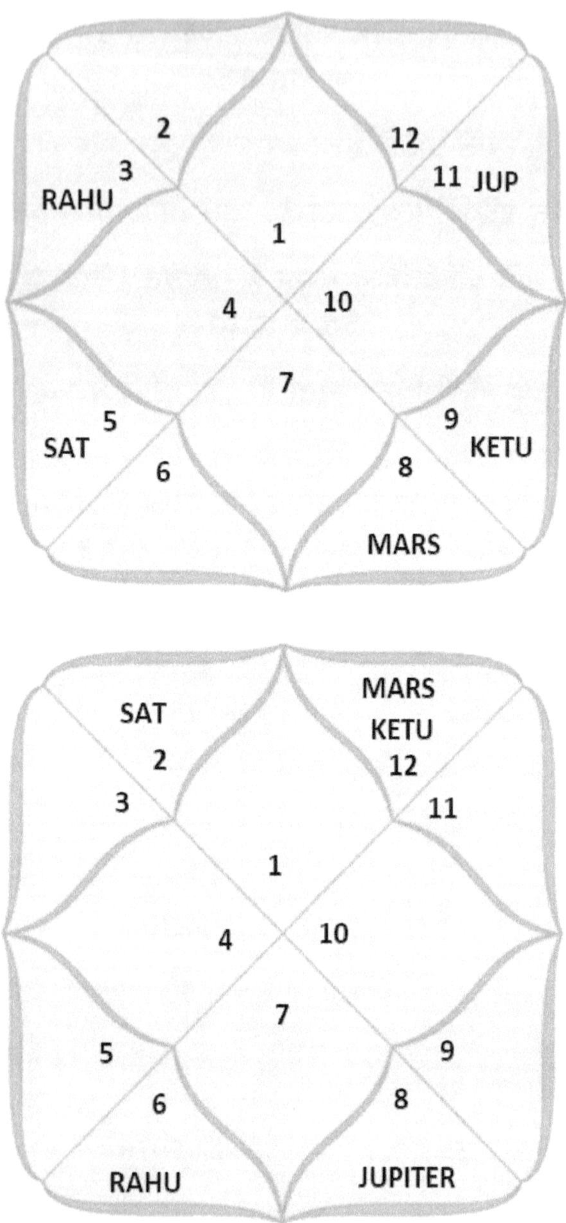
2
12
3
RAHU
11 JUP
1
4
10
7
5
9
SAT
KETU
6
8
MARS
SAT
MARS
KETU
2
12
3
11
1
4
10
7
5
9
6
8
RAHU
JUPITER

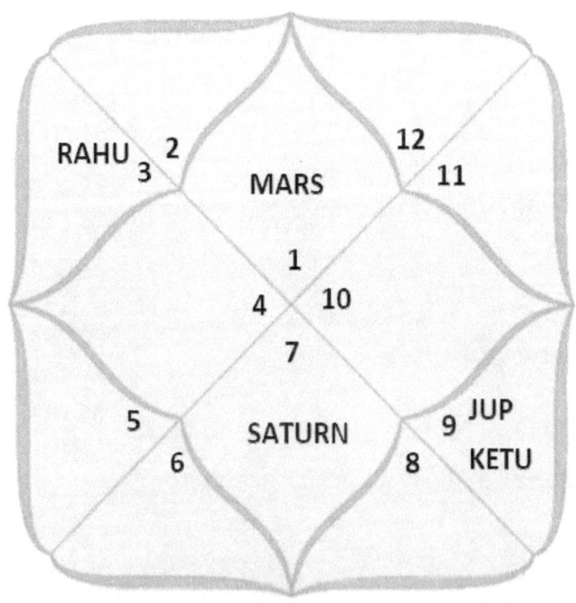

RAHU
2
3
12
MARS
11
1
4
10
7
5
SATURN
9
JUP
6
8
KETU

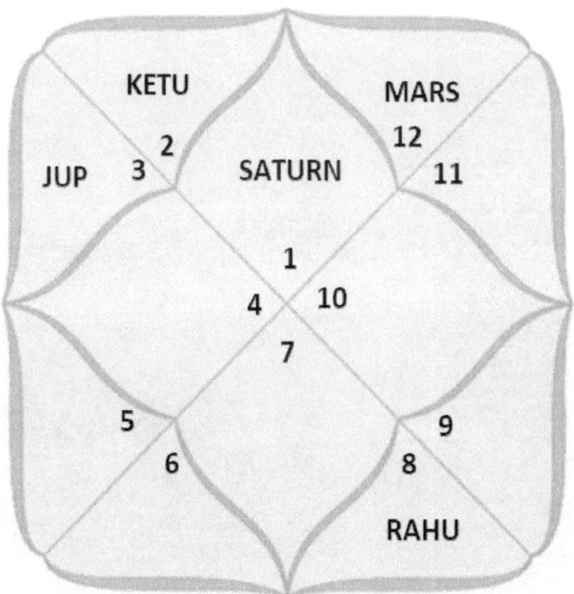

KETU
MARS
2
12
JUP
3
SATURN
11
1
4
10
7
5
9
6
8
RAHU

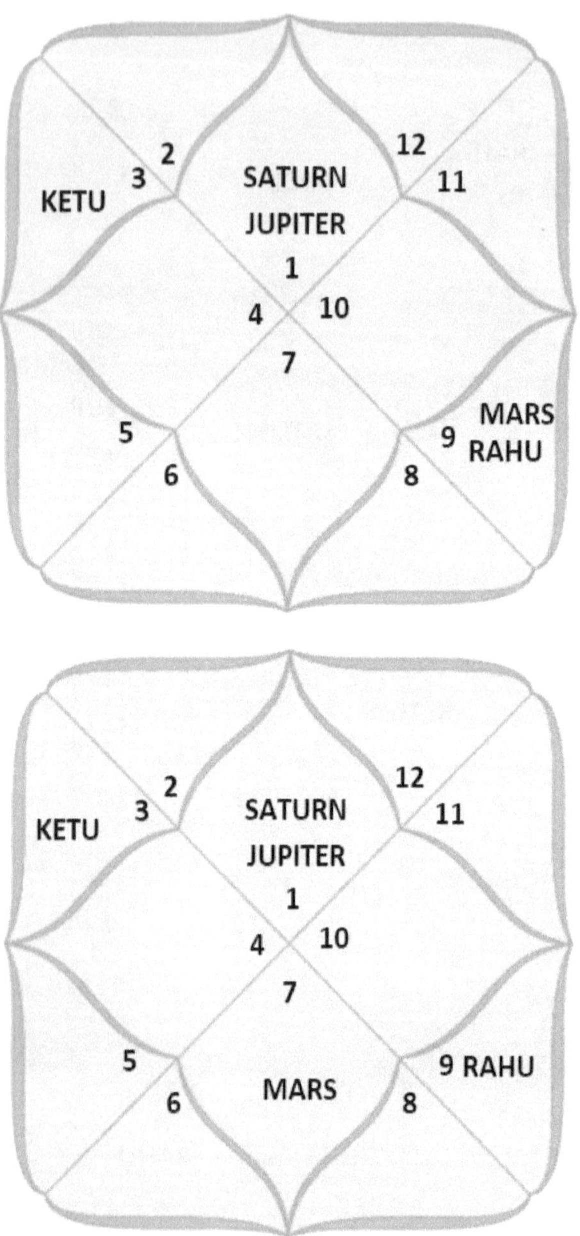
2
3
KETU
SATURN
JUPITER
12
11
1
4
10
7
5
6
8
9
MARS
RAHU
2
3
KETU
SATURN
JUPITER
12
11
1
4
10
7
5
6
MARS
8
9 RAHU

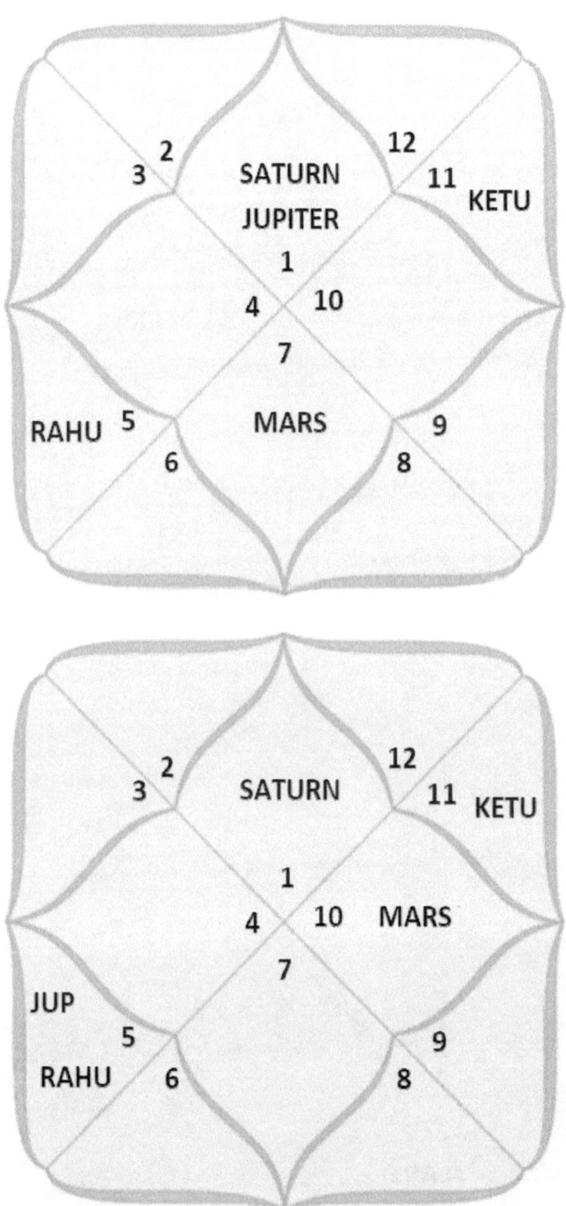
2
3
SATURN
JUPITER
12
11
KETU
1
4
10
7
RAHU
5
MARS
9
6
8

2
3
SATURN
12
11
KETU
1
4
10
MARS
7
JUP
5
9
RAHU
6
8

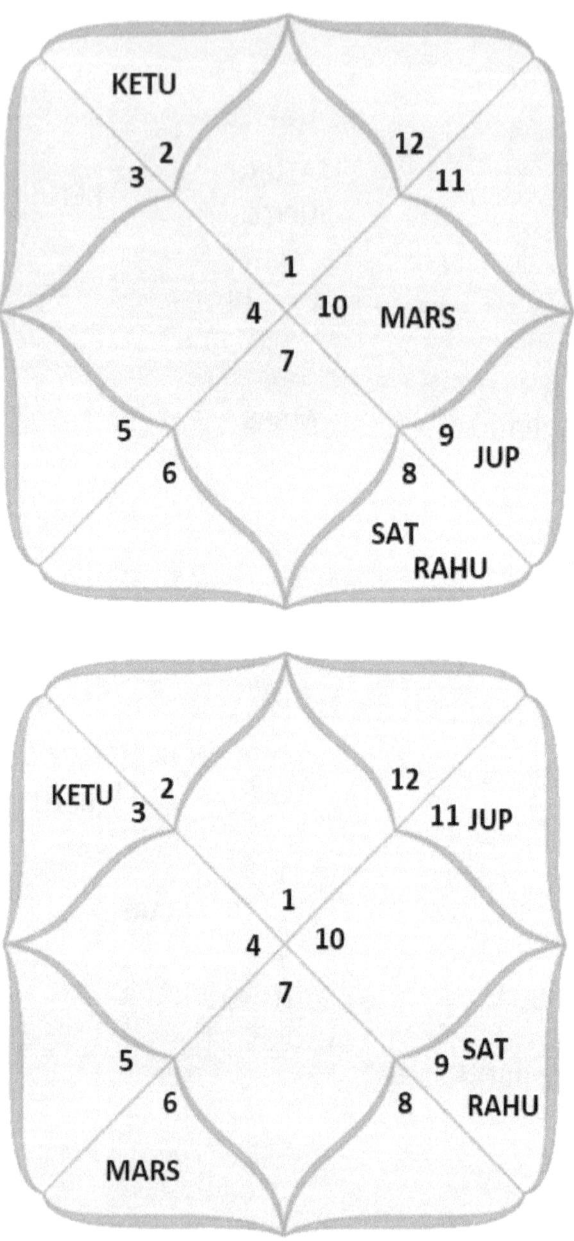
KETU
2
3
12
11
1
4 10
MARS
7
5
6
9 JUP
8
SAT
RAHU
KETU 2
3
12
11 JUP
1
4 10
7
5
9 SAT
6
8 RAHU
MARS

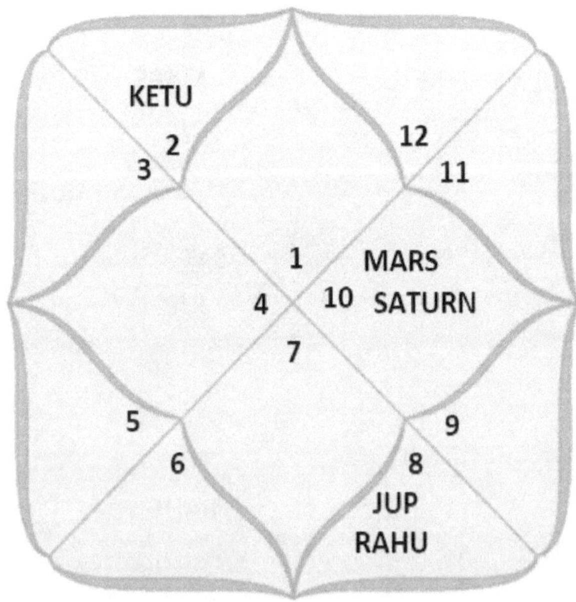
KETU
2
3
12
11
1
MARS
10
SATURN
4
7
5
9
6
8
JUP
RAHU

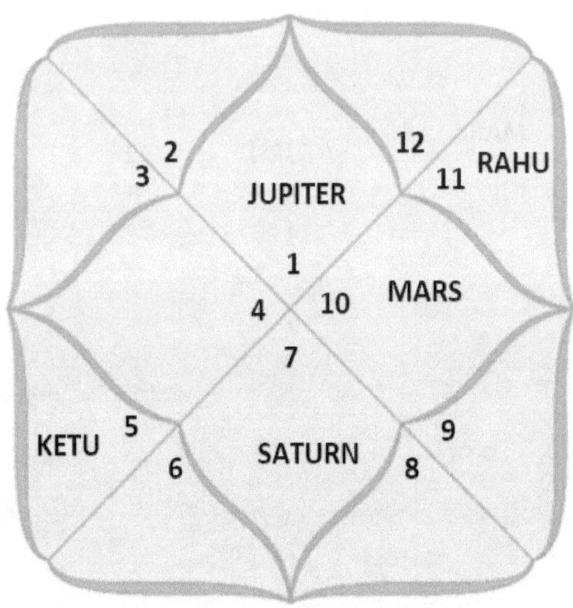
2
3
12
11 RAHU
JUPITER
1
MARS
4
10
7
KETU
5
9
SATURN
6
8

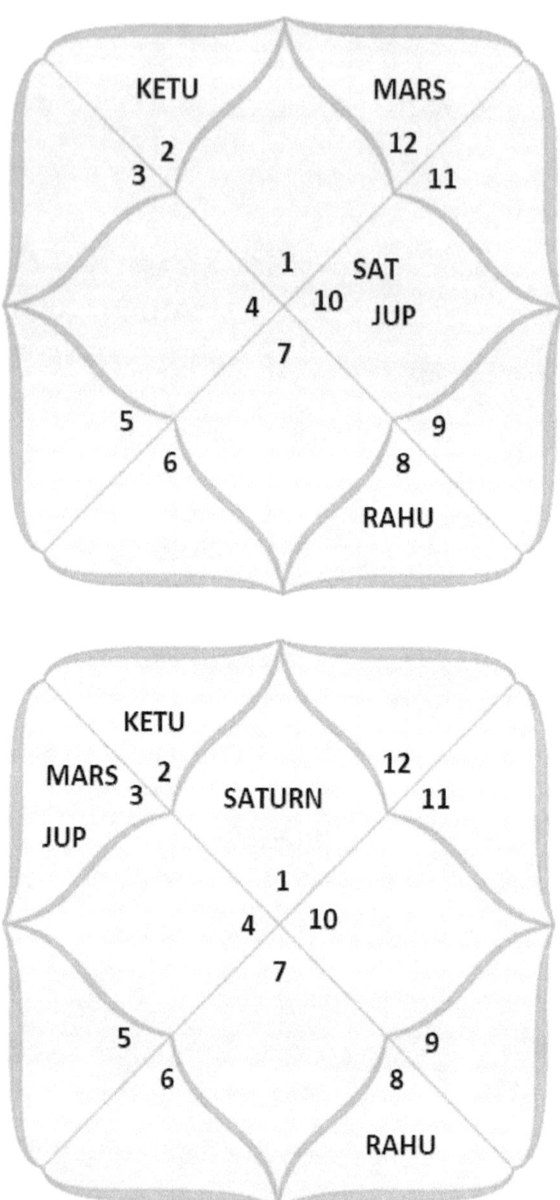
KETU
MARS
2
12
3
11
1
SAT
4
10
JUP
7
5
9
6
8
RAHU
KETU
MARS
12
2
SATURN
3
11
JUP
1
4
10
7
5
9
6
8
RAHU

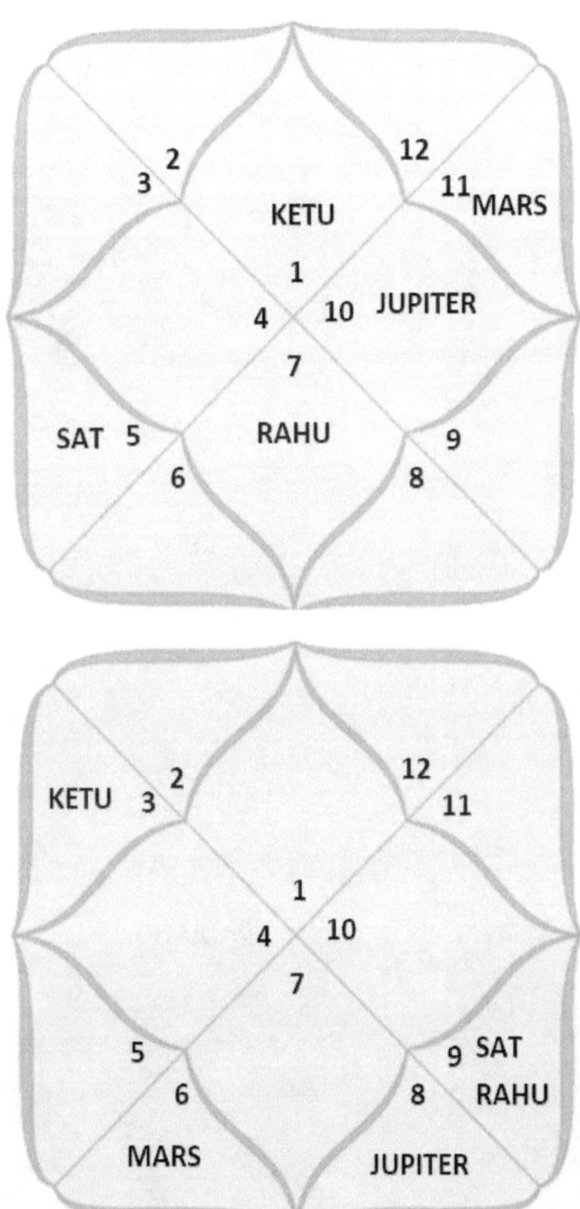

2
3
12
11 MARS
KETU
1
4   10   JUPITER
7
SAT   5
RAHU
6
9
8

2
KETU   3
12
11
1
4   10
7
5
9 SAT
6
8 RAHU
MARS
JUPITER

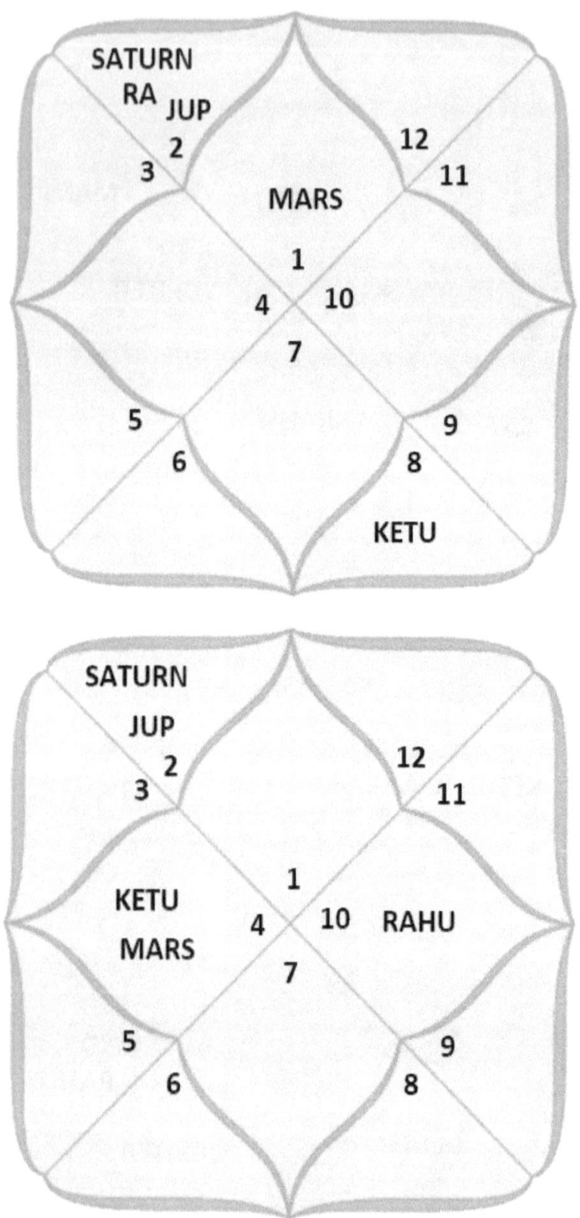
SATURN
RA JUP
2
3
12
11
MARS
1
4 10
7
5 9
6 8
KETU
SATURN
JUP
2
3
12
11
1
KETU
4 10 RAHU
MARS
7
5 9
6 8

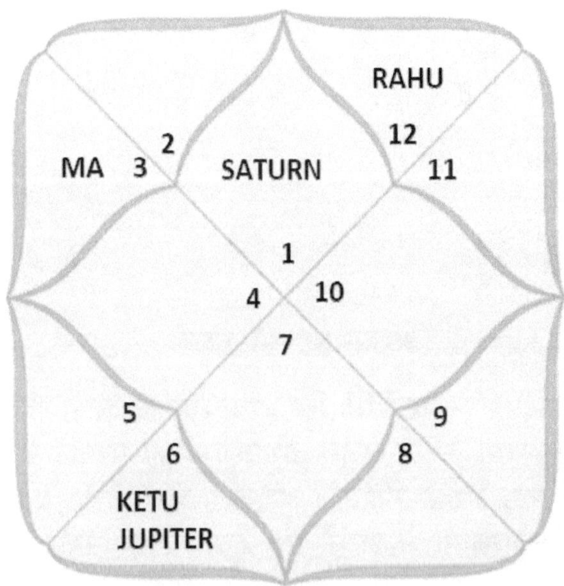
RAHU
2
MA
3
SATURN
12
11
1
4
10
7
5
9
6
8
KETU
JUPITER

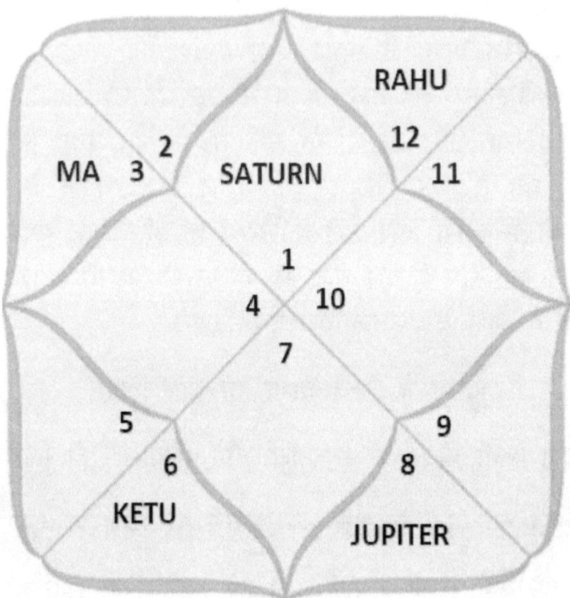
RAHU
2
MA
3
SATURN
12
11
1
4
10
7
5
9
6
8
KETU
JUPITER

अध्याय - दस

राहु दोष

अश्वत्थामा की कहानी

जब द्रौपदी को खबर मिली कि अश्वत्थामा ने उसके पांच पुत्रों को मार डाला है, तो अर्जुन अश्वत्थामा को पकड़ने के लिए निकल पड़े। अश्वत्थामा और अर्जुन के बीच भीषण युद्ध छिड़ गया। अश्वत्थामा ने अर्जुन पर ब्रह्मास्त्र का प्रयोग किया, जिस पर अर्जुन ने भी ब्रह्मास्त्र छोड़ दिया। ऋषि व्यास के कहने पर, अर्जुन ने अपने ब्रह्मास्त्र का विनाश कर दिया, लेकिन अश्वत्थामा ने पांडव कुल / वंश को नष्ट करने के लिए अभिमन्यु की गर्भवती पत्नी उत्तरा पर ब्रह्मास्त्र से हमला किया। **और** उत्तरा के गर्भ में पल रहे बच्चे को मार डाला। यह देखकर भगवान कृष्ण ने अश्वत्थामा के माथे से मणि निकाली और उसे कलियुग के अंत तक पृथ्वी पर भटकने का श्राप दिया। बाद में, कृष्ण ने अपनी तपस्या से उत्तरा के गर्भ को पुनर्जीवित कर दिया।

कृष्ण ने अश्वत्थामा को श्राप दिया:

1. उसे कभी किसी से सम्मान और पहचान नहीं मिलेगी।

2. वह कलियुग के अंत तक धरती पर विचरण करेगा।

3. उसे कई असाध्य रोग होंगे जो कभी ठीक नहीं होंगे।

4. वह कलियुग के अंत तक अपने सभी पापों को भुगतेगा।

लाल किताब पेंडिंग कर्म के माध्यम से इन योगों को कैसे देखें

राहु प्रतिनिधित्व करता है - अश्वत्थामा, अनियंत्रित व्यवहार, लक्ष्यहीन भटकना

मंगल और केतु - आक्रामकता

शनि और केतु - भौतिक सुखों से वैराग्य का कारक

वां घर - धर्म का प्रतिनिधित्व करता है

पांचवां घर दर्शाता है - पूर्व पुण्य

चूँकि पहला घर मंगल का जामीन है, जो स्व या जातक का प्रतिनिधित्व करता है इसलिए हमें मंगल की स्थिति की भी जाँच करने की आवश्यकता है क्योंकि मंगल का पीड़ित होना अधिक समस्या देगा।

राहु दोष अकेले, पूरे चार्ट पर हावी हो सकता है और जातक लक्ष्यहीन भटकते हैं लेकिन उन्हें कहीं से भी किसी प्रकार की सहायता नहीं मिलती है।

आइए देखते हैं कुछ ग्रहों की युति

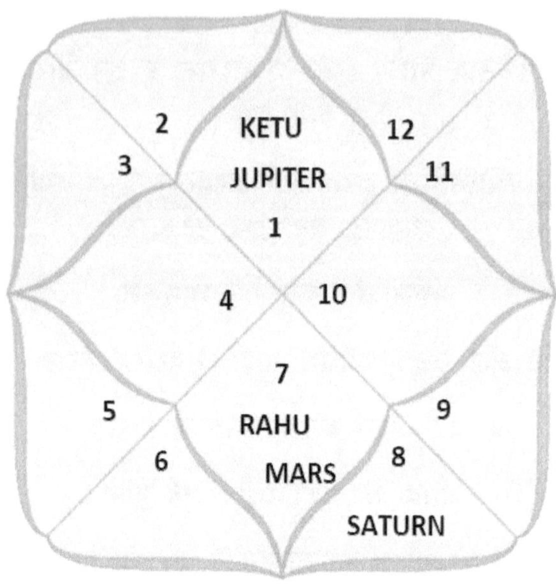

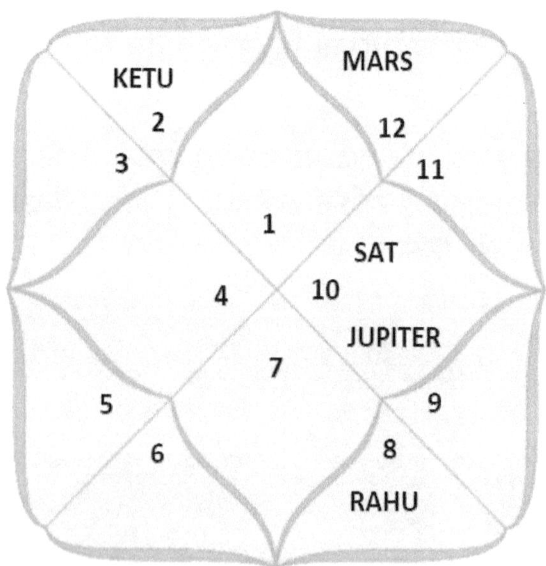

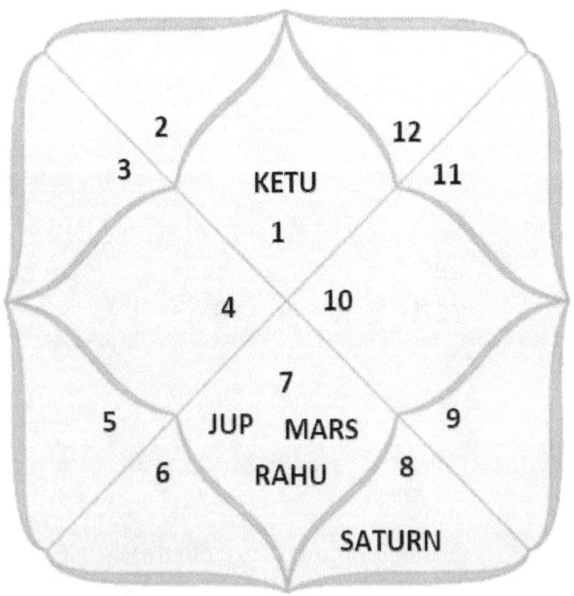
2
12
3
KETU
11
1
4
10
7
JUP
MARS
5
9
6
RAHU
8
SATURN

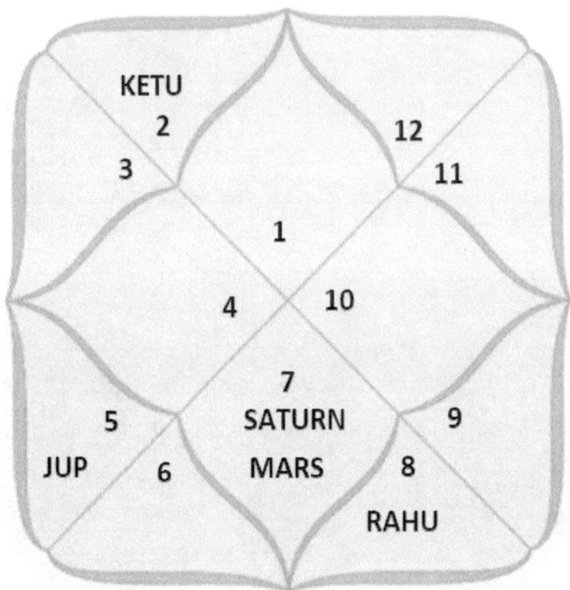
KETU
2
12
3
11
1
4
10
7
SATURN
5
9
JUP
6
MARS
8
RAHU

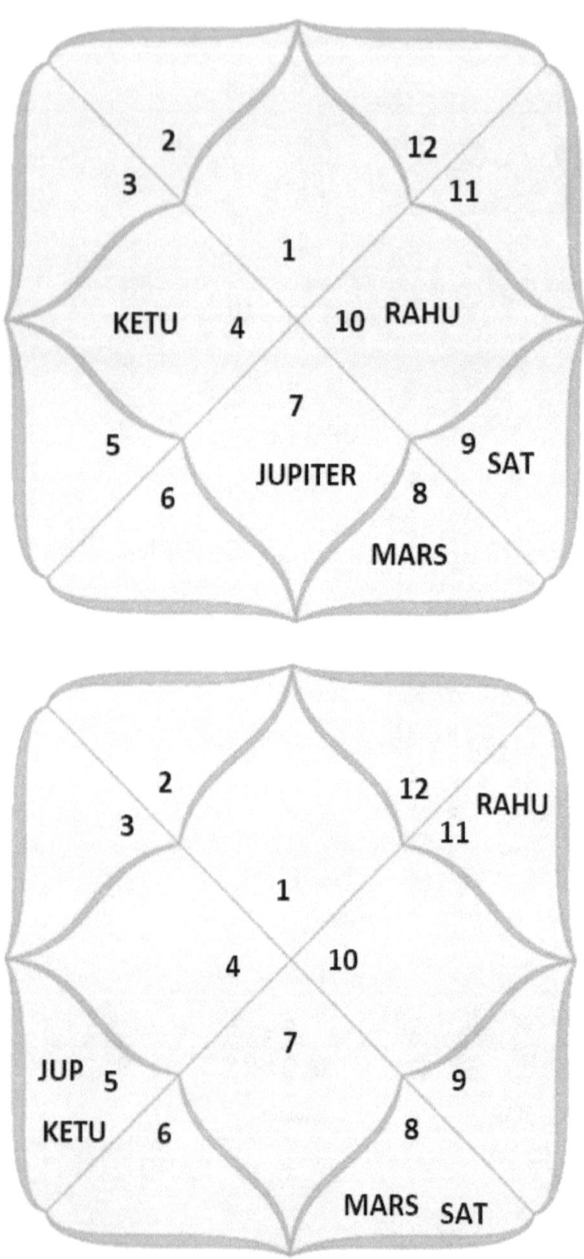
2
12
3
11
1
KETU
4
10
RAHU
7
5
9
SAT
JUPITER
6
8
MARS
2
12
3
RAHU
11
1
4
10
7
JUP
5
9
KETU
6
8
MARS
SAT

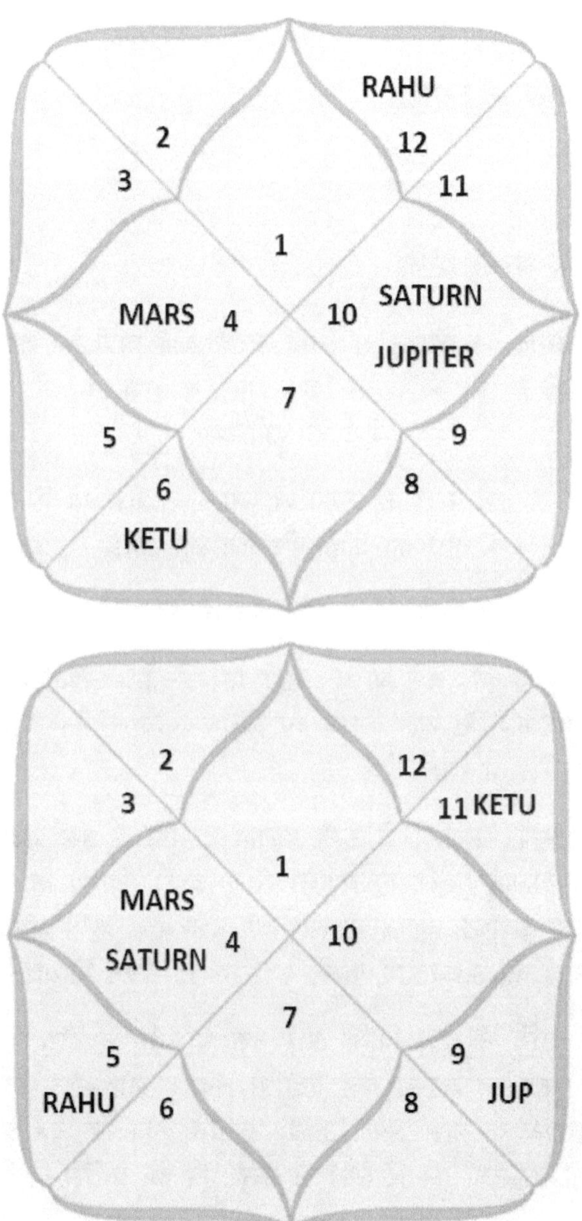
RAHU
2
12
3
11
1
MARS
4
10
SATURN
JUPITER
7
5
9
6
8
KETU

2
12
3
11 KETU
1
MARS
4
10
SATURN
7
5
9
RAHU
6
8
JUP

अध्याय - ग्यारह

संतान बाधा दोष

रामायण, महाभारत में आदि अनेक ऐसे पात्रों का वर्णन मिलता है जिनका जन्म बिना माता के गर्भ और पिता के वीर्य के हुआ था।

इनमें से कई पात्रों के जन्म में, माता के गर्भ या पिता के वीर्य का कोई योगदान नहीं था।

राम, लक्ष्मण, भरत और शत्रुघ्न की जन्म कथा

दशरथ, के कोई वंश या पुत्र नहीं था। उन्होंने, अश्वमेध यज्ञ और पुत्रकामेष्टि यज्ञ कराने का विचार किया ताकि उन्हें पुत्र की प्राप्ति हो सके।

उनके मंत्री, सुमन्त्र ने उन्हें सलाह दी कि वे इस यज्ञ को अपने दामाद (ऋषि ऋष्यशृंग) से करवाएँ। दशरथ के गुरु - ब्रह्मर्षि वशिष्ठ, की आज्ञा लेते हुए, दशरथ ने ऋषि ऋष्यश्रृंग को यज्ञ की अध्यक्षता करने के लिए आमंत्रित किया।

श्रृंगी ऋषि ने यज्ञ किया और उस प्रक्रिया के दौरान, एक यज्ञ पुरुष का जन्म, यज्ञ वेदी से नैवेद्य को, सोने के पात्र में दशरथ के पास लेकर आये; उन्होंने कहा कि यह प्रसाद अपनी पत्नियों को खिलाने से उन्हें पुत्र की प्राप्ति होगी।

इस बात से दशरथ बहुत प्रसन्न हुए और उन्होंने उस प्रसाद में से आधा अपनी पत्नी कौशल्या को खिला दिया। दशरथ ने अपनी दूसरी रानी सुमित्रा को एक चौथाई भाग दिया। और अंत में, उन्होंने शेष भाग कैकेयी को दे दिया।

हनुमान जन्म कथा

पुराणों की कथा के अनुसार हनुमानजी की माता अंजना संतान सुख से वंचित थीं। इस दुःख से पीड़ित अंजना, ऋषि मतंग के पास गई।

ऋषि मतंग ने उसे बताया कि पंपा सरोवर के पूर्व में एक नरसिंह आश्रम है। वहां जाकर तपस्या करने से, पुत्र सुख की प्राप्ति होगी।

मतंग ऋषि की आज्ञा लेकर अंजना ने अपने पति, केसरी के साथ बारह वर्षों तक तपस्या की थी, तब पवन देव ने अंजना की तपस्या से प्रसन्न होकर उन्हें वरदान दिया था।

एक बार अयोध्या के राजा दशरथ अपनी पत्नियों सहित, पुत्रेष्टि हवन कर रहे थे। यह हवन, पुत्र प्राप्ति के लिए किया जा रहा था। हवन की समाप्ति के बाद गुरुदेव ने तीनों रानियों में प्रसाद (खीर) का वितरण किया।

जिस दिशा में अंजनी मां तपस्या कर रही थीं, उस दिशा में एक कौआ खीर का एक हिस्सा ले गया। जब खीर, तपस्या कर रही अंजना के हाथ में आई तो उसने, उसे शिव का प्रसाद समझकर ग्रहण कर लिया। इसी प्रसाद के कारण, हनुमान का जन्म हुआ था। चैत्र शुक्ल की पूर्णिमा के दिन अंजना को

पुत्र की प्राप्ति हुई। वायु से उत्पन्न इस पुत्र का नाम ऋषियों ने पवनपुत्र रखा।

राजा सगर के साठ हजार पुत्रों की जन्म कथा

इक्ष्वाकु वंश के राजा सगर, भगीरथ और श्रीराम के पूर्वज हैं। राजा सगर की दो रानियाँ थीं- केशिनी और सुमति। जब दोनों पत्नियों को बहुत समय तक कोई संतान नहीं हुई तो राजा और उनकी दोनों रानियां हिमालय पर्वत पर जाकर पुत्र की इच्छा से तपस्या करने लगीं।

तब ब्रह्मा के पुत्र महर्षि भृगु ने उन्हें वरदान दिया कि एक रानी को 60 हजार गौरवशाली पुत्र प्राप्त होंगे। बाद में, रानी सुमति ने एक पिंड को जन्म दिया। वह सिर्फ एक निर्जीव पिंड था।

राजा सगर, निराश होकर उस पिंड को फेंकने लगे, तभी आकाशवाणी हुई- 'सावधान राजा! इस पिंड में 60 हजार बीज है जो घी से भरे बर्तन में रखने से कालांतर में साठ हजार पुत्रों की प्राप्ति होगी।

इस आकाशवाणी को सुनकर राजा सगर ने इसे विधाता का विधान समझकर सुरक्षित रख लिया। और फिर अंत में वह समय आया, उन घड़ों से 60 हजार पुत्र पैदा हुए।

आइए देखते हैं कुछ ग्रहों की युति:

5 वां भाव पिछले जन्म के संचित कर्म के संतान और पूर्व पुण्य का प्रतिनिधित्व करता है

9वां भाव - धर्म, पितृ के आशीर्वाद का प्रतिनिधित्व करता है

चौथा घर और चंद्रमा - गर्भ का प्रतिनिधित्व करते हैं

बृहस्पति प्रतिनिधित्व करता है - संतान सुख

शनि, राहु और केतु, लाल किताब व्याकरण के नियमों के अनुसार लाल किताब दृष्टि, युति, बुनियाद और **6-8** टक्कर के माध्यम से चंद्रमा, बृहस्पति या संतान भाव को पीड़ित करके संतान उत्पत्ति में बाधक का प्रतिनिधित्व करते हैं।

चूँकि पहला घर मंगल की जमीन है, जो स्व या जातक का प्रतिनिधित्व करता है इसलिए हमें मंगल की स्थिति की भी जाँच करने की आवश्यकता है क्योंकि मंगल का पीड़ित होना अधिक समस्या देगा।

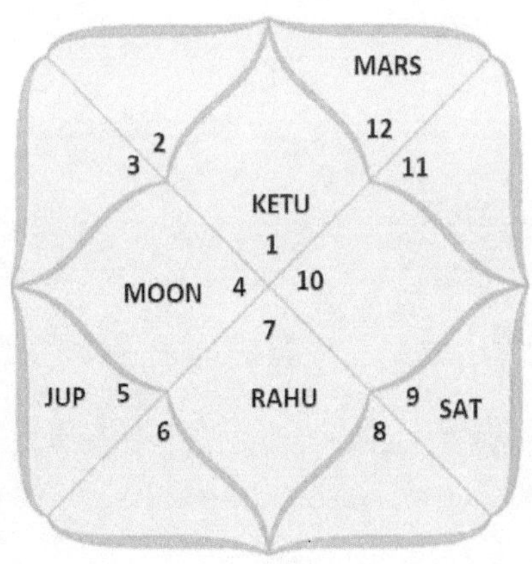

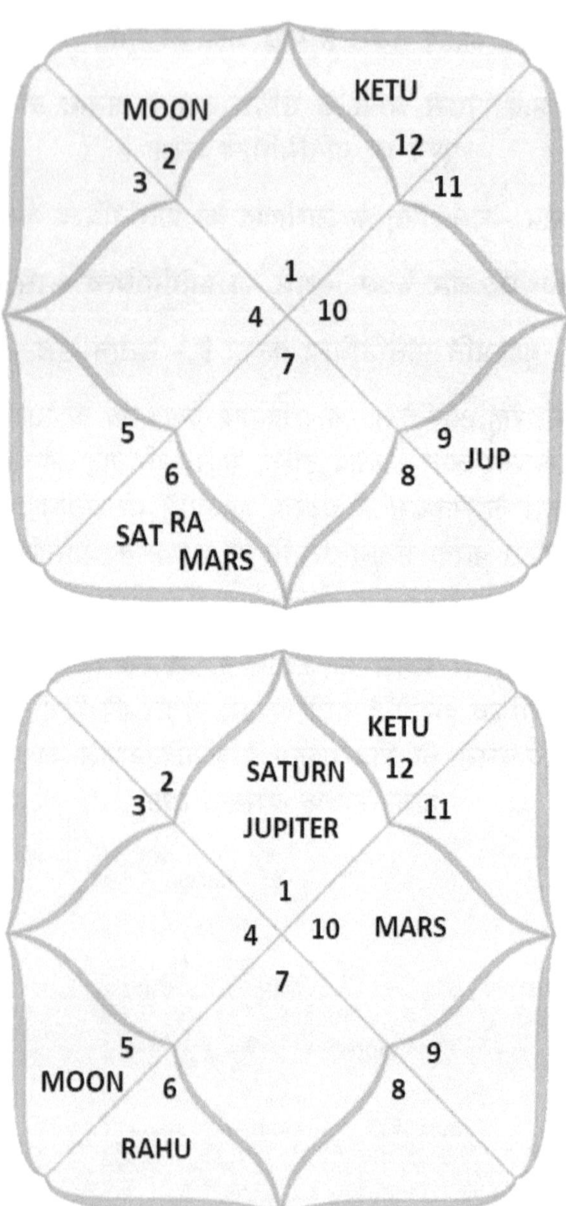
MOON
KETU
12
3
2
11
1
4
10
7
5
9
JUP
6
8
SAT RA
MARS

SATURN
KETU
12
JUPITER
11
3
2
1
4
10
MARS
7
5
9
MOON
6
8
RAHU

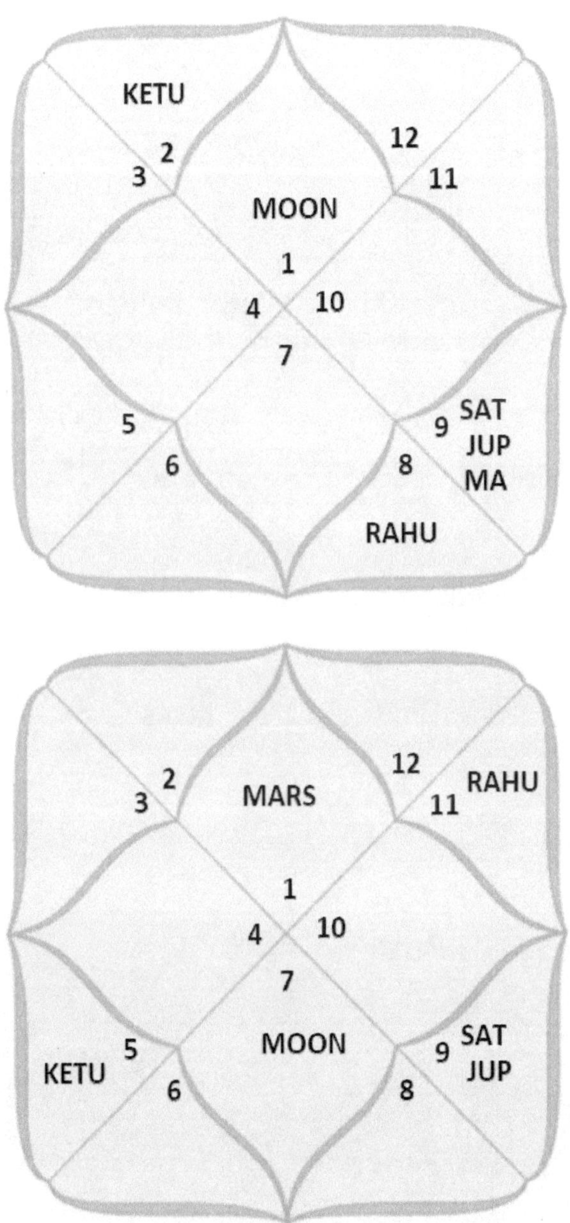
KETU
2
3
12
11
MOON
1
4
10
7
5
9 SAT
JUP
MA
6
8
RAHU
2
3
MARS
12
11 RAHU
1
4
10
7
5
MOON
KETU
6
9 SAT
JUP
8

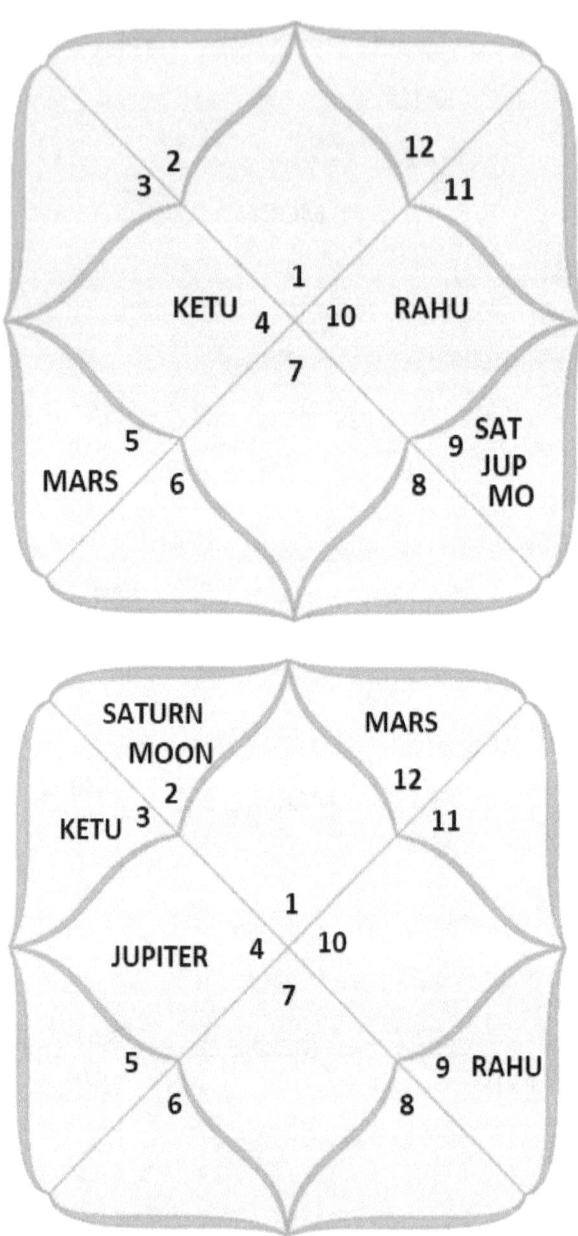
2
3
12
11
1
KETU 4
10 RAHU
7
5
MARS 6
9 SAT JUP MO
8
SATURN MOON
MARS
2
KETU 3
12
11
1
JUPITER 4
10
7
5
9 RAHU
6
8

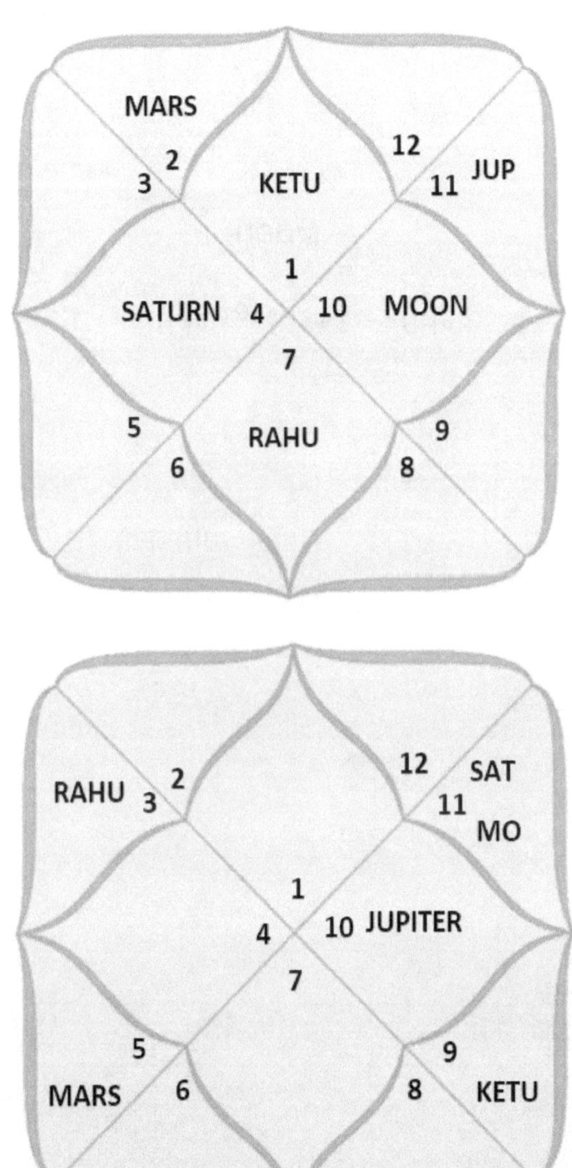
MARS
2
3
12
KETU
11 JUP
1
SATURN 4 10 MOON
7
5
RAHU
6 9
8

RAHU 3 2
12 SAT
11
MO
1
4 10 JUPITER
7
5 9
MARS 6 8 KETU

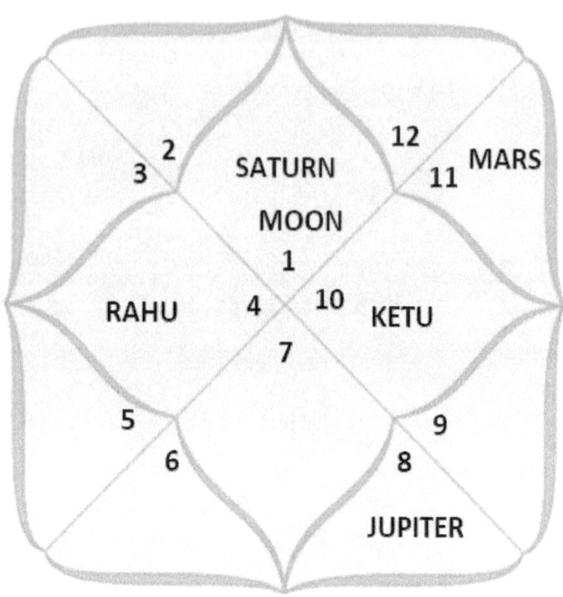
2
3
12
SATURN
11
MARS
MOON
1
RAHU
4
10
KETU
7
5
9
6
8
JUPITER

अध्याय - बारह

कोक (गर्भ) बंधन का अभिशाप

जब दक्ष प्रजापति ने भगवान शिव और अपनी पुत्री, सती को छोड़कर सभी देवताओं को अपने यज्ञ में आमंत्रित किया, तो देवी सती यज्ञ में कूद गईं।

जब भगवान शिव को इस बात का पता चला तो उन्होंने अपने तांडव से पूरी सृष्टि में हाहाकार मचा दिया। इससे व्याकुल होकर सभी देवता भगवान शिव को मनाने कैलाश पहुंचे।

देवताओं के विनय करने पर भगवान शिव शांत हुए और सारे संसार का त्याग कर दिया।

सती का पार्वती के रूप में पुनर्जन्म हुआ। इस बार भी पार्वती ने भगवान शिव से विवाह करने की इच्छा व्यक्त की, लेकिन शिव के मन में प्रेम और काम भावना नहीं थी; वह एक पूर्ण वैरागी बन गए। इस वजह से भगवान विष्णु और सभी देवताओं ने जगत के कल्याण के लिए कामदेव की मदद ली।

इसके बाद कामदेव और उनकी पत्नी रति, भगवान शिव के भीतर छिपे 'काम भाव' को जगाने के लिए एकत्रित हुए। कामदेव अपने प्रयासों से महादेव को जगाने की कोशिश करता और उन्हें साधना से जगाने के लिए शिव पर पुष्पबाण

चला दिया और उनकी समाधि भंग हो गई। भगवान शिव बहुत क्रोधित हुए क्योंकि उन्होंने उनकी समाधि को भंग कर दिया था इसलिए उन्होंने कामदेव को जलाकर राख कर दिया। पति की भस्म को शरीर पर मलकर रति विलाप करने लगी। उसने भगवान शिव से न्याय की मांग की।

रति ने अपने पति की राख को देखा और शिव के सामने तपस्या कर रही पार्वती को श्राप दिया कि पार्वती को कोई संतान नहीं होगी।

लाल किताब पेंडिंग कर्म के माध्यम से इन योगों को कैसे देखें

आइए देखते हैं कुछ ग्रहों की युति:

शनि प्रतिनिधित्व करता है - तपस्वी जो काम में रुचि नहीं रखता

पीड़ित शुक्र प्रतिनिधित्व करता है - महिला प्रजनन अंग

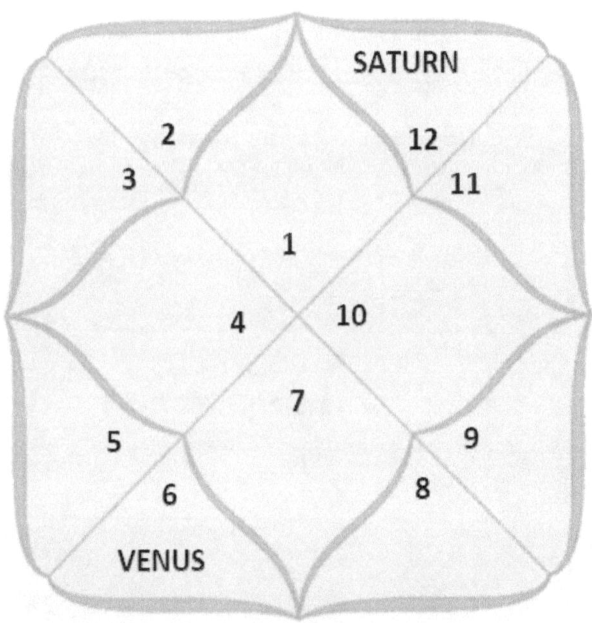

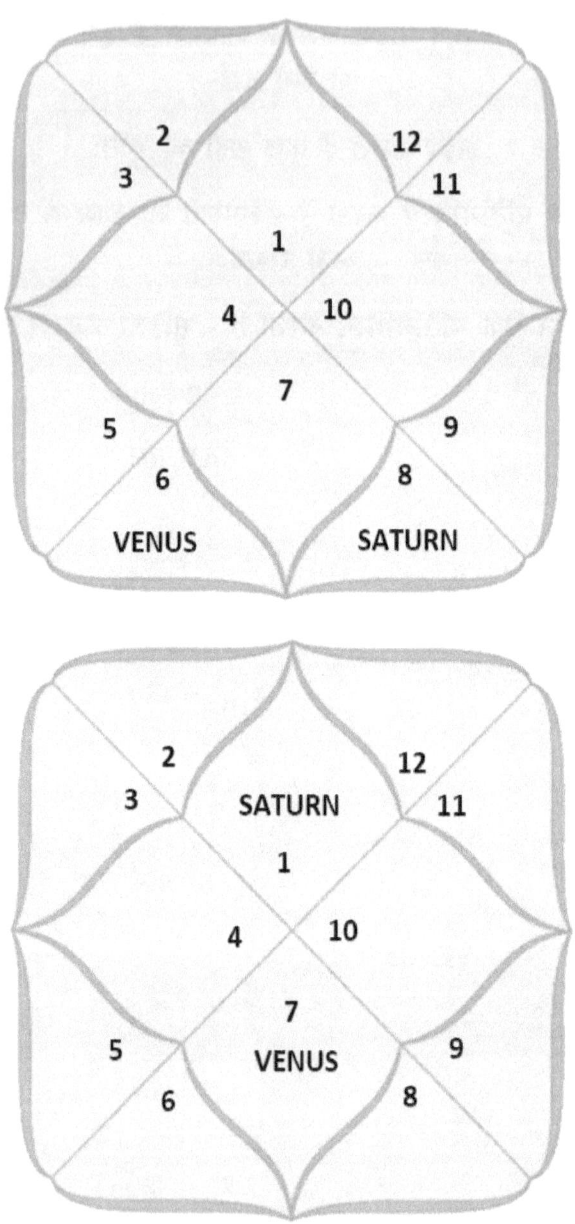
2
12
3
11
1
4
10
7
5
9
6
8
VENUS
SATURN
2
12
3
SATURN
11
1
4
10
7
5
VENUS
9
6
8

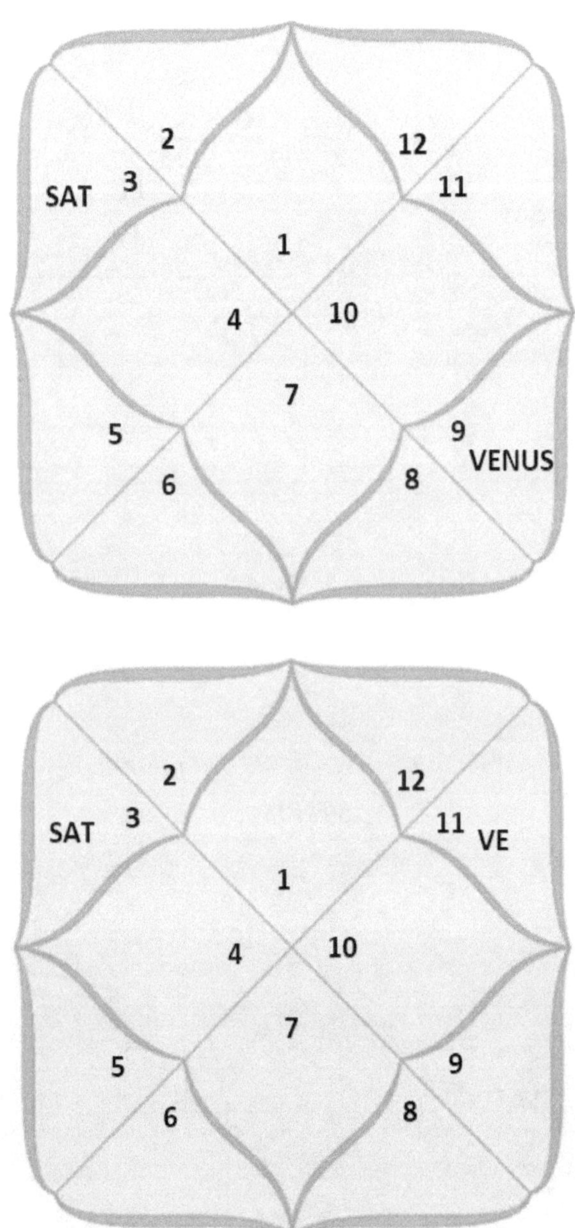
2
12
SAT
3
11
1
4
10
7
5
9
VENUS
6
8
2
12
SAT
3
11
VE
1
4
10
7
5
9
6
8

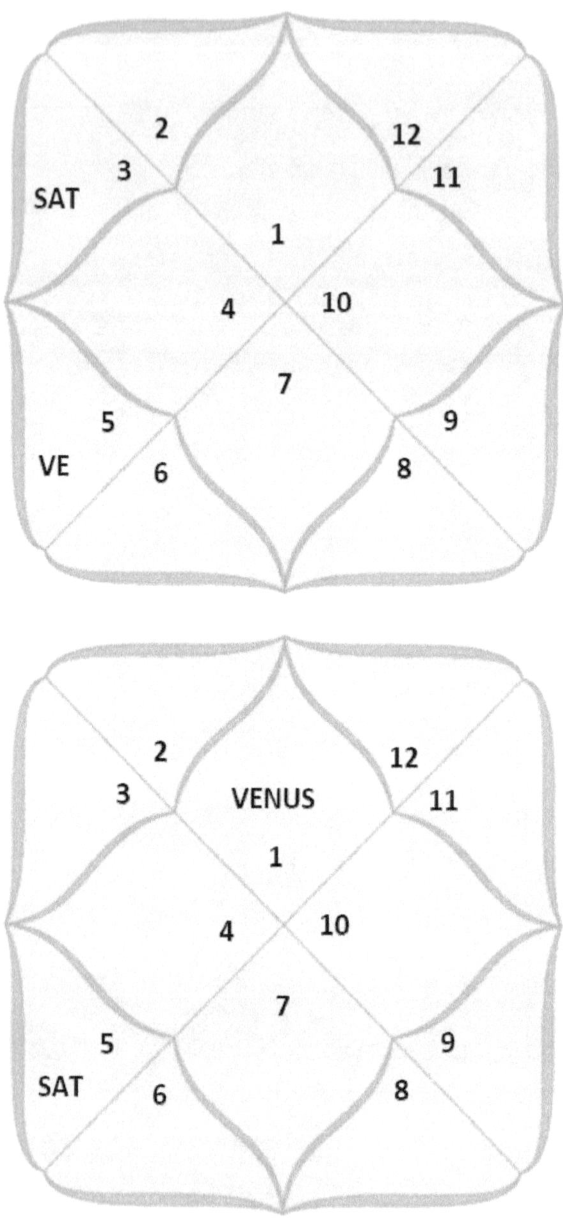
2
12
3
11
SAT
1
4
10
7
5
9
VE
6
8
2
12
3
VENUS
11
1
4
10
7
5
9
SAT
6
8

चूँकि पहला घर मंगल की जमीन है, जो स्व या जातक का प्रतिनिधित्व करता है इसलिए हमें मंगल की स्थिति की भी जाँच करने की आवश्यकता है क्योंकि मंगल का पीड़ित होना अधिक समस्या देगा।

आइए कुछ और संयोजन देखें।

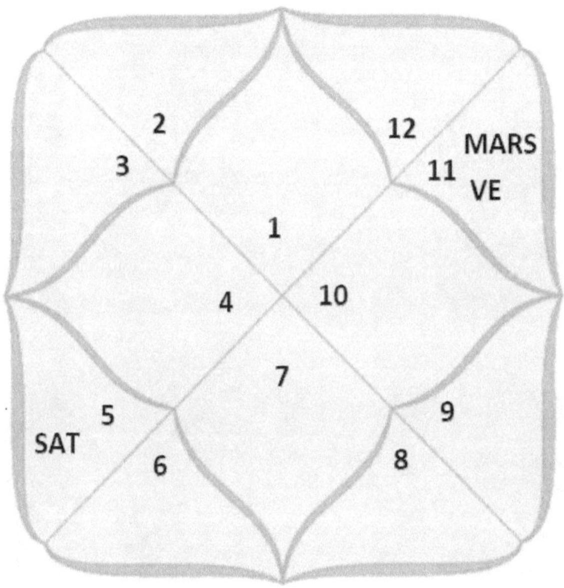

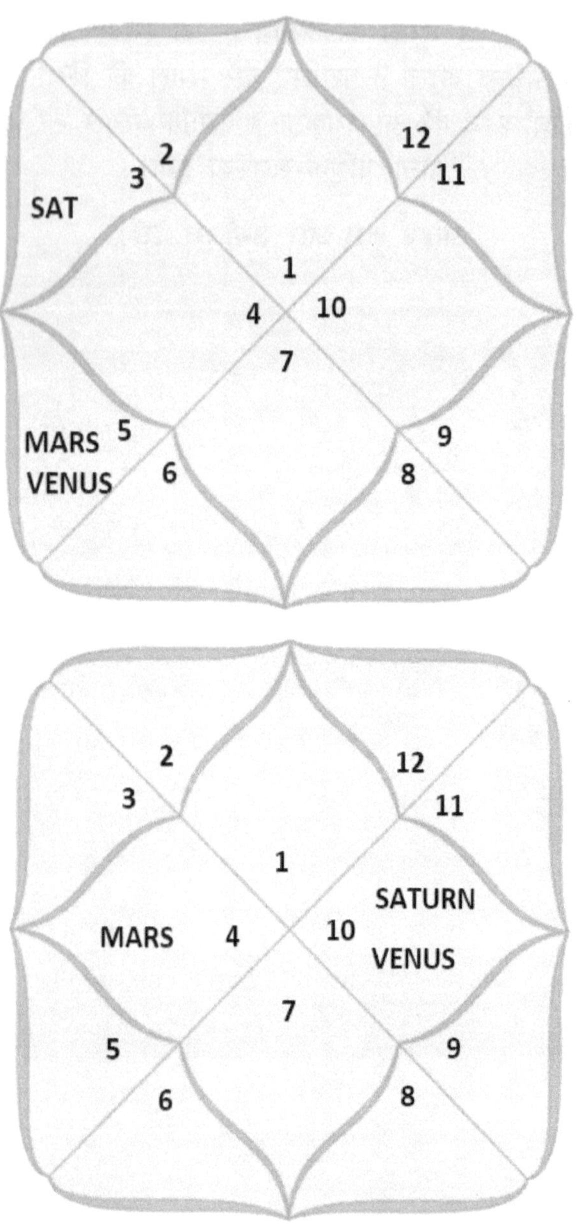
12
11
2
3
SAT
1
4
10
7
MARS
VENUS
5
6
9
8
2
3
12
11
1
SATURN
VENUS
MARS
4
10
7
5
9
6
8

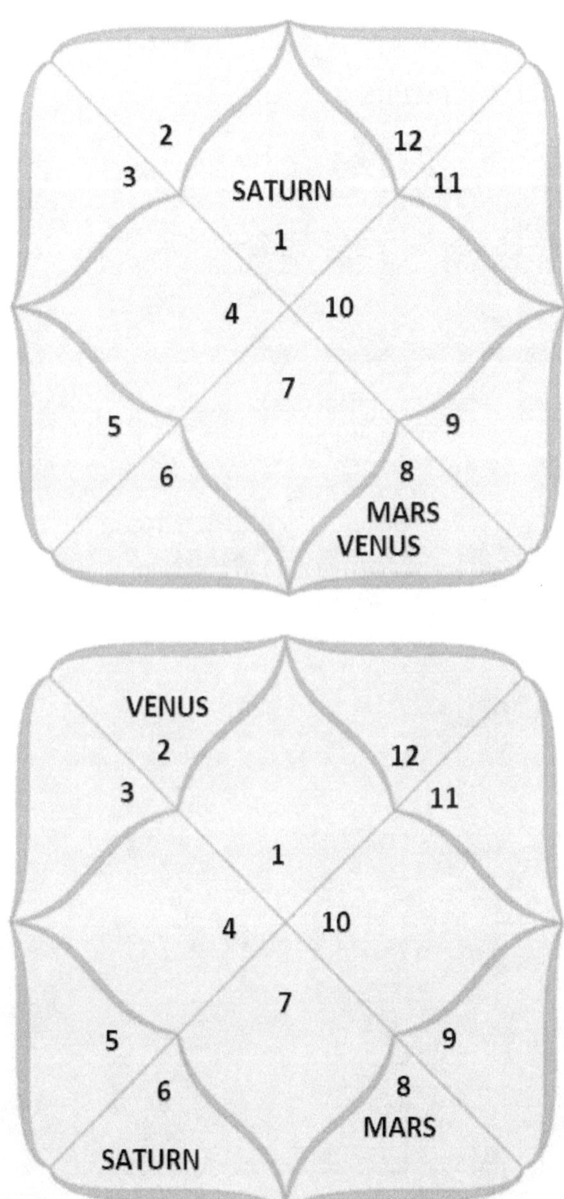
2
12
SATURN
3
11
1
4
10
7
5
9
6
8
MARS
VENUS
VENUS
2
12
3
11
1
4
10
7
5
9
6
8
MARS
SATURN

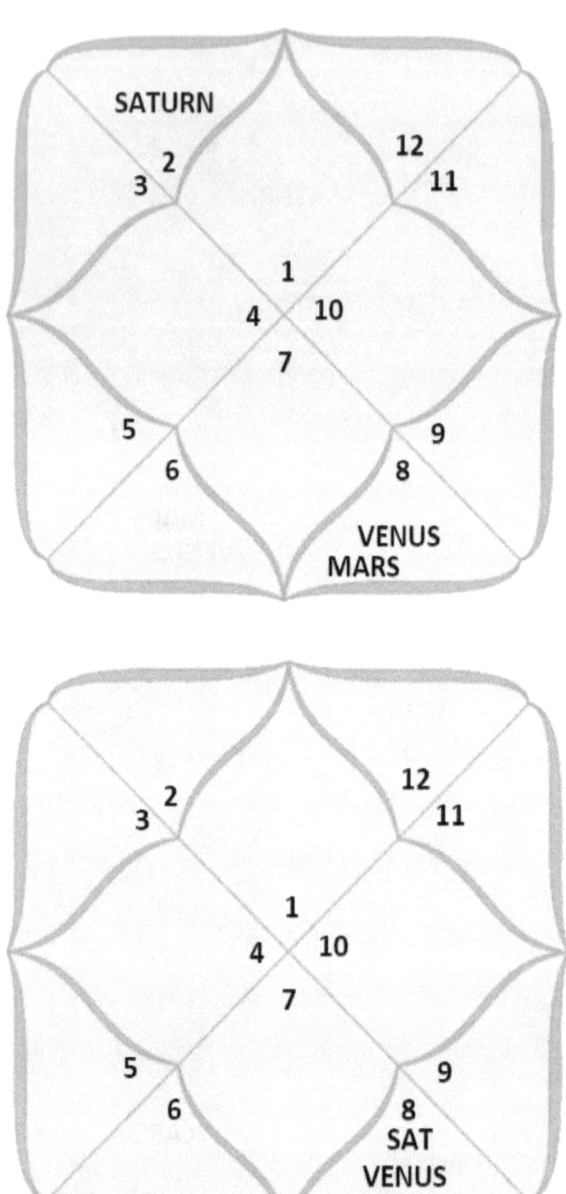
SATURN
2
3
12
11
1
4
10
7
5
6
9
8
VENUS
MARS
3
2
12
11
1
4
10
7
5
6
9
8
SAT
VENUS
MARS

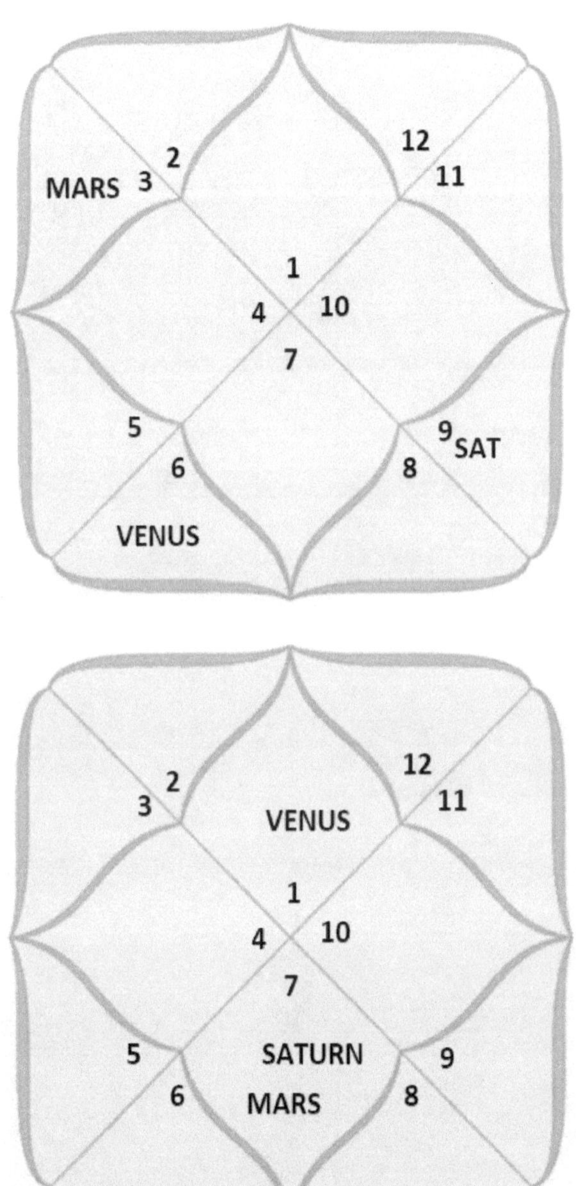
2
MARS 3
12
11
1
4 10
7
5
6
9 SAT
8
VENUS
2
3
12
11
VENUS
1
4 10
7
5
SATURN
6 MARS 8
9

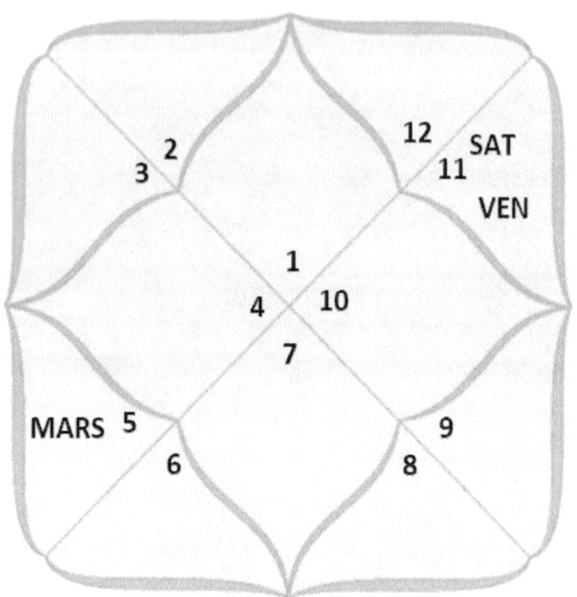
2
3
12
SAT
11
VEN
1
4
10
7
MARS 5
6
9
8

अध्याय - तेरह

कुलदेवी का श्राप

इंद्रजीत रावण का पराक्रमी पुत्र था और उसे त्रिदेव (ब्रह्मा, विष्णु और महेश) से भी कई वरदान मिले थे। जब युद्ध में एक-एक करके रावण के सभी योद्धा मारे गए तब रावण ने अपने ज्येष्ठ पुत्र मेघनाथ को युद्ध के लिए भेजा।

पहले दिन मेघनाथ ने श्री राम और लक्ष्मण को नागपाश में बांधा था, लेकिन गरुड़ के कारण दोनों नागपाश से मुक्त हो गए थे।

दूसरे दिन, उन्होंने शक्तिबाण (बाण) का उपयोग करके लक्ष्मण को बेहोश कर दिया था, लेकिन सुषेण (लंका के वैध) के मार्गदर्शन से, भगवान हनुमान, हिमालय से संजीवनी जड़ी लाए और लक्ष्मण को फिर से होश आ गया।

अब हर बार असफल होने पर मेघनाथ को बहुत गुस्सा आता था। इसलिए वह युद्ध में जाकर भीषण नरसंहार करना चाहता था और युद्ध को समाप्त करना चाहता था। इसका एकमात्र उपाय भगवान ब्रह्मा के वरदान के रूप में मां निकुंबला (कुलदेवी) का यज्ञ करना था।

कुलदेवी निकुंबला का मंदिर लंका में एक अत्यंत गुप्त स्थान पर था, जिसके बारे में लंका के लोगों को भी पता नहीं था।

मेघनाथ यज्ञ करने के लिए वहाँ पहुँचे, लेकिन विभीषण को इस बात का पता अपने गुप्तचरों से चल गया। उन्होंने तुरंत इसकी जानकारी भगवान श्री राम और लक्ष्मण को दी और यज्ञ को तुरंत बंद करने का आग्रह किया।

चूंकि विभीषण को कुलदेवी निकुंबला के मंदिर का मार्ग पता था, इसलिए वह वानरों की सेना के साथ लक्ष्मण के साथ उस स्थान पर पहुंचे। मंदिर की गुफा के बाहर मेघनाथ की सेना पहरा दे रही थी, जिसे हनुमान, सुग्रीव, जामवंत आदि के नेतृत्व वाली वानर सेना ने तोड़ दिया।

इसके बाद वानर सेना ने गुफा में प्रवेश किया और मेघनाथ के यज्ञ पर आक्रमण कर दिया। लक्ष्मण के नेतृत्व में वानर सेना ने मेघनाथ के यज्ञ को नष्ट कर दिया। यज्ञ के विनाश के बाद, मेघनाथ अत्यधिक क्रोध में युद्ध के मैदान में चला गया लेकिन अंत में लक्ष्मण द्वारा मारा गया।

लाल किताब पेंडिंग कर्म के माध्यम से इन योगों को कैसे देखें

ग्रहों का योग

बुध प्रतिनिधित्व करता है - मंत्र जाप

राहु प्रतिनिधित्व करता है - तंत्र क्रिया

मंगल प्रतिनिधित्व करता है - कुलदेवी का प्रकोप अगर उसकी पूजा नहीं की जाती है या पूरी नहीं होती है

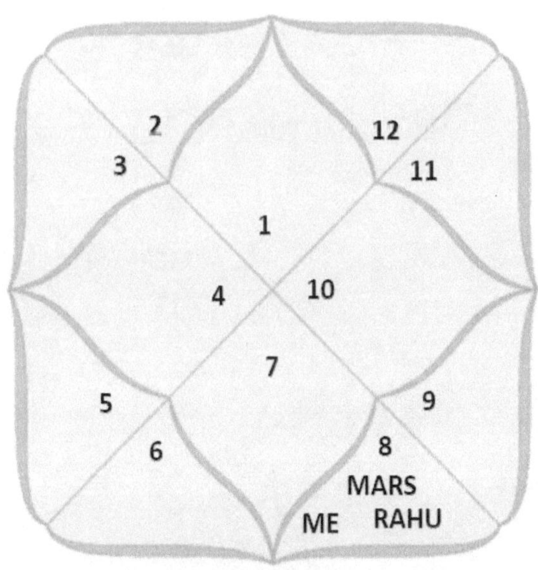

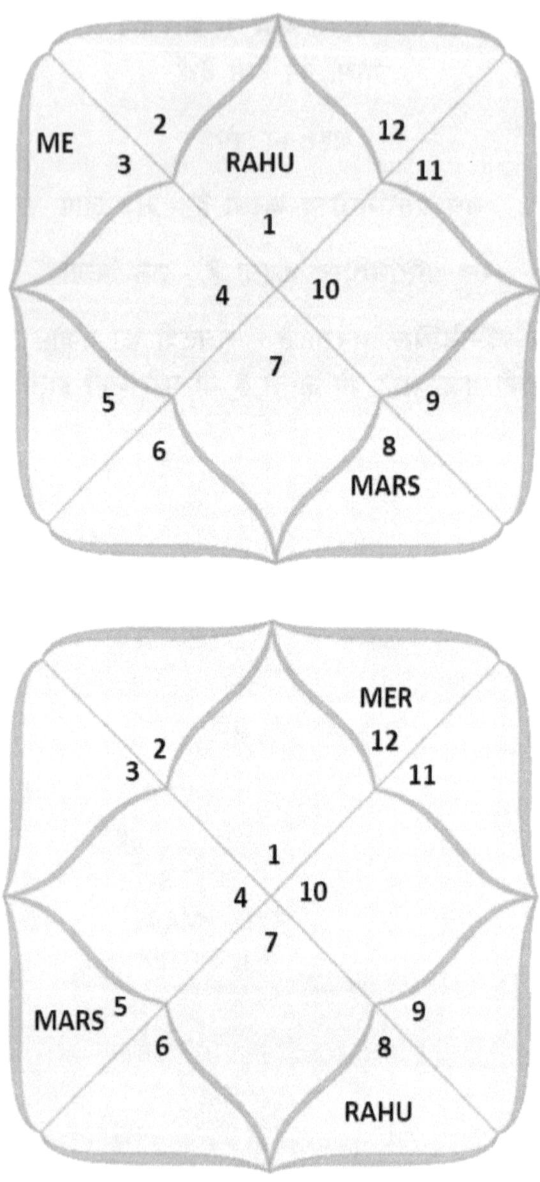
ME
2
3
RAHU
12
11
1
4
10
7
5
9
6
8
MARS
MER
2
3
12
11
1
4
10
7
MARS
5
9
6
8
RAHU

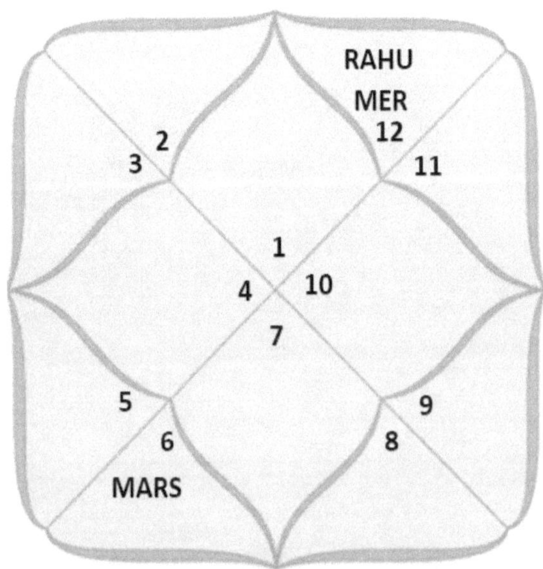

RAHU
MER
12
2
3
11
1
4
10
7
5
9
6
8
MARS

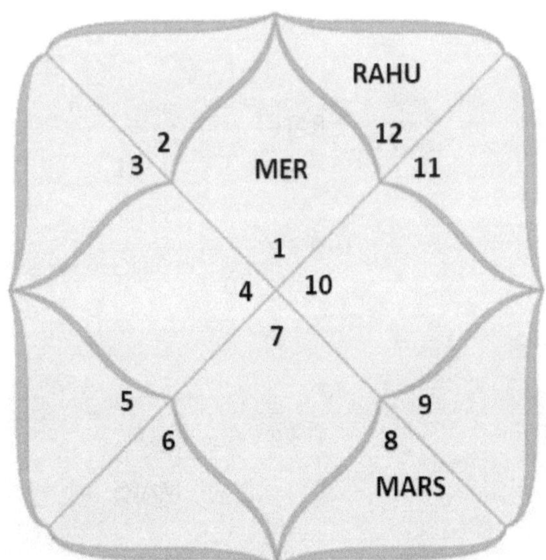

RAHU
2
3
MER
12
11
1
4
10
7
5
9
6
8
MARS

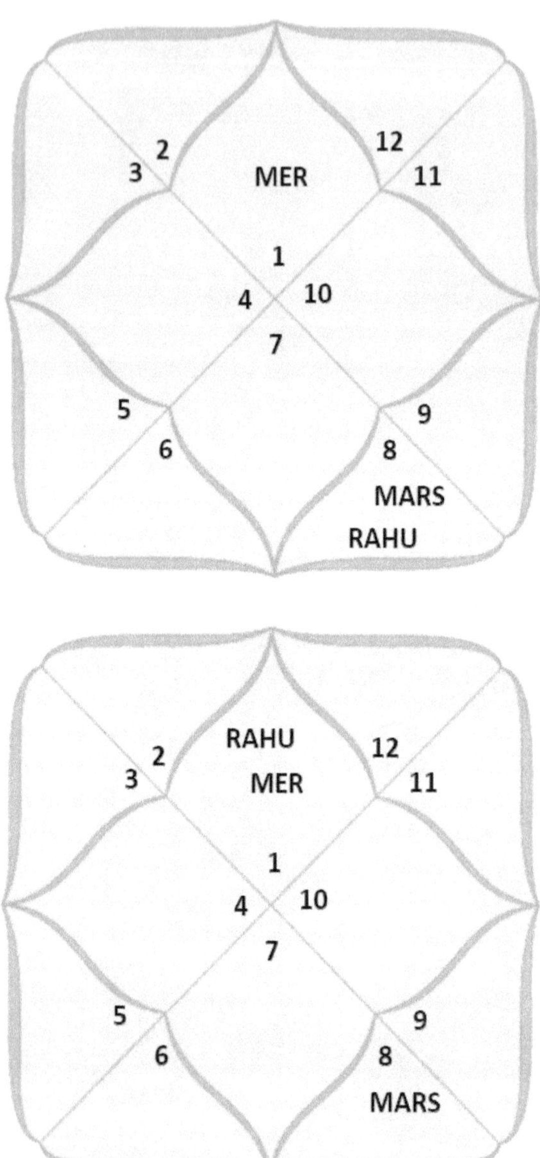
2
3
12
11
MER
1
4 10
7
5
6
9
8
MARS
RAHU
2
3
RAHU
MER
12
11
1
4 10
7
5
6
9
8
MARS

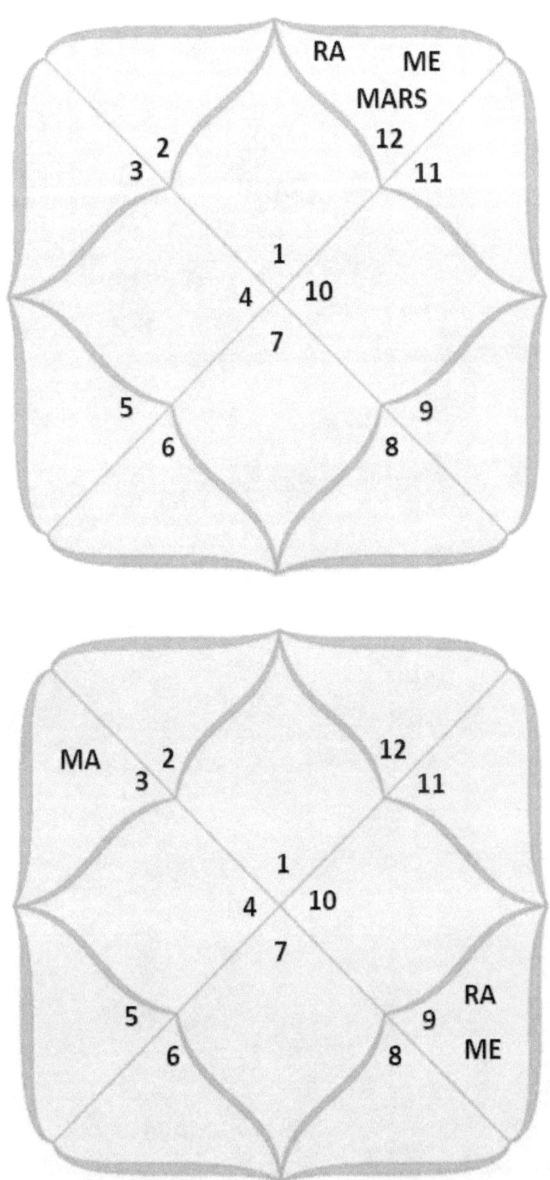
RA
ME
MARS
12
11
2
3
1
10
4
7
5
6
9
8
MA
2
3
12
11
1
10
4
7
5
6
9
8
RA
ME

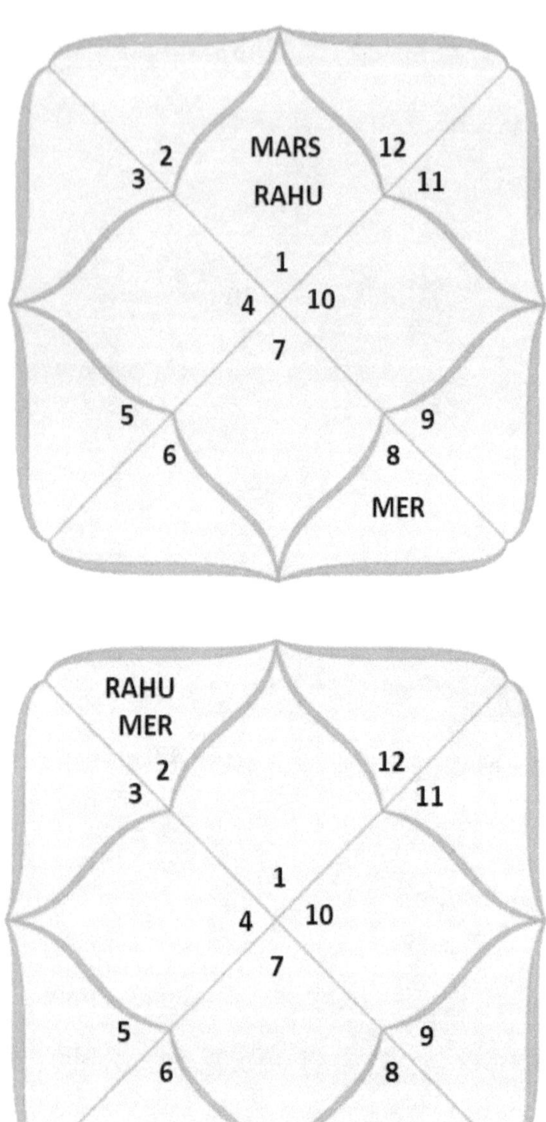
MARS
RAHU
12
11
2
3
1
4 10
7
5
9
6 8
MER

RAHU
MER
12
2
3 11
1
4 10
7
5 9
6 8
MARS

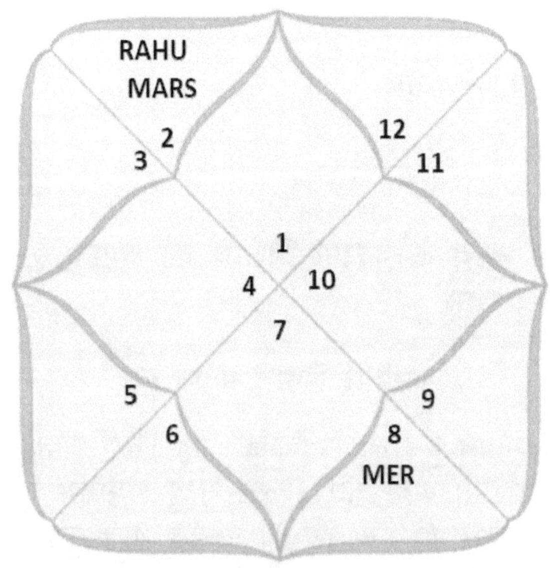
RAHU
MARS
2
3
12
11
1
4
10
7
5
9
6
8
MER

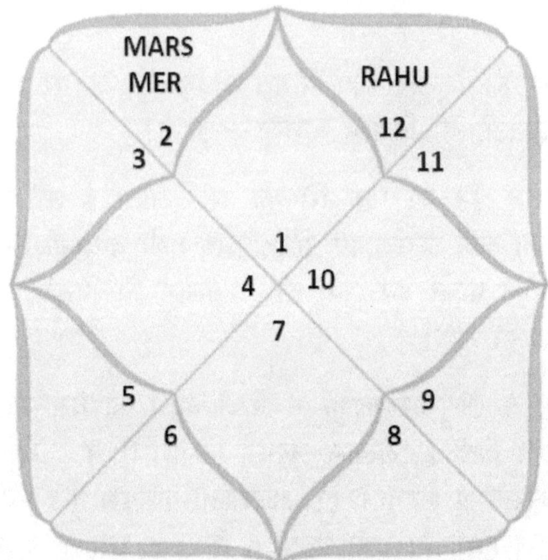
MARS
MER
2
3
RAHU
12
11
1
4
10
7
5
9
6
8

अध्याय - चौदह

अकाल मृत्यु के कारण पिशाच का श्राप या पितृ श्राप

काशी में पिशाच मोचन कुंड

पिशाच मोचन कुंड में ही त्रिपिंडी श्राद्ध किया जाता है, जो पूर्वजों को प्रेत बाधा और अकाल मृत्यु (असमय मृत्यु) से मुक्ति दिलाता है। इस कुंड का उल्लेख गरुड़ पुराण में भी किया गया है। पितृ पक्ष में पिशाच मोचन कुंड का महत्व और भी बढ़ जाता है।

मान्यता के अनुसार यहां स्थित पीपल के पेड़ पर भटकती हुई आत्माओं को विश्राम कराया जाता है।

इस दौरान पेड़ पर एक सिक्का रखा जाता है ताकि सभी पितरों का कर्ज उतर जाए और पितर सभी बाधाओं से मुक्त होकर मोक्ष प्राप्त कर सकें और यजमान भी पितरों के कर्ज से मुक्त हो सके।

मान्यता के अनुसार काशी में मरने वालों को वैसे भी मोक्ष की प्राप्ति होती है, लेकिन अकाल (असमय) मृत्यु या किसी अन्य कारण से भटकती हुई आत्माओं को इस कुंड पर मोक्ष की प्राप्ति होती है। यही वजह है कि देश भर से लोग यहां आकर तर्पण करते हैं।

लाल किताब पेंडिंग कर्म के माध्यम से इन योगों को कैसे देखें

बृहस्पति प्रतिनिधित्व करता है - पितृ

राहु - पिशाच (भूत)

चंद्रमा प्रतिनिधित्व करता है - मस्तिष्क, मन

जैसा कि पहला घर मंगल की जमीन है, जो स्वयं या मूल निवासी का प्रतिनिधित्व करता है, इसलिए हमें मंगल की स्थिति की भी जांच करने की आवश्यकता है क्योंकि मंगल की पीड़ा (राहु, केतु और शनि से पीड़ित) अधिक समस्या देगी।

कुण्डली में यदि चन्द्रमा, गुरु और मंगल शनि और केतु से पीडित हों तो पिशाच योग बनता है।

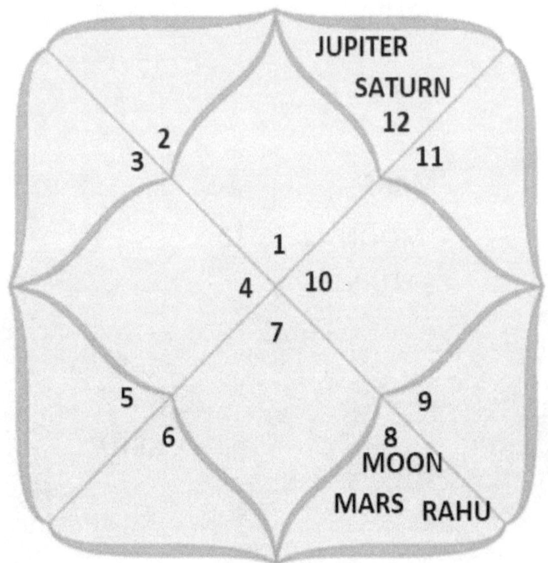

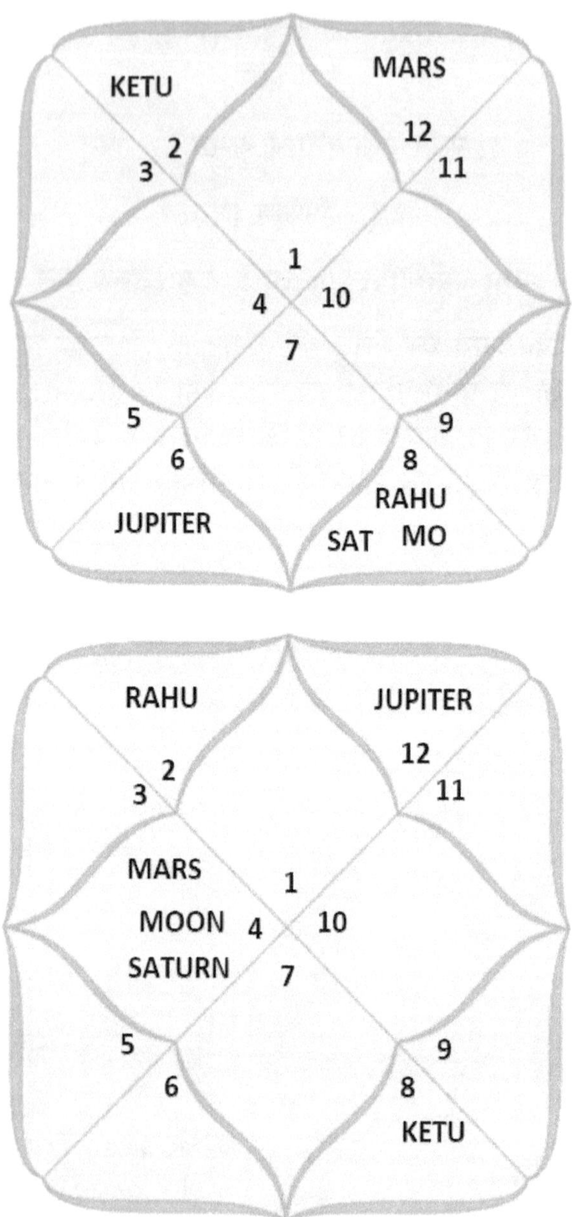
KETU
MARS
12
11
2
3
1
4 10
7
5 9
6 8
JUPITER
SAT
RAHU
MO
RAHU
JUPITER
12
11
2
3
MARS
MOON 4 10
1
SATURN 7
5 9
6 8
KETU

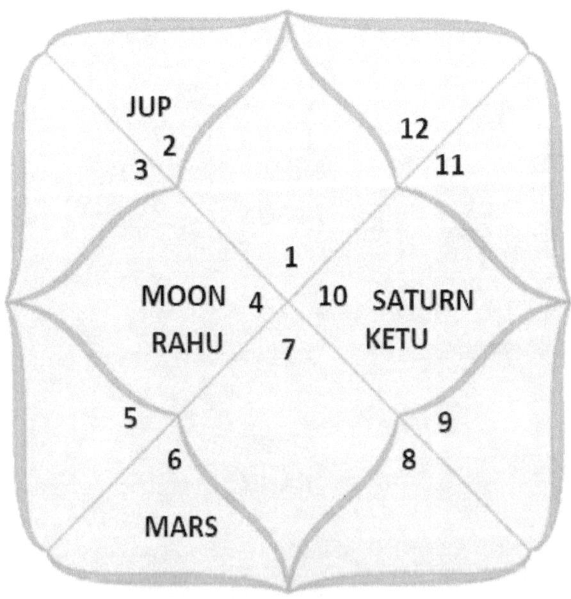

JUP
2
3
12
11
1
MOON
4
10
SATURN
RAHU
7
KETU
5
9
6
8
MARS

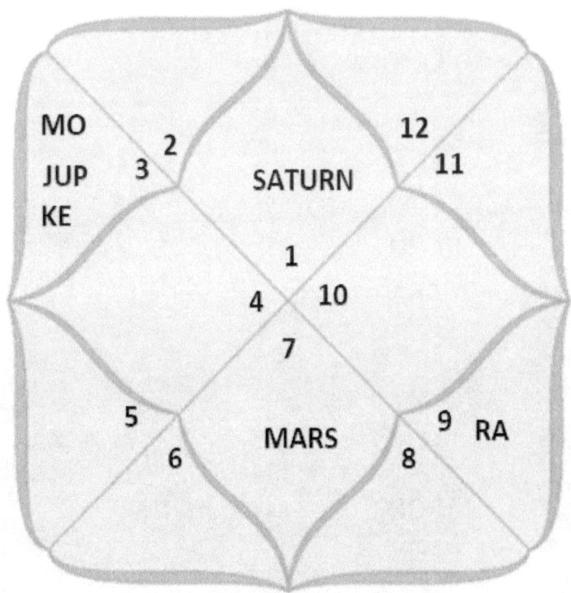

MO
2
12
JUP
3
11
KE
SATURN
1
4
10
7
5
9
RA
6
MARS
8

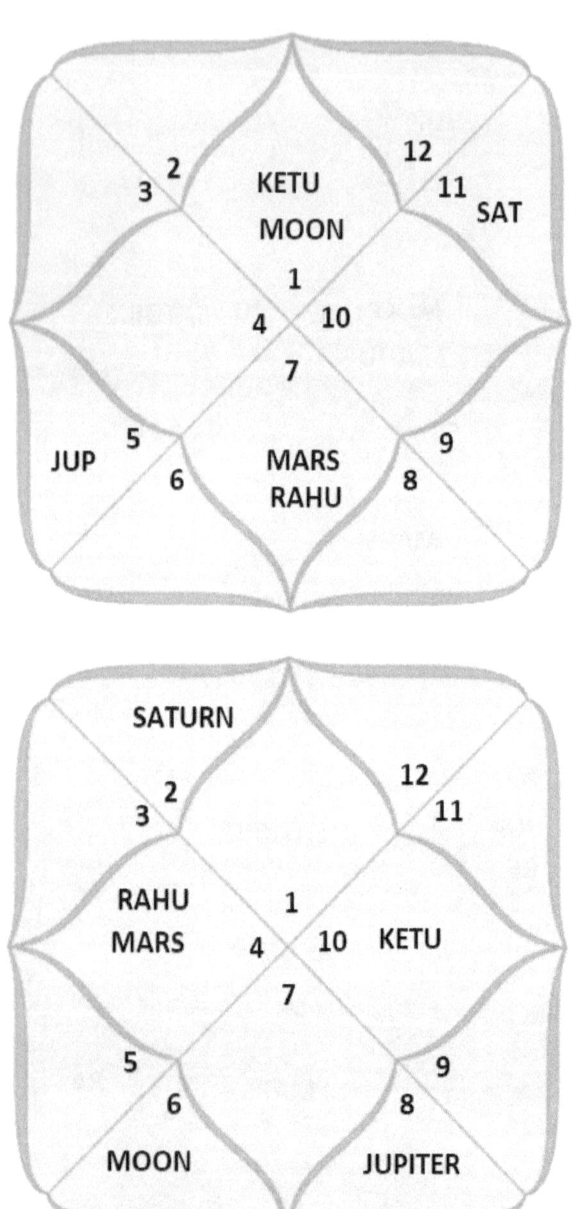

2
3
KETU
MOON
12
11
SAT
1
4 10
7
5
JUP
6
MARS
RAHU
9
8

SATURN
2
3
12
11
RAHU
MARS
1
4 10
KETU
7
5
9
6
8
MOON
JUPITER

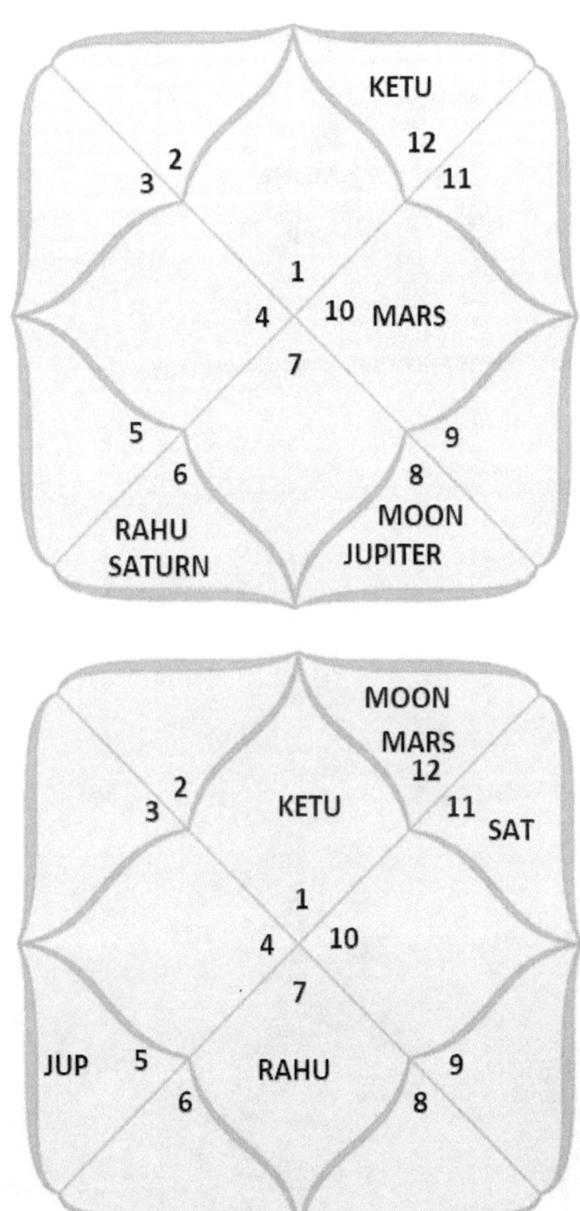
KETU
12
11
2
3
1
4 10 MARS
7
5 9
6 8
RAHU
SATURN
MOON
JUPITER

MOON
MARS
12
2
3 KETU
11 SAT
1
4 10
7
JUP 5 RAHU 9
6 8

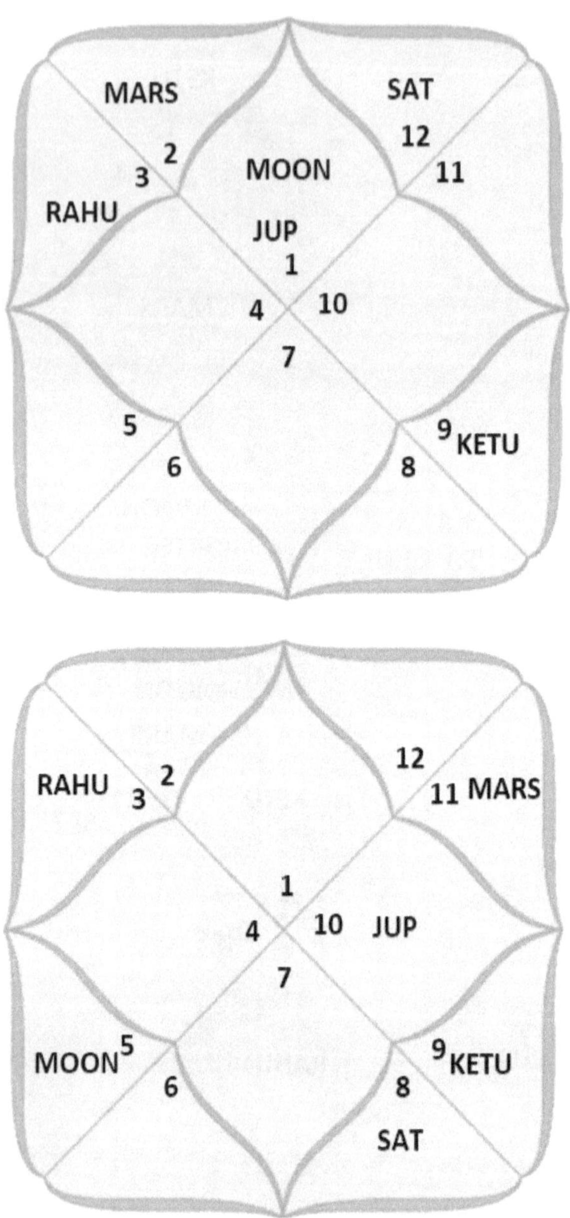
MARS
SAT
2
3
12
MOON
11
RAHU
JUP
1
4
10
7
5
9 KETU
6
8

RAHU
2
3
12
11 MARS
1
4
10
JUP
7
MOON 5
9 KETU
6
8
SAT

अध्याय - पन्द्रह

जलीय जीव को मारने का श्राप

वाल्मीकि और सारस की कहानी

एक बार, ऋषि वाल्मीकि तमसा नदी के तट पर गए, जब वे महाकाव्य रामायण लिखने वाले थे, उन्होंने देखा कि प्रेम में डूबे हुए सारस के एक जोड़े को देखा।

एक शिकारी ने नर पक्षी को अपने बाण से मार डाला। मादा पक्षी, यह देखकर दुःख से भर गई, अंत में मर गई तब महर्षि वाल्मीकि ने शिकारी को शाप दिया और इस श्लोक को शिकारी को संस्कृत में कहा।

"मां निषाद प्रतिष्ठां त्वमगमः शाश्वतीः समाः।

यत्क्रौंचमिथुनादेकम् अवधीः

काममोहितम्॥"

ऋषि द्वारा बोले गए इस श्लोक को संस्कृत भाषा का पहला श्लोक, जिसका अर्थ था कि प्रेम में डूबे पक्षी को मारने वाले दुष्ट शिकारी को कभी शांति नहीं मिलेगी और वह अनंत काल तक बेचैन रहेगा। लेकिन इन श्लोकों को बोलने के बाद वाल्मीकि सोचने लगे कि उनके मुख से कैसे और क्या निकला।

उन्हें विचार में देखकर, नारद मुनि उनके सामने प्रकट हुए और कहा कि यह आपका पहला संस्कृत श्लोक था। अब इसके बाद आप रामायण की रचना करेंगे। उस संस्कृत श्लोक के बाद महर्षि वाल्मीकि ने रामायण को संस्कृत में लिखा और उनके द्वारा रचित रामायण को वाल्मीकि रामायण कहा गया।

लाल किताब पेंडिंग कर्म के माध्यम से इन योगों को कैसे देखें

चंद्रमा प्रतिनिधित्व करता है - जल

बुध और चंद्रमा प्रतिनिधित्व करते हैं - सारस (जल पर रहने वाला पक्षी)

चौथा, आठवां और 12वां घर - जल तत्व घरों का प्रतिनिधित्व करता है

छठा भाव पाताल का प्रतिनिधित्व करता है

शनि और/या केतु प्रतिनिधित्व करते हैं - श्राप (यदि वे भाव, संयोजन और त्रिकोण के माध्यम से घरों या ऊपर दिए हुए ग्रहों को कमज़ोर करते हैं)।

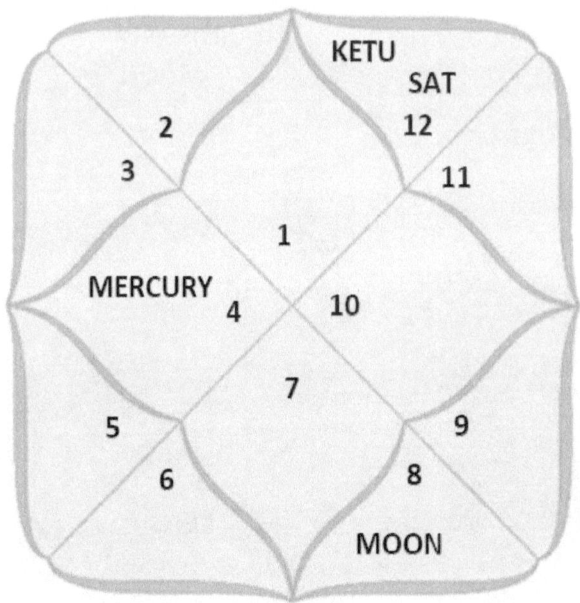

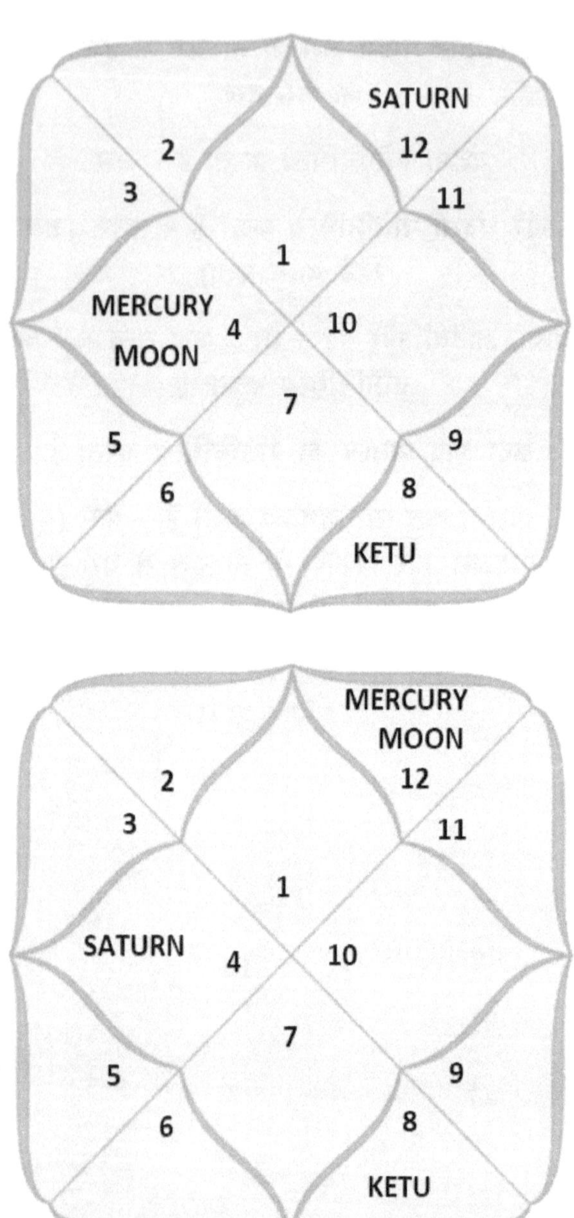
SATURN
2
3
12
11
1
MERCURY
MOON
4
10
7
5
9
6
8
KETU
MERCURY
MOON
2
12
3
11
1
SATURN
4
10
7
5
9
6
8
KETU

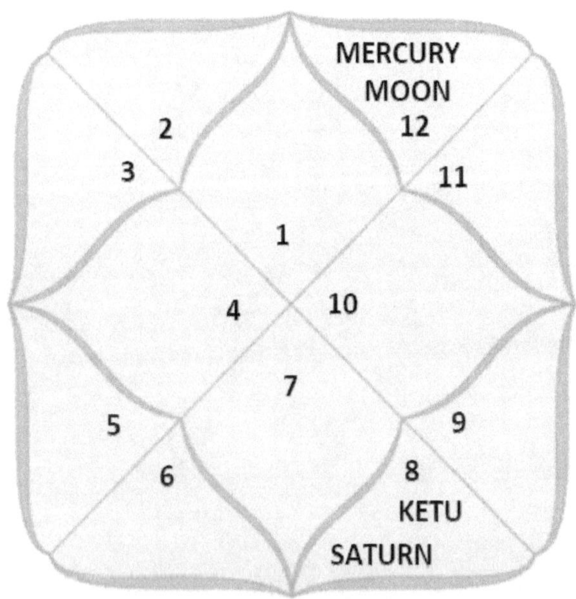

MERCURY
MOON
12
2
3
11
1
10
4
7
5
9
6
8
KETU
SATURN

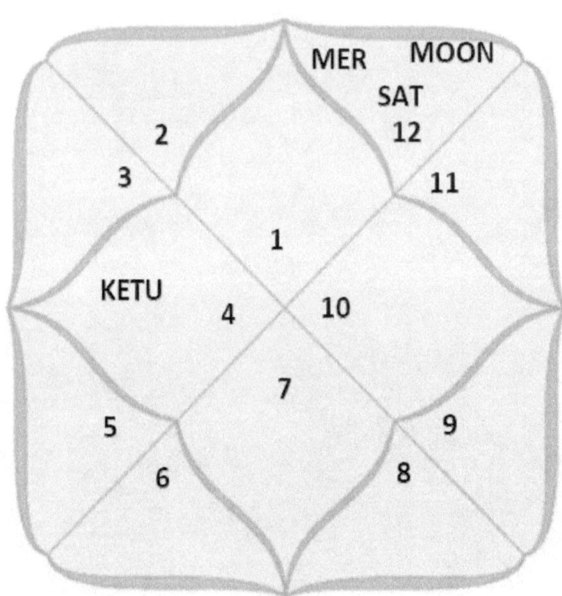

MER
MOON
SAT
12
2
3
11
1
KETU
4
10
7
5
9
6
8

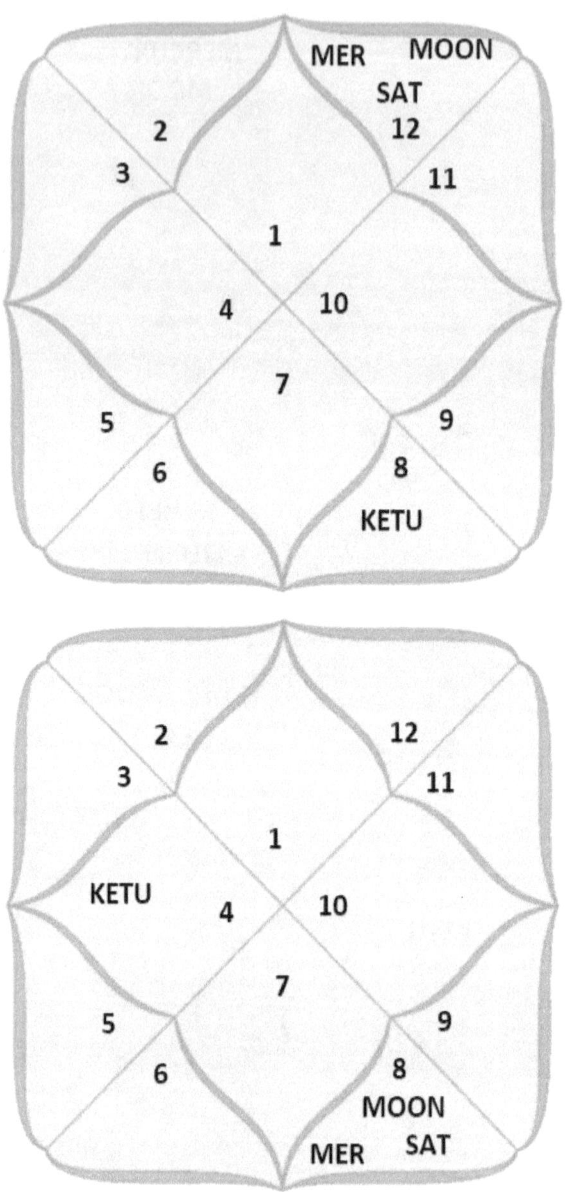
MER
MOON
SAT
2
12
3
11
1
4
10
7
5
9
6
8
KETU
2
12
3
11
1
KETU
4
10
7
5
9
6
8
MOON
MER
SAT

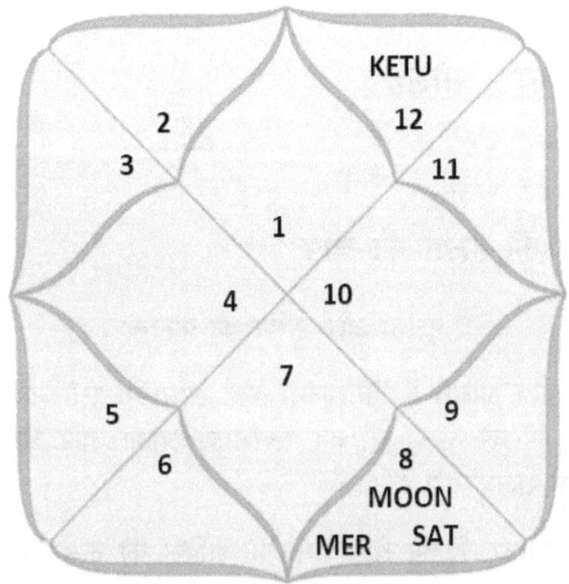
2
3
KETU
12
11
1
4
10
7
5
9
6
8
MOON
MER
SAT

अध्याय - सोलह

माता की हत्या का श्राप

पूतना और कृष्ण की कहानी

क्या आप जानते हैं कि पूतना कोई साधारण स्त्री नहीं थी? अपने पिछले जन्म में, वह रत्नमाला (राजा बलि की पुत्री) नामक राजकुमारी थी।

जब भगवान विष्णु ने राक्षसों की शक्ति को कमजोर करने के लिए धरती पर वामन अवतार लिया था। राजा बलि बड़े दानी माने जाते थे।

एक बार बलि ने एक महान यज्ञ का आयोजन किया। यज्ञ के अंत में वे अपनी पुत्री के साथ दान-पुण्य का कार्य कर रहे थे। ऐसी स्थिति में अचानक भगवान वामन यज्ञ में प्रवेश कर गए।

भगवान वामन की मनमोहक छवि देखकर रत्नमाला का मातृत्व उनके मन में जाग गया कि यदि ऐसा पुत्र उनका पुत्र होता तो वह उसे स्तनपान कराती। भगवान ने कहा तथास्तु।

तब भगवान ने राजा बलि से तीन पग भूमि दान में प्राप्त करने की इच्छा प्रकट की। राजा बलि ने तीन पग भूमि दान करने का संकल्प लिया और भगवान से तीन पग भूमि नापने को कहा, लेकिन जब राजा बलि को पता चला कि वह स्वयं

भगवान विष्णु हैं तो वह उनकी शरण में आया और अपनी क्षमा मांगी।

लेकिन यह सब घटना देखकर राजा बलि की पुत्री अपने पिता का इतना अपमान सहन नहीं कर पाई। तुरंत उसके मन में एक और विचार आया कि यदि उसका पुत्र ऐसा होता तो वह अपने स्तन के दूध में जहर मिला देती। भगवान विष्णु ने उसके विचारों का भाव जान लिया और एक बार फिर भगवान ने तथास्तु कहा।

युग परिवर्तन के साथ, द्वापर युग में राजा बलि की पुत्री ने पूतना के रूप में जन्म लिया।

अपनी इच्छा के अनुसार, उन्हें भगवान कृष्ण को दूध पिलाने और अपने स्तन के दूध को जहर देने का अवसर मिला। इस प्रकार भगवान विष्णु के दोनों वरदान कृष्ण के अवतार में फलीभूत हुए और स्वयं भगवान के हाथों मोक्ष प्राप्त करके राक्षसी पूतना जन्म और मृत्यु के बंधन से मुक्त हो गई। लेकिन भगवान कृष्ण ने यह भी महसूस किया कि उन्होंने किसी ऐसे व्यक्ति को मार डाला जो उनके लिए मातृतुल्य थी।

लाल किताब पेंडिंग कर्म के माध्यम से इन योगों को कैसे देखें

आइए देखते हैं कुछ ग्रहों की युति:

चंद्रमा प्रतिनिधित्व करता है - माँ, स्तन, दूध

बृहस्पति प्रतिनिधित्व करता है - वामन अवतार या कृष्ण

चौथा भाव - माता का प्रतिनिधित्व करता है

यदि चंद्रमा पर शनि और केतु की युति, दृष्टि, त्रिकोण, एक घर के पास बैठना हो तो यह मां के पिछले जन्म के श्राप के रूप में प्रकट हो सकता है।

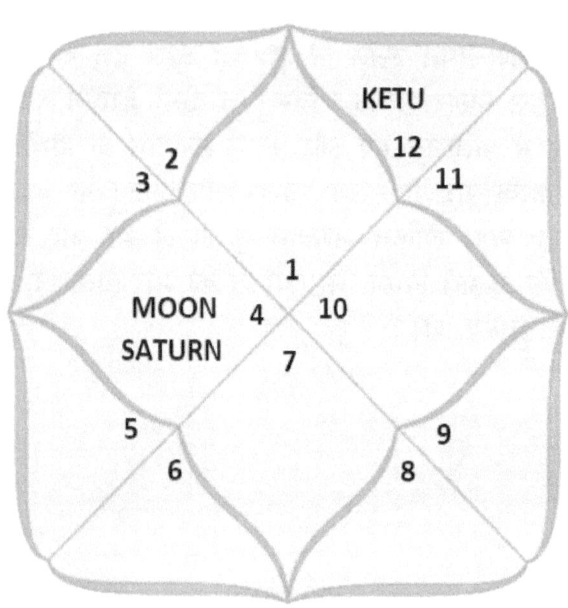

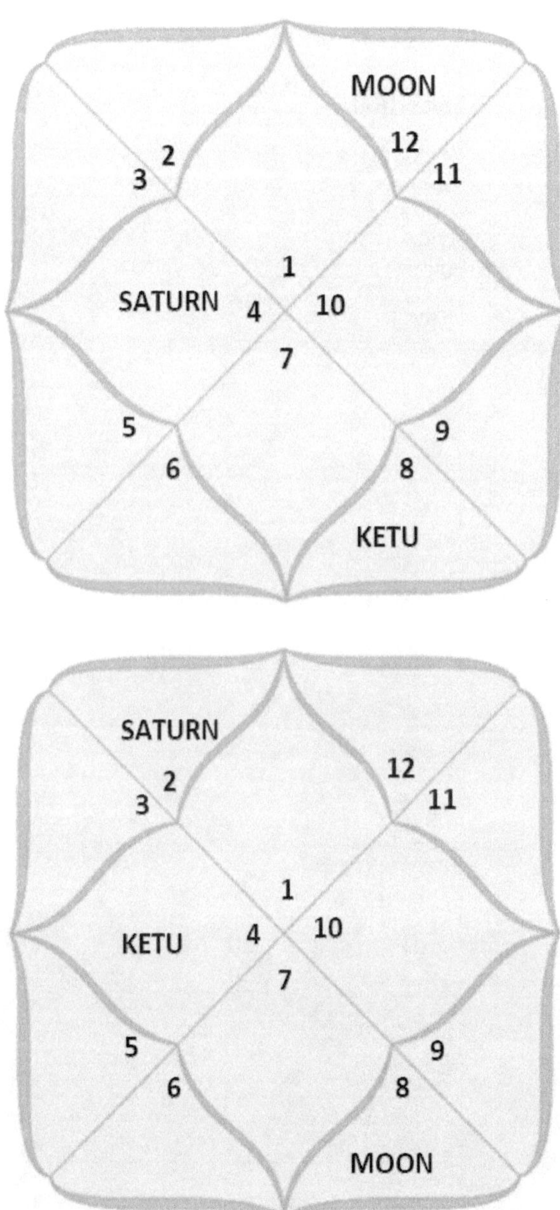
MOON
12
11
2
3
1
SATURN
4
10
7
5
9
6
8
KETU

SATURN
12
2
11
3
1
4
10
KETU
7
5
9
6
8
MOON

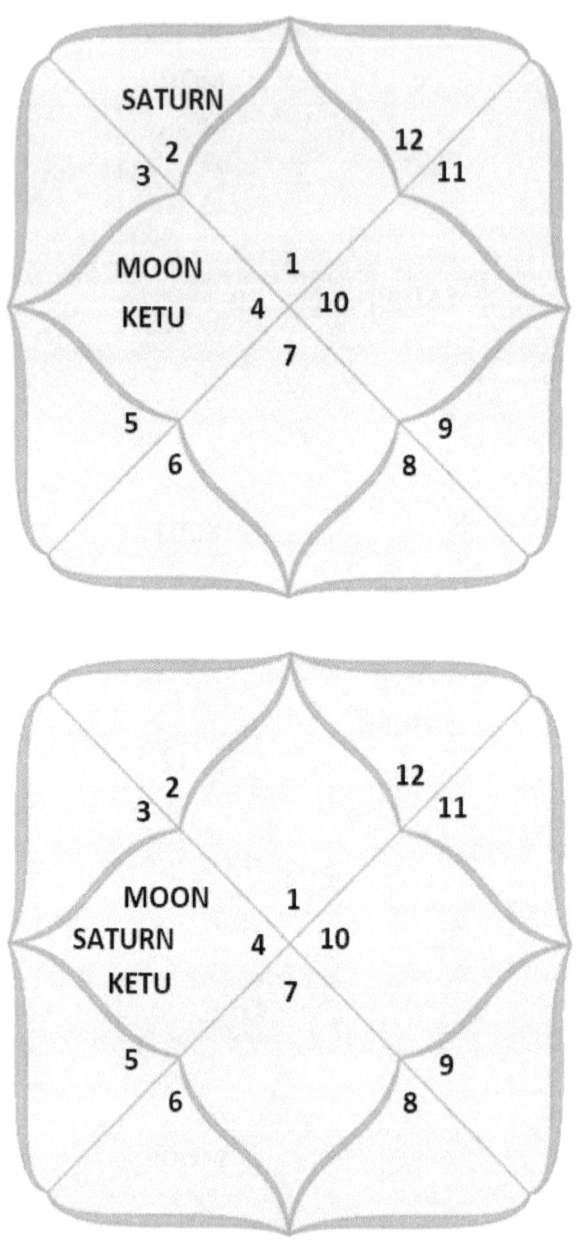
SATURN
2
3
12
11
MOON
KETU
1
4
10
7
5
6
9
8
2
3
12
11
MOON
SATURN
KETU
1
4
10
7
5
6
9
8

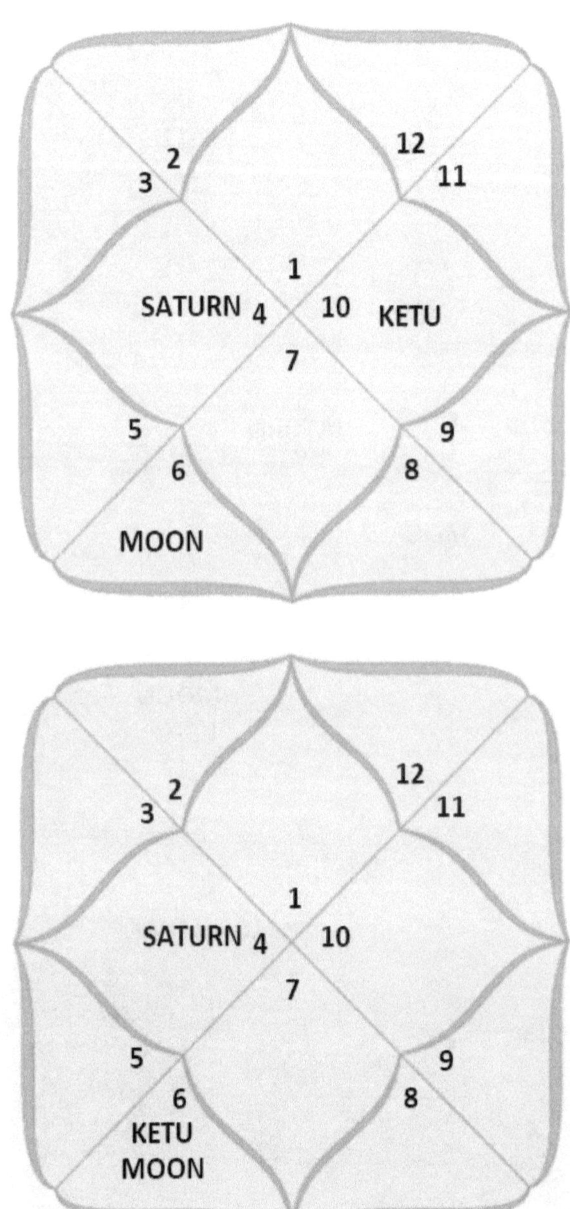
2
3
12
11
1
SATURN 4
10
KETU
7
5
9
6
8
MOON
2
3
12
11
1
SATURN 4
10
7
5
9
6
8
KETU
MOON

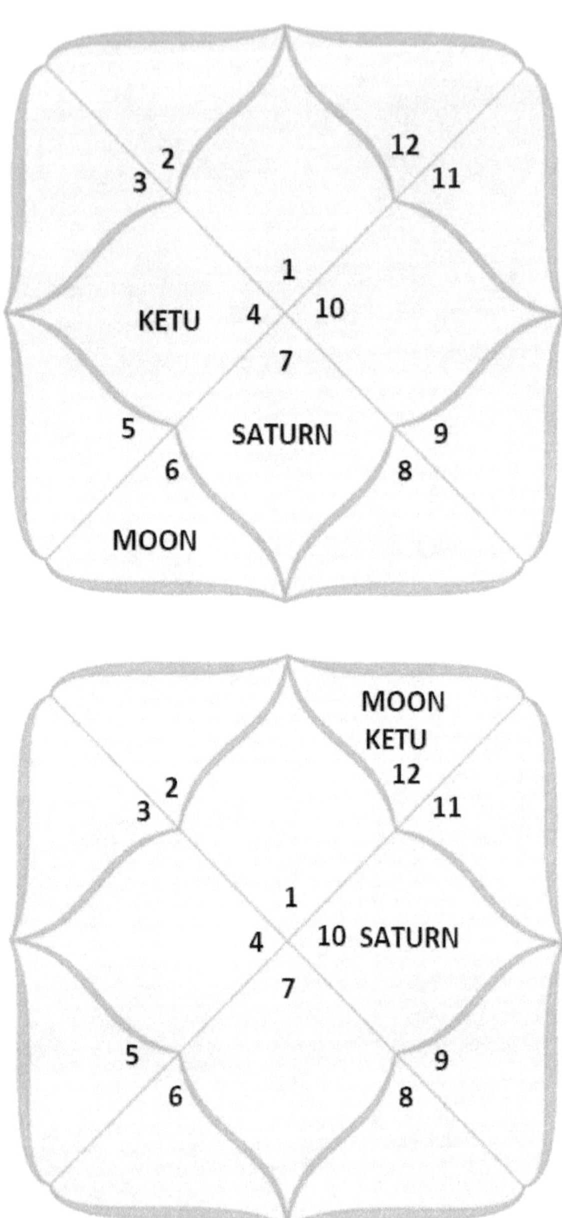
2
3
12
11
1
KETU
4
10
7
5
SATURN
9
6
8
MOON

MOON
KETU
2
3
12
11
1
4
10 SATURN
7
5
9
6
8

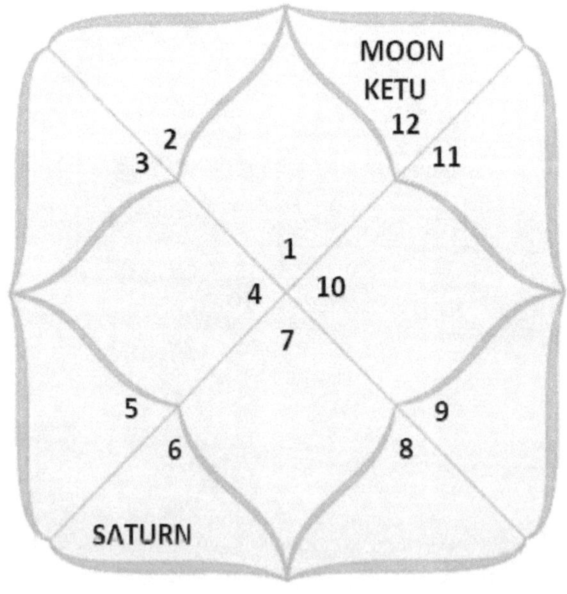
MOON
KETU
12
11
2
3
1
10
4
7
5
9
6
8
SATURN

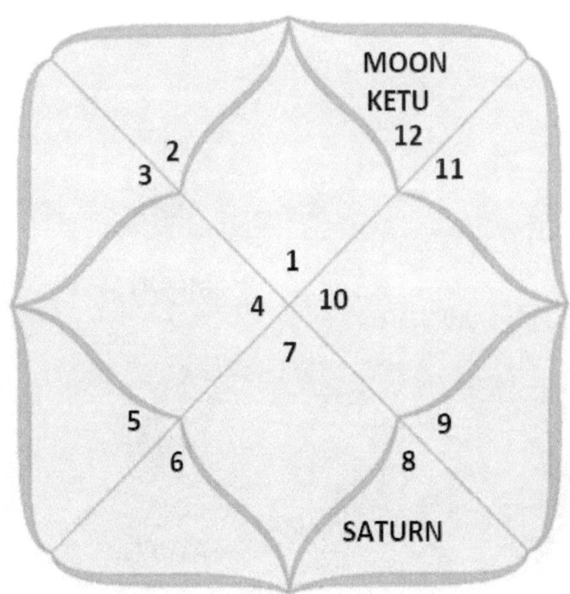
MOON
KETU
12
11
2
3
1
10
4
7
5
9
6
8
SATURN

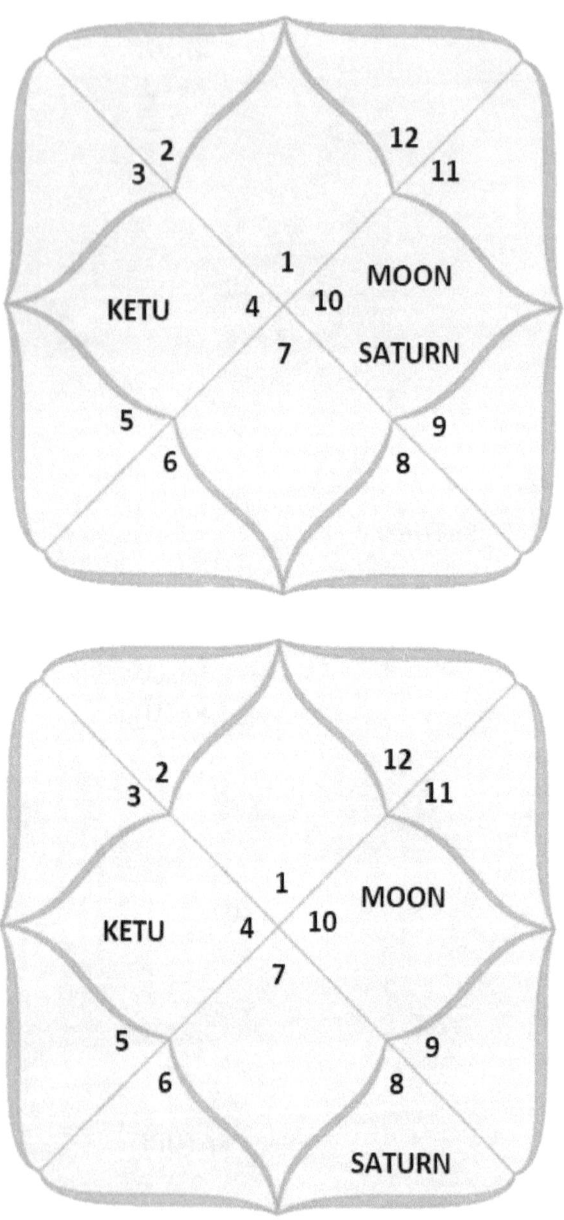
2
3
12
11
1
KETU
4
10
MOON
7
SATURN
5
6
9
8
2
3
12
11
1
KETU
4
10
MOON
7
5
6
9
8
SATURN

अध्याय-सत्रह

किसी की भूमि हड़पने का अभिशाप

राजा बलि और वामन अवतार की कहानी

प्राचीन काल में, "बली" नाम का एक शक्तिशाली राजा था। वह असुर वंश में पैदा हुआ था और असुरों का राजा था, लेकिन वह बहुत उदार था। वह प्रह्लाद का पोता और विरोचन का पुत्र था। घोर तपस्या से उन्होंने यश और राज्य की प्राप्ति की।

जब राजा बलि ने 100 यज्ञ पूरे करके स्वर्ग का राज्य छीनने का प्रयास किया तो देवराज इंद्र ने भगवान विष्णु से उनकी सहायता करने की प्रार्थना की।

वामन, ब्राह्मण के रूप में, भगवान विष्णु ने राजाबली से तीन पग भूमि मांगी। वामन ब्राह्मण की इस बात को उदार महाबली ने तुरंत मान लिया। राजा बलि समझ गए कि जो वामन के रूप में प्रकट हुआ है वह कोई साधारण व्यक्ति नहीं है।

इसके बाद भगवान विष्णु के वामन अवतार ने एक पग से परलोक में दूसरे पग से सारी पृथ्वी और स्वर्ग को नापा।

इसके बाद जब भगवान ने तीसरे पग के लिए स्थान मांगा तो राजा बलि ने भगवान विष्णु को अपना सिर झुका लिया।

सिर पर पैर रखते ही राजा बलि पाताल लोक में लीन हो गए।

गुरु शुक्राचार्य और रत्नमाला (बली की पुत्री) यह सब देख रहे थे। उन्होंने महसूस किया कि राजा बलि को धोखा दिया गया था और भगवान विष्णु को अपनी भूमि देने के लिए, उनके साथ छल किया गया था।

उन्होंने इस ठगी के बारे में बली से बात की और बाद में उसे भी ऐसा ही लगा। इसलिए, उन्होंने भगवान विष्णु से मिलने का फैसला किया और भगवान् विष्णु को द्वारपाल के रूप में दिन-रात अपने दरवाजे पर खड़े रहने के लिए कहा।

इसके बाद भगवान विष्णु राजा बलि के द्वारपाल बने। कहा जाता है कि काफी समय तक जब भगवान विष्णु वैकुंठ नहीं लौटे तो मां लक्ष्मी राजा बलि से मिलने गईं और उन्हें रक्षा सूत्र बांधकर अपना भाई बना लिया।

लाल किताब पेंडिंग कर्म के माध्यम से इन योगों को कैसे देखें

सूर्य प्रतिनिधित्व करता है - भगवान विष्णु

राहु प्रतिनिधित्व करता है - बली

नकारात्मक पक्ष में राहु और सूर्य का संबंध ग्रहण हो सकता है, लेकिन सकारात्मक पक्ष में यह संबंध जातक को दानवीर भी बना सकता है।

शुक्र प्रतिनिधित्व करता है - पत्नी, गुरु शुक्राचार्य, लक्ष्मी

राहु प्रतिनिधित्व करता है - पाताल, धोखा

नकारात्मक पक्ष में, राहु और शुक्र गुरु या पत्नी को धोखा देने का संयोजन कर सकते हैं लेकिन सकारात्मक पक्ष में राहु और शुक्र का संबंध लक्ष्मी को बली को रक्षासूत्र बांधते हुए दिखाता है।

दूसरा, छठा और दसवां घर - भूमि का प्रतिनिधित्व करता है

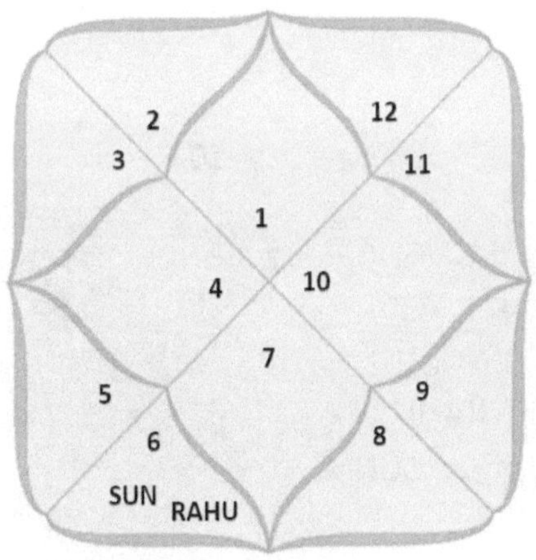

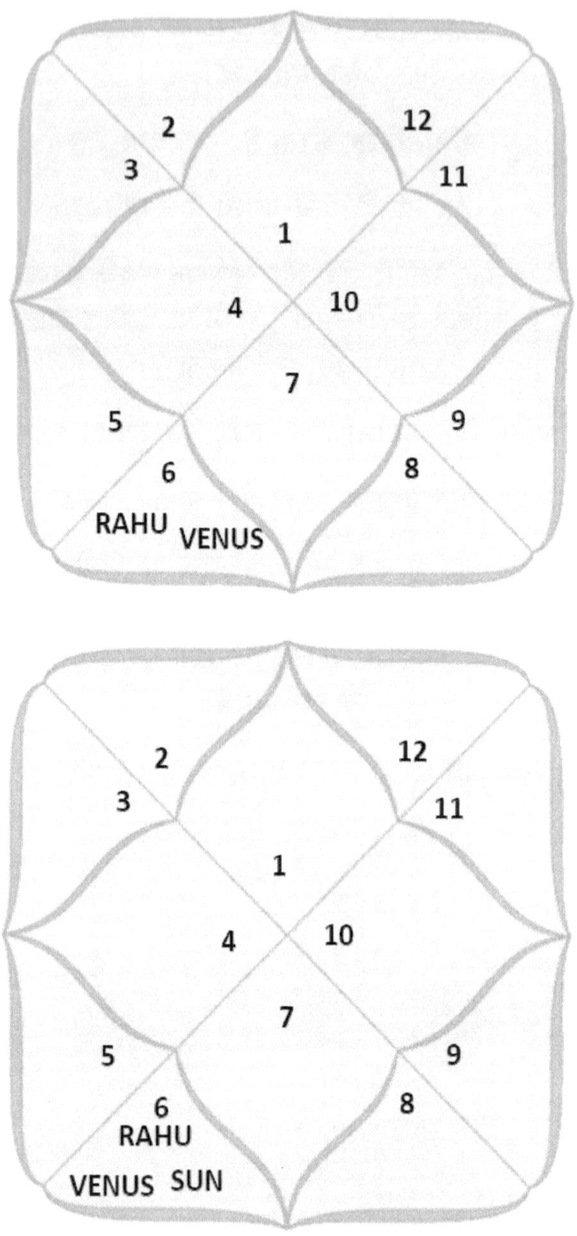
2
3
12
11
1
4
10
7
5
9
6
8
RAHU VENUS
2
3
12
11
1
4
10
7
5
9
6
8
RAHU
VENUS SUN

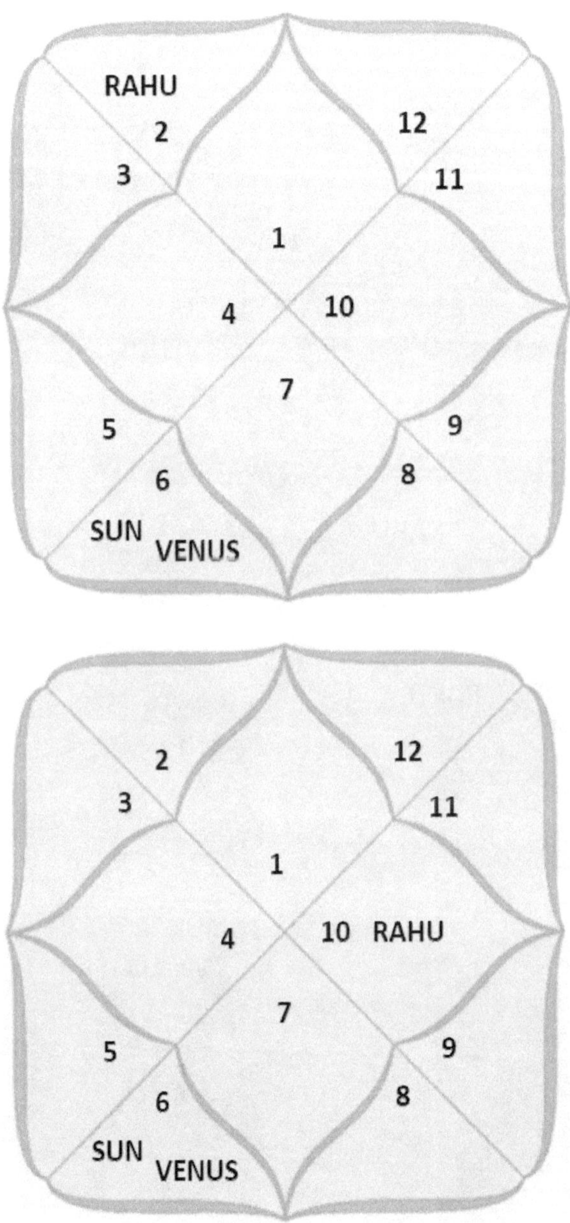
RAHU
2
12
3
11
1
4
10
7
5
9
6
8
SUN
VENUS
2
12
3
11
1
4
10 RAHU
7
5
9
6
8
SUN
VENUS

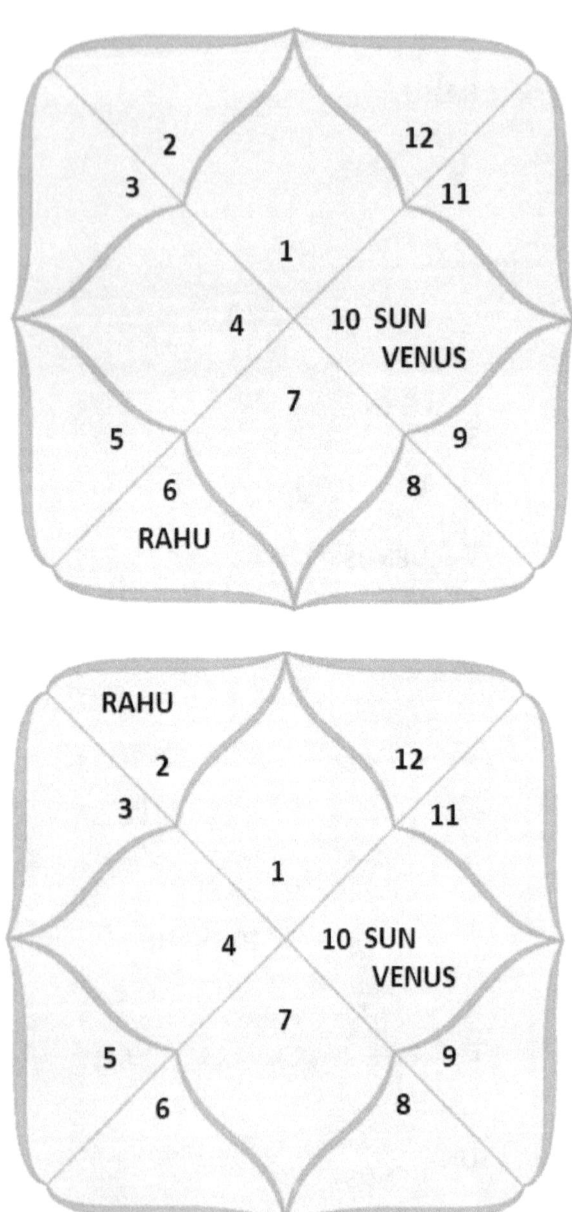
2
12
3
11
1
4
10 SUN
VENUS
7
5
9
6
8
RAHU
RAHU
2
12
3
11
1
4
10 SUN
VENUS
7
5
9
6
8

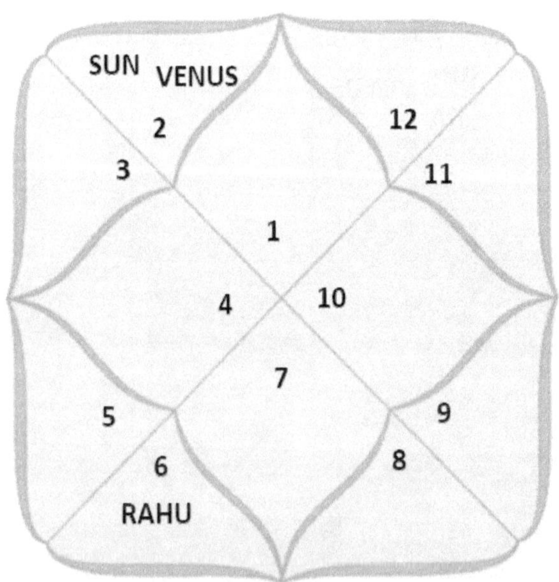
SUN
VENUS
2
3
12
11
1
4
10
7
5
9
6
8
RAHU

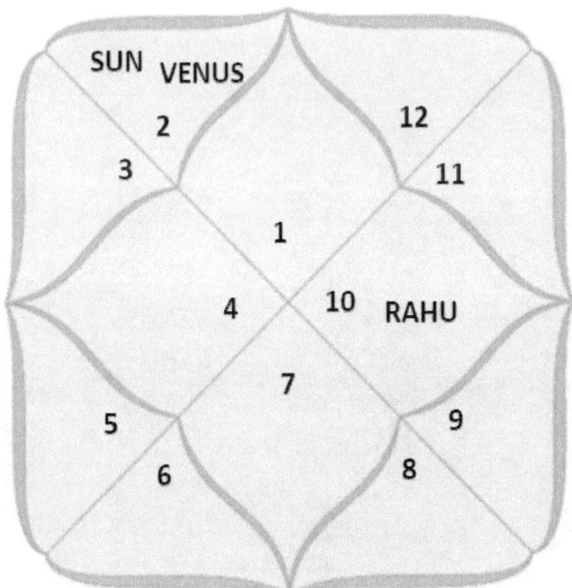
SUN
VENUS
2
3
12
11
1
4
10
RAHU
7
5
9
6
8

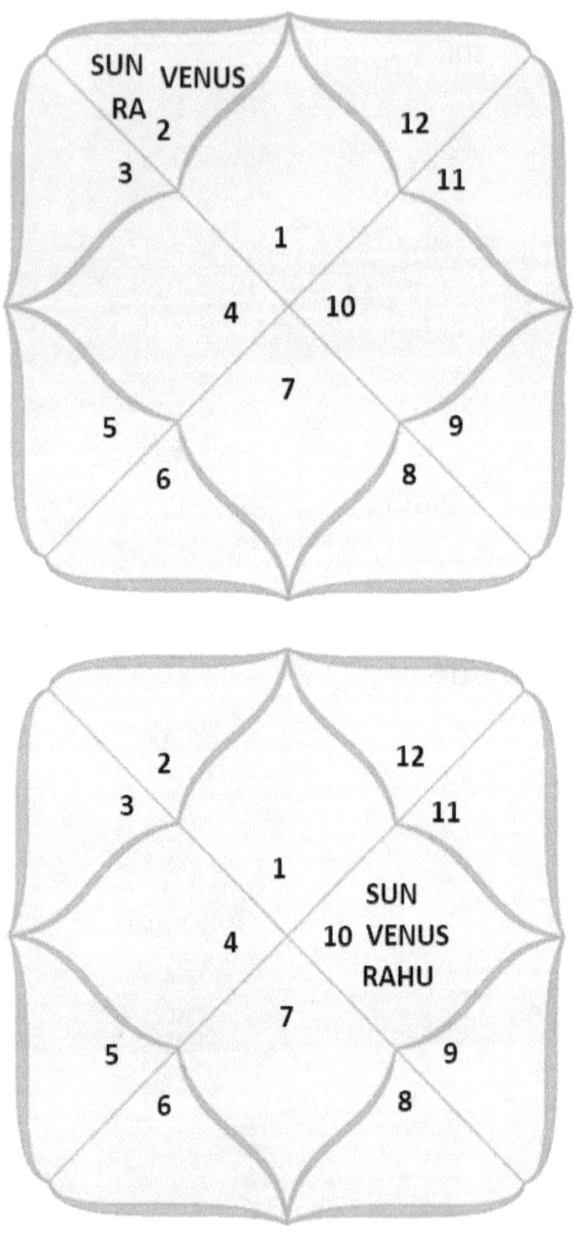
SUN VENUS
RA 2
3
12
11
1
4 10
7
5 9
6 8

2 12
3 11
1
4
SUN
10 VENUS
RAHU
7
5 9
6 8

भगवान विष्णु की पूजा कर प्रायश्चित करें

बृहस्पति - वामन अवतार

राहु प्रतिनिधित्व करता है - दान

12वां घर - परोपकार का प्रतिनिधित्व करता है

9वां भाव - धर्म का प्रतिनिधित्व करता है

यदि जातक की कुण्डली में ये युति हो तो वे भगवान विष्णु की पूजा कर सकते हैं या अपने पिछले जन्म के श्राप का प्रायश्चित करने के लिए गुप्त दान कर सकते हैं।

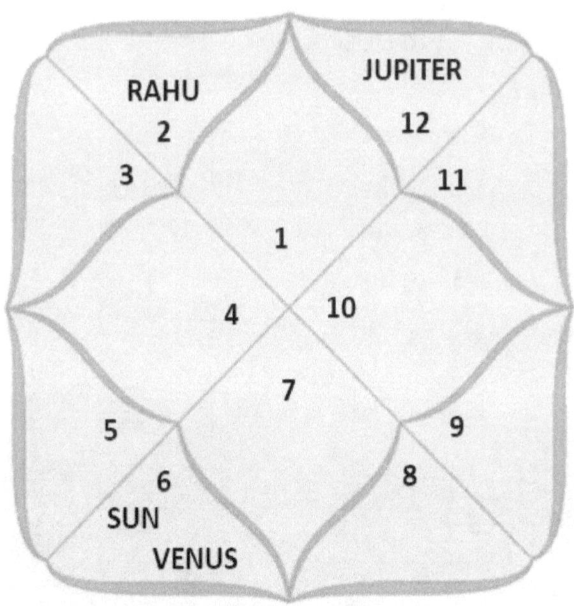

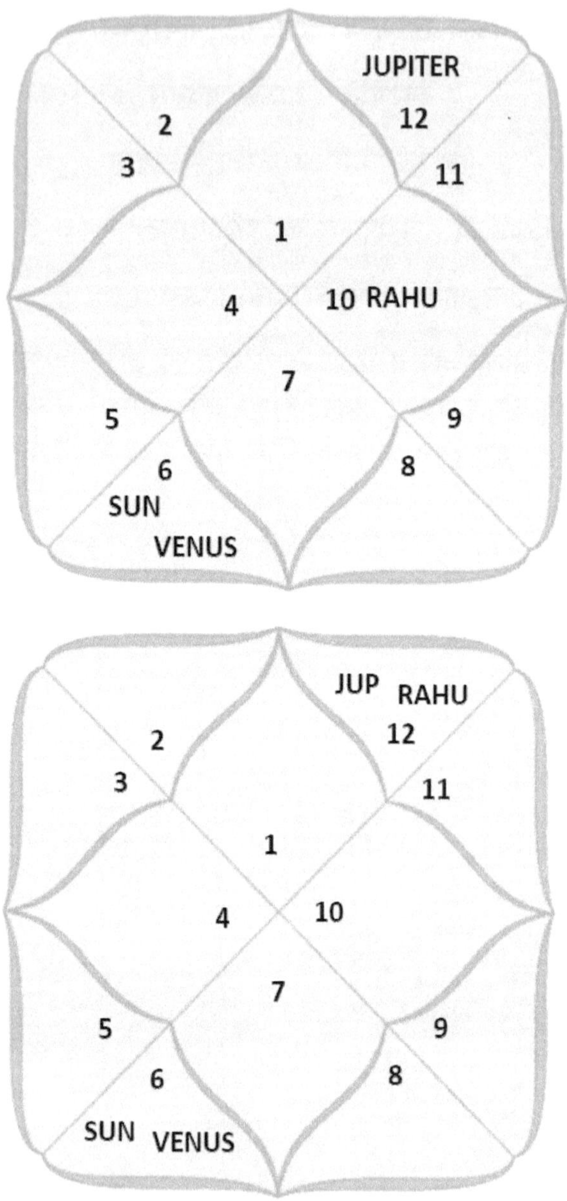
JUPITER
12
11
2
3
1
10 RAHU
4
7
5
9
6
8
SUN
VENUS
JUP RAHU
12
11
2
3
1
10
4
7
5
9
6
8
SUN VENUS

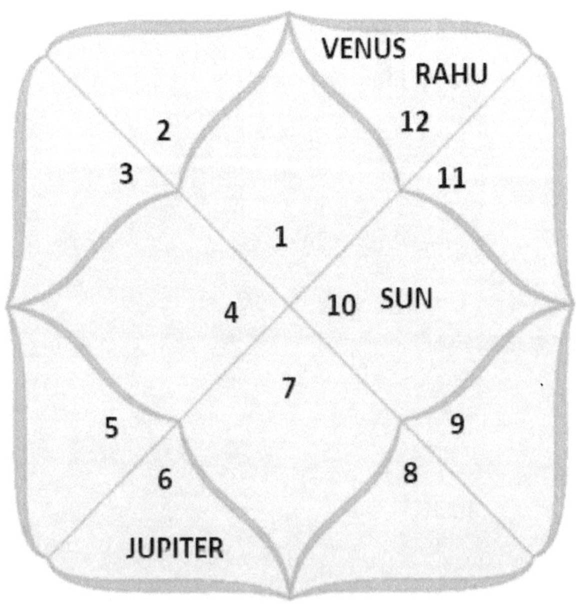
VENUS
RAHU
2
12
3
11
1
4
10
SUN
7
5
9
6
8
JUPITER

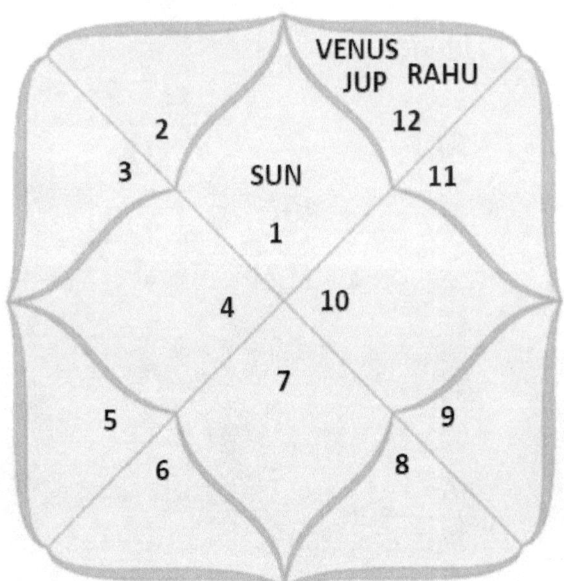
VENUS
JUP RAHU
2
12
3
SUN
11
1
4
10
7
5
9
6
8

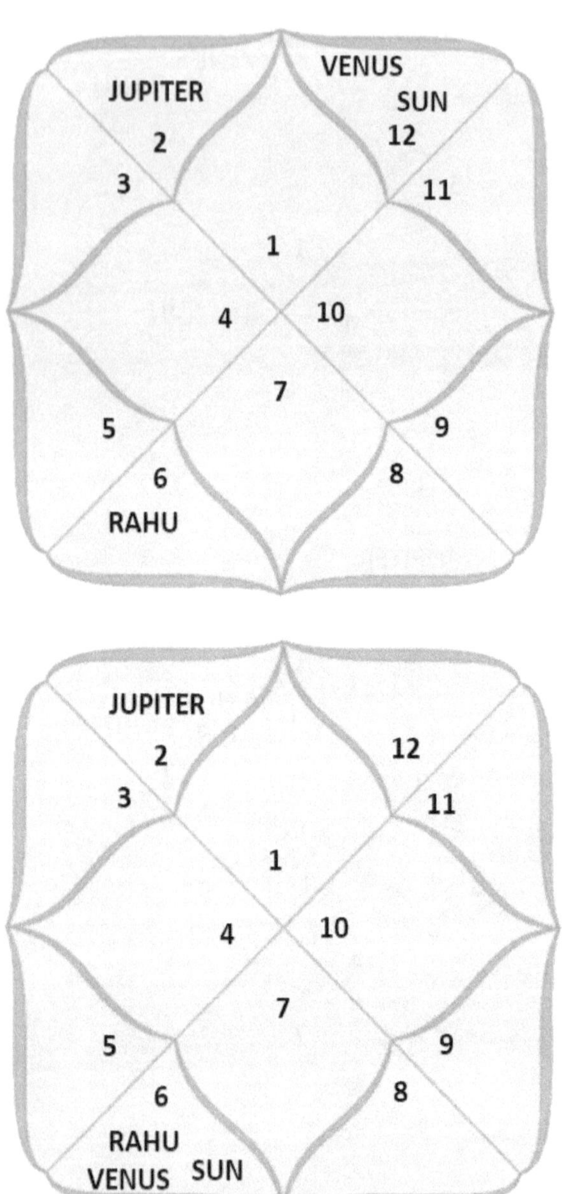
JUPITER
VENUS
SUN
2
12
3
11
1
4
10
7
5
9
6
8
RAHU
JUPITER
2
12
3
11
1
4
10
7
5
9
6
8
RAHU
VENUS
SUN

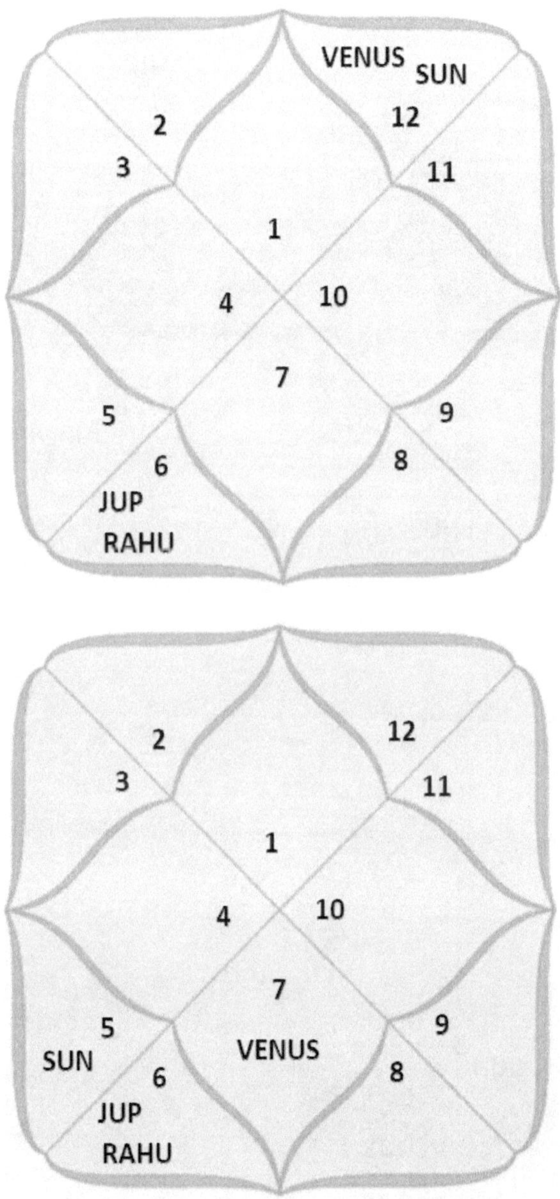
VENUS SUN
12
11
2
3
1
4 10
7
5 9
6 8
JUP
RAHU
12
11
2
3
1
4 10
7
5 9
SUN
VENUS
6 8
JUP
RAHU

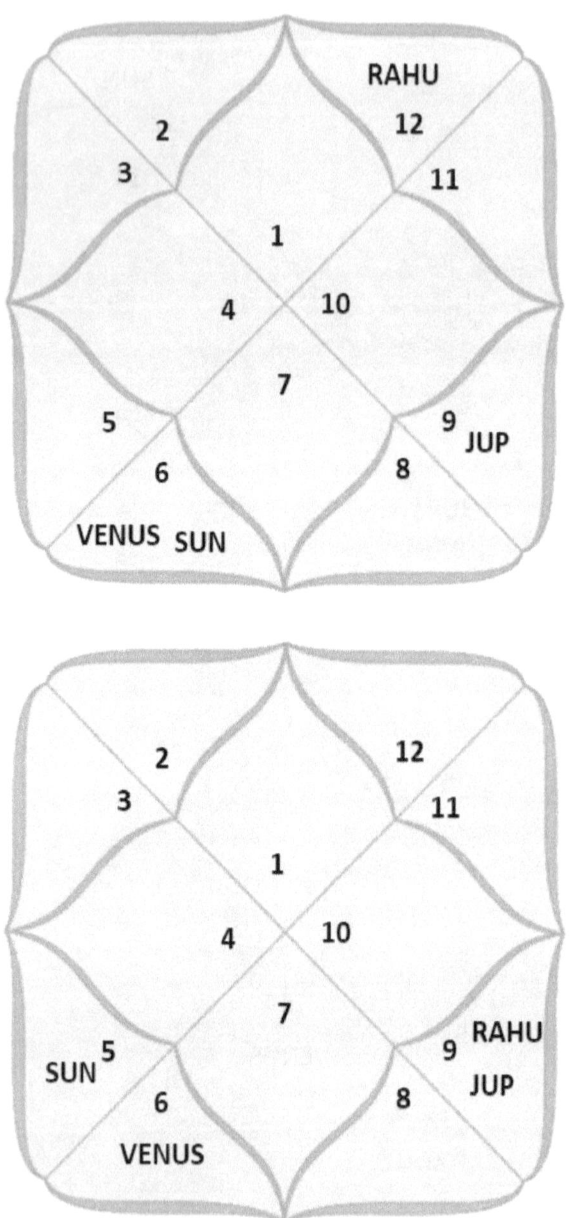
RAHU
2
12
3
11
1
4
10
7
5
9
JUP
6
8
VENUS SUN
2
12
3
11
1
4
10
7
SUN
5
9
RAHU
JUP
6
8
VENUS

अध्याय - अठारह

ऋषि मुनि का श्राप

नारद मुनि और कुबेर के पुत्रों की कहानी

द्वापर युग में कुबेर के समान प्रतापी कोई नहीं था। उनके दो पुत्र (नलकुबर और मणिग्रीव) हुए। कुबेर के ये दोनों पुत्र अपने पिता के धन के सुख में अहंकारी हो गए।

लोगों को चिढ़ाना, उन पर व्यंग्य करना और गरीबों का मजाक उड़ाना उनकी प्रवृत्ति बन गई थी। एक दिन दोनों भाई नदी में स्नान कर रहे थे। तभी उन्होंने नारद मुनि को देखा। उनके मुख से 'नारायण-नारायण' की वाणी सुनकर सभी यक्ष बालक आकर नारद जी को प्रणाम करते हैं, लेकिन नलकुबर और मणिग्रीव अपने पिता के धन के कारण अहंकार में थे इसलिए उन्होंने नारद मुनि का सम्मान नहीं किया और बदले में नारद को प्रणाम कर उपहास किया।

उन दोनों का व्यवहार नारद के लिए बहुत कठोर था। क्रोध में भरकर नारद मुनि ने दोनों को श्राप दिया, ''पृथ्वी लोक में जाओ और वृक्ष (जड़ जाने का श्राप) बन जाओ. श्राप सुनकर दोनों घबराकर मुनि से क्षमा याचना करने लगते हैं। तब उन्हें दया आई और उन्होंने दोनों को मोक्ष का मार्ग सुझाया।

नारद ने कहा, 'अभी तो कुछ नहीं हो सकता, लेकिन जब भगवान विष्णु द्वापर युग में कृष्ण के रूप में पृथ्वी लोक पर अवतरित होंगे और दोनों वृक्षों का स्पर्श करेंगे, तब उनकी मुक्ति होगी।'

और तुरंत ही इस श्राप के कारण दोनों गोकुल में नंद बाबा के द्वार पर वृक्ष के रूप में खड़े हो गए।

सभी जानते हैं कि श्रीकृष्ण का उद्देश्य लोगों को कंस के अत्याचारों से बचाना था। कृष्ण, ग्वालों के घरों से माखन चुराकर अपने मित्रों में माखन बांटते थे।

नंद की पत्नी यशोदा ने कृष्ण की बहुत स्नेह से देखभाल की, लेकिन कृष्ण को अपनी लीला स्वयं रचनी पड़ी। एक प्रात: काल यशोदा माता दही मथ रही थीं और नन्द बाबा गौशाला में गाय दुह रहे थे; कृष्ण ने दूध पीने की जिद की, लेकिन यशोदा अपने काम में व्यस्त थीं, इसलिए कृष्ण ने माखन का मटका फोड़ दिया।

यशोदा को गुस्सा आ गया। उसने कृष्ण को रस्सी से बांध दिया और रस्सी के दूसरे सिरे को ओखली (ओक) से बांध दिया। कृष्ण नलकुबर और मणिग्रीव के श्राप (नारद द्वारा दिए गए) के बारे में जानते थे, जिन्हें उनकी अशिष्टता के लिए लंबे समय से दंडित किया गया था।

अब उन्हें मुक्त होना था। ऐसा सोचकर कृष्ण ओखली को आगे बढ़ाते हुए पेड़ों के पास पहुंचे और उन्हें ओखली से पेड़ो को गिरा दिया। दोनों वृक्ष गिर गए और दोनों उन वृक्षों में से प्रकट हुए और हाथ जोड़कर कृष्ण के सामने खड़े हो गए। इस प्रकार नलकुबर और मणिग्रीव को नारद के श्राप से मुक्ति मिली।

लाल किताब पेंडिंग कर्म के माध्यम से इन योगों को कैसे देखें

आइए देखते हैं कुछ ग्रहों की युति:

राहु प्रतिनिधित्व करता है - नलकुबर और मणिग्रीव

बुध प्रतिनिधित्व करता है - बुद्धि

राहु और बुध की युति दर्शाती है - जड़ता

यदि उपरोक्त ग्रह, दृष्टि, युति और त्रिकोण के माध्यम से संबंध बनाते हैं तो हम इस श्राप को देख सकते हैं।

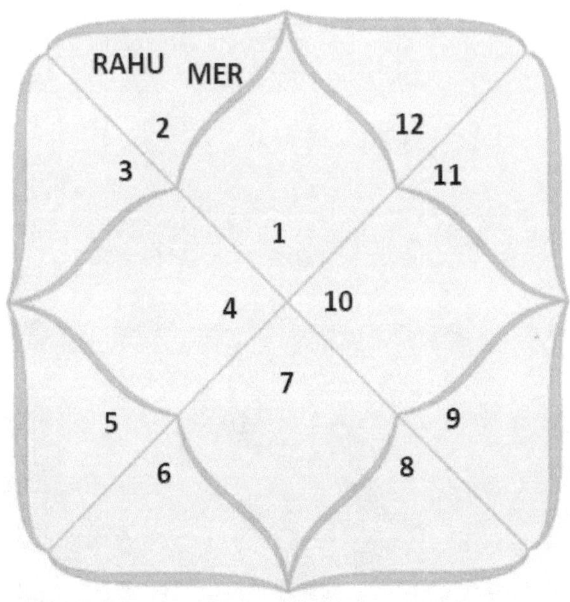

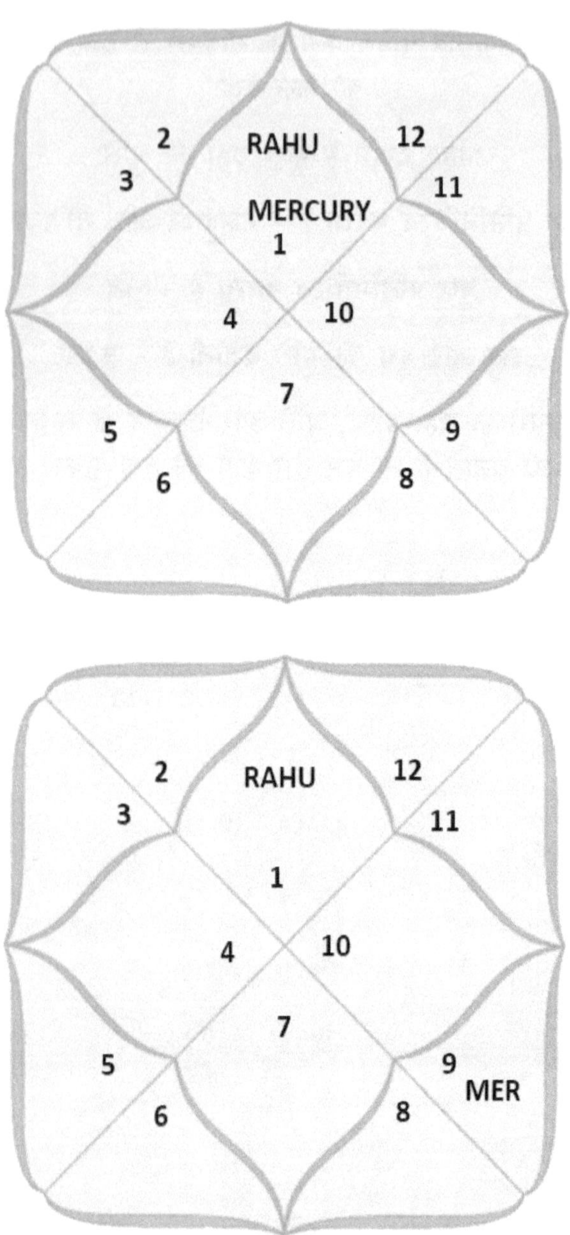
2
RAHU
12
3
11
MERCURY
1
4
10
7
5
9
6
8

2
RAHU
12
3
11
1
4
10
7
5
9
MER
6
8

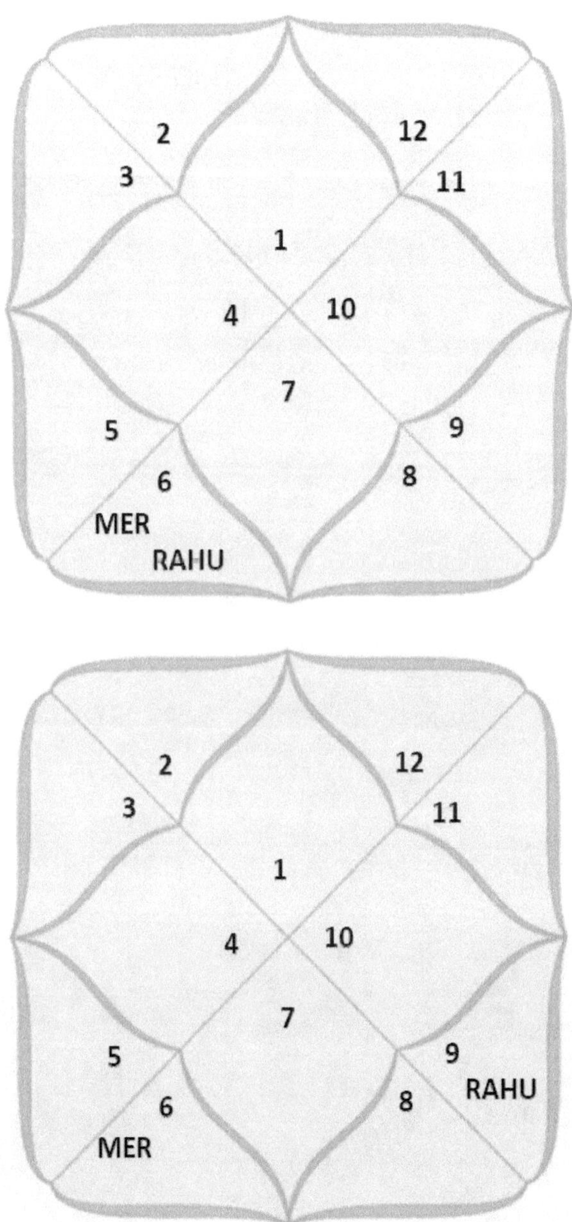
2
12
3
11
1
4
10
7
5
9
6
8
MER
RAHU

2
12
3
11
1
4
10
7
5
9
8
RAHU
6
MER

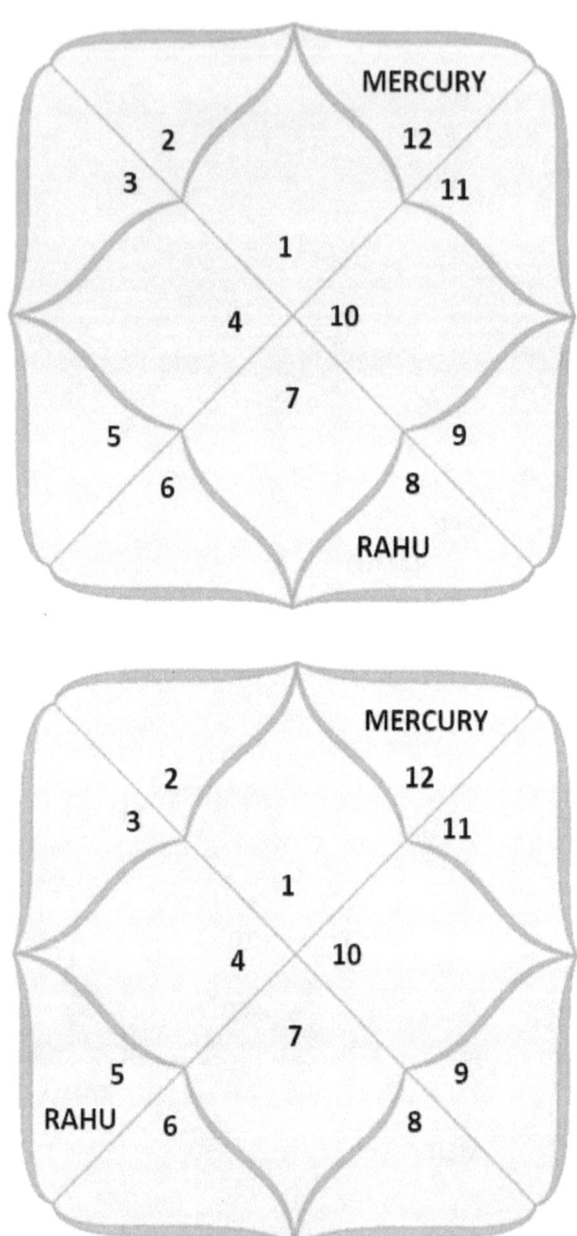

MERCURY
2
3
12
11
1
4
10
7
5
9
6
8
RAHU
MERCURY
2
3
12
11
1
4
10
7
5
9
RAHU
6
8

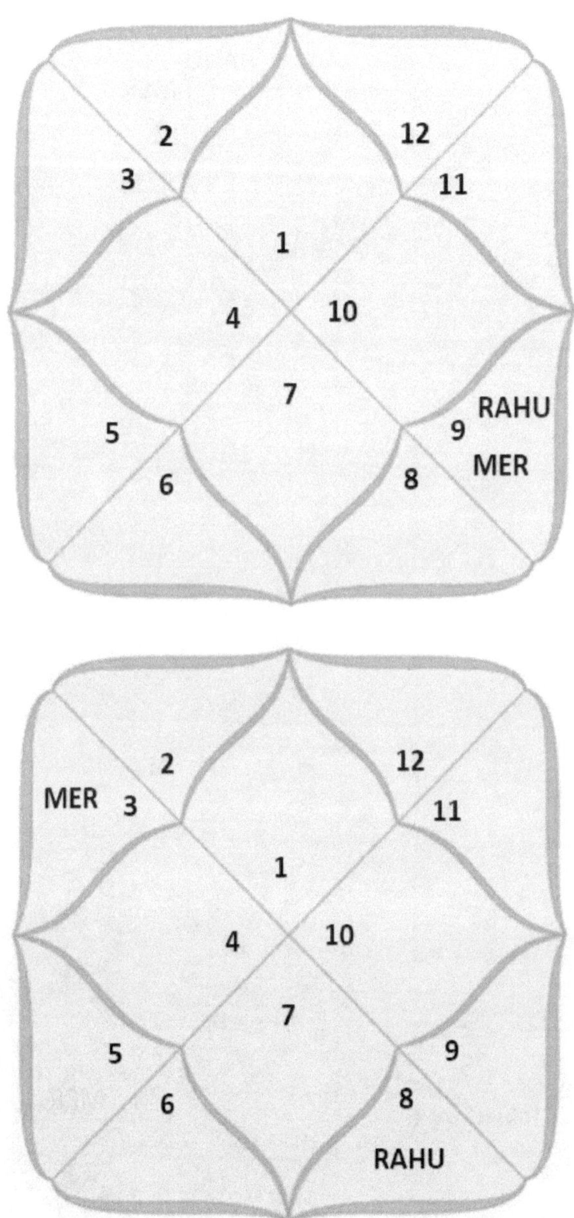
2
12
3
11
1
4
10
7
5
RAHU
MER
9
6
8
MER
3
2
12
11
1
4
10
7
5
9
6
8
RAHU

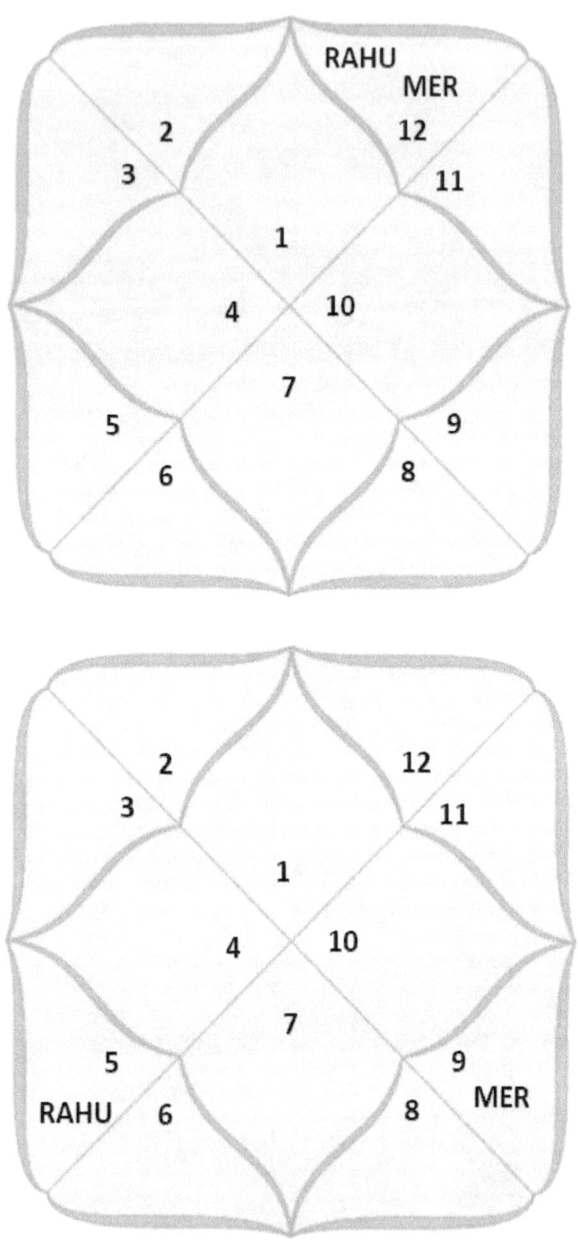

RAHU
MER
2
12
3
11
1
4
10
7
5
9
6
8

2
12
3
11
1
4
10
7
5
9
RAHU
6
8
MER

भगवान कृष्ण की पूजा करके प्रायश्चित करें

बृहस्पति प्रतिनिधित्व करता है - भगवान कृष्ण का आशीर्वाद

चंद्रमा प्रतिनिधित्व करता है - दूध

यदि जातक की कुण्डली में निम्न योग भी है तो वे गोकुल/ मथुरा/वृंदावन में भगवान कृष्ण के मंदिर जा सकते हैं।

जातक प्रतिदिन वट (बरगद) के पेड़ को दूध चढ़ा सकता है और विष्णु शास्त्रनाम स्तोत्र का पाठ कर सकता है।

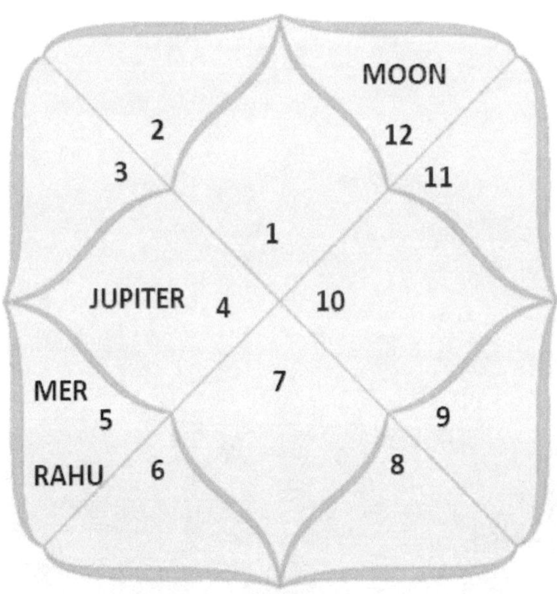

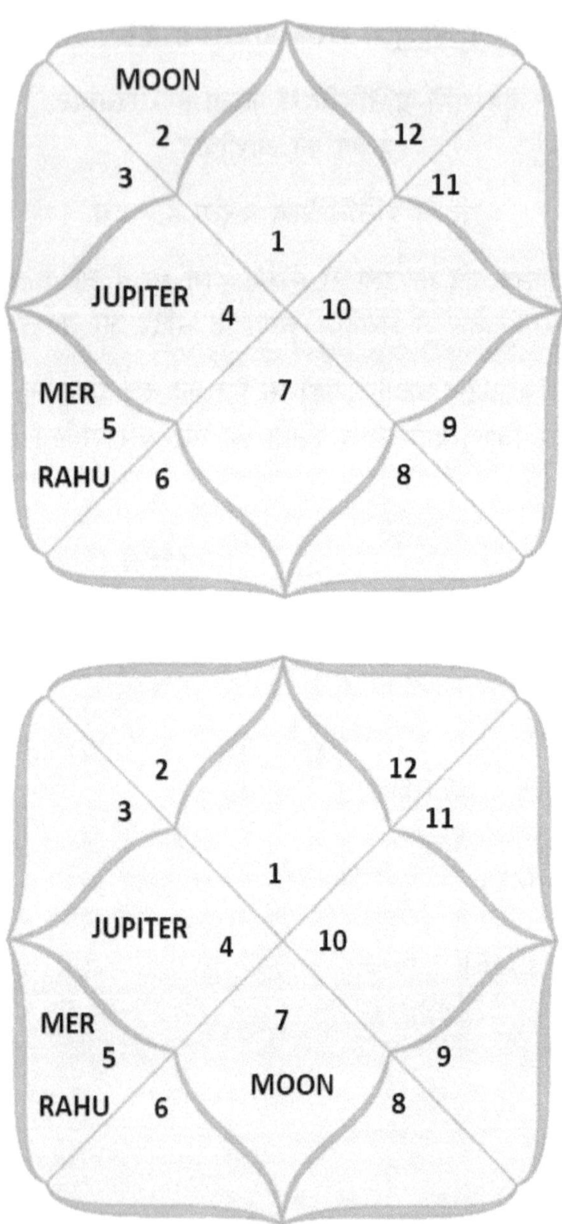
MOON
2
12
3
11
1
JUPITER
4
10
MER
7
5
9
RAHU
6
8
2
12
3
11
1
JUPITER
4
10
MER
7
5
9
RAHU
6
MOON
8

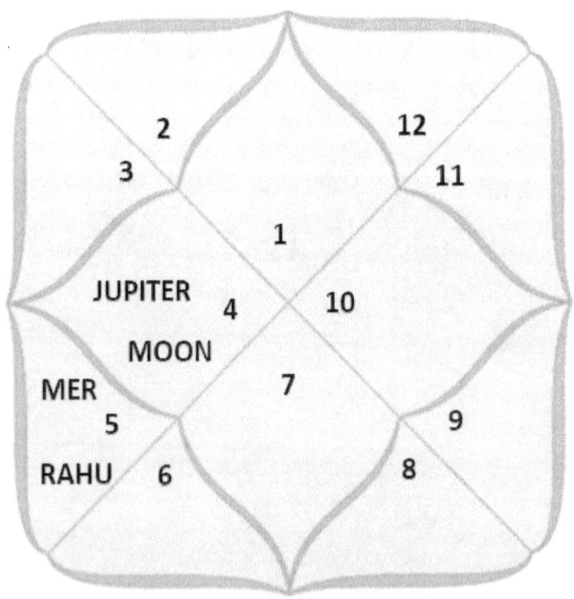

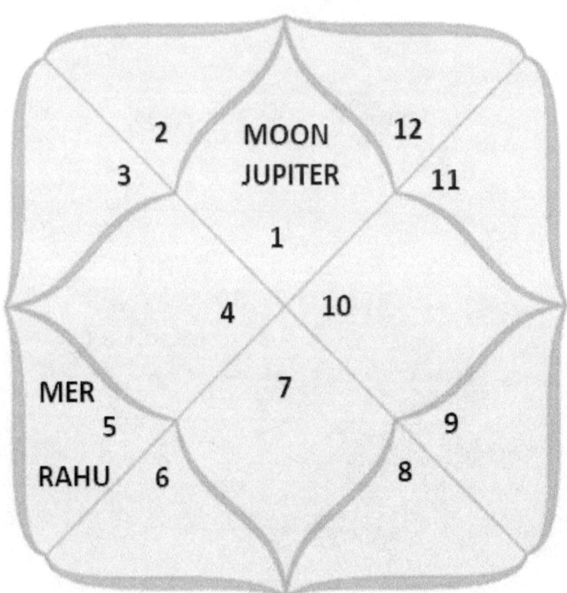

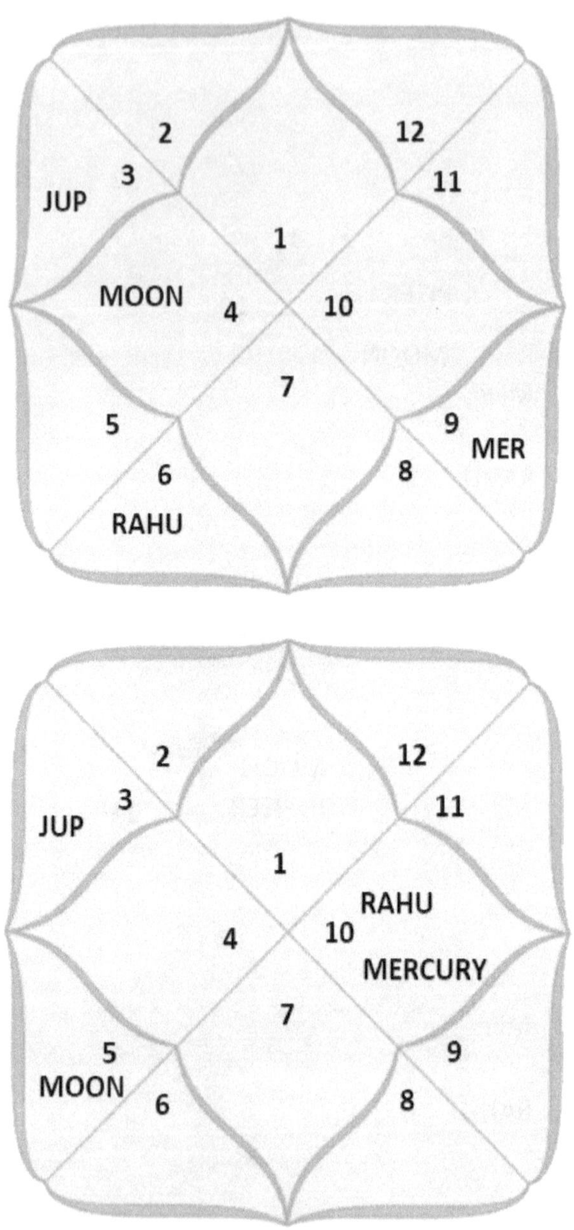
2
12
3
11
JUP
1
MOON
4
10
7
5
9
MER
6
8
RAHU
2
12
3
11
JUP
1
RAHU
4
10
MERCURY
7
5
9
MOON
6
8

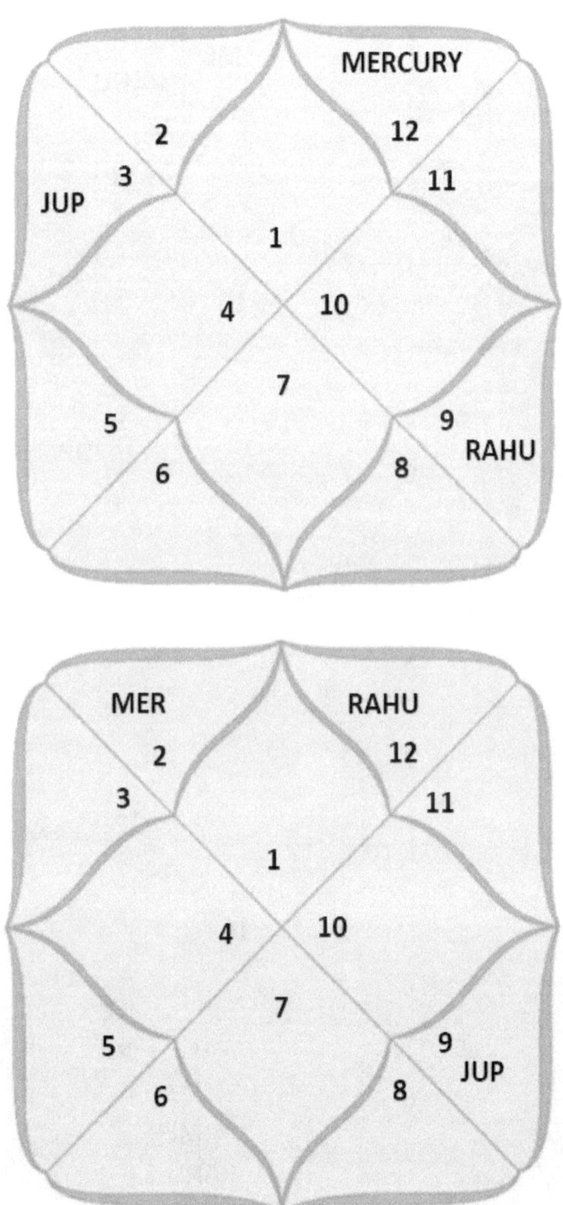
MERCURY
2
12
JUP
3
11
1
4
10
7
5
9
6
8
RAHU

MER
RAHU
2
12
3
11
1
4
10
7
5
9
JUP
6
8

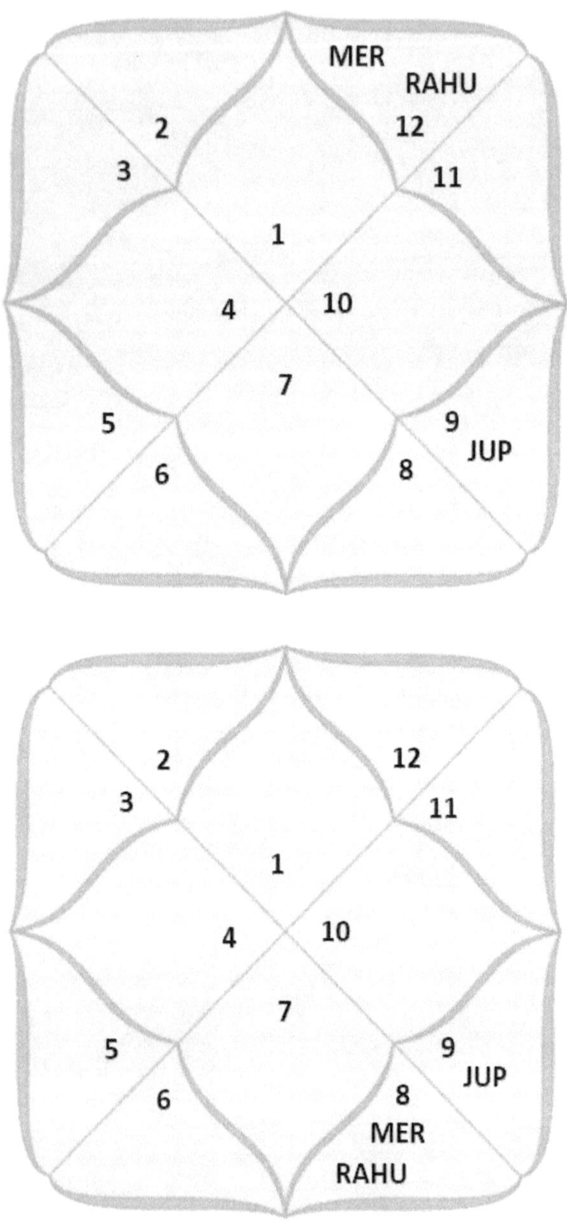
MER
RAHU
2
3
12
11
1
4
10
7
5
9
JUP
6
8
2
3
12
11
1
4
10
7
5
9
JUP
6
8
MER
RAHU

अध्याय - उन्नीस

गुरु चांडाल दोष

मधु/कैटभ और भगवान विष्णु की कहानी

सतयुग में दो भयानक राक्षस थे, जिनके नाम थे मधु और कैटभ (रामायण में कुंभकर्ण और अतिकायी का रूप)।

वे बहुत शक्तिशाली थे और तीनों लोकों पर विजय प्राप्त कर चुके थे। दोनों ने अपने पराक्रम से देवराज इन्द्र को भी परास्त कर स्वर्ग पर आधिपत्य स्थापित कर लिया था। बाद में, वे भगवान विष्णु के निवास वैकुंठ पर चढ़ गए।

उनके वैकुंठ धाम में आने से देवी लक्ष्मी भयभीत और क्रोधित हो गईं, लेकिन भगवान विष्णु शांत रहे। अपने अहंकार में मधु और कैटभ वैकुंठ धाम पहुंचे और भगवान विष्णु को युद्ध के लिए ललकारा। भगवान विष्णु अपने शेषनाग से उतरे और जल पर उनसे भीषण युद्ध किया।

अंत में, भगवान विष्णु ने अपने सुदर्शन चक्र का प्रयोग उन दोनों को मारने के लिए किया, लेकिन वे दोनों को मारने में असमर्थ रहे। यह देखकर तीनों लोकों में भय व्याप्त हो गया, लेकिन भगवान विष्णु ने अपना धैर्य नहीं खोया।

मधु और कैटभ लगातार भगवान विष्णु का उपहास कर रहे थे। इसी अहंकार और मूर्खता में उन्होंने भगवान विष्णु से

वरदान मांगने को कहा। वे नहीं जानते थे कि वे नारायण से वर माँगने के लिए कह रहे हैं, जो स्वयं सबको वरदान देते हैं।

जब मधु और कैटभ ने अपने अहंकार में, भगवान विष्णु से वरदान मांगने के लिए कहा, तो भगवान विष्णु ने चतुराई से उनकी मृत्यु का मार्ग खोजा।

उन्होंने भगवान विष्णु को अपनी मृत्यु का मार्ग बताया और कहा कि उनकी मृत्यु उनकी जंघाओं पर ही हो सकती है।

यह सुनते ही भगवान विष्णु ने माया से अपने शरीर को इतना विशाल बना दिया कि वह तीनों लोकों में फैल गया। उन्होंने मधु और कैटभ को अपनी दोनों जाँघों के बीच फँसा लिया और अपनी गदा से उन्हें मार डाला।

इस प्रकार इन दैत्यों का वध करके पुनः तीनों लोकों में धर्म की स्थापना की जा सकी।

त्रेता युग में, इन दो राक्षसों का जन्म लंका (मधु और कैटभ पुनर्जन्म) में हुआ था, जिसमें से मधु रावण के छोटे भाई कुंभकरण और कैटभ रावण के पुत्र अतिकाय बने। उनमें से एक का वध स्वयं भगवान विष्णु के अवतार श्री राम ने किया था और दूसरे का लक्ष्मण ने।

लाल किताब पेंडिंग कर्म के माध्यम से इन योगों को कैसे देखें

आइए देखते हैं कुछ संयोजन:

जल राशि प्रतिनिधित्व करता है - मोक्ष

बृहस्पति प्रतिनिधित्व करता है - गुरु, भगवान विष्णु

राहु प्रतिनिधित्व करता है - मधु और कैटभ

यदि राहु और बृहस्पति एक साथ मोक्ष भाव में युति करते हैं तो बृहस्पति पीड़ित हो जाता है क्योंकि राहु, बृहस्पति पर हावी हो जाता है और बृहस्पति अपना पूर्ण फल देने में सक्षम नहीं होता है। इसलिए जब तक राहु, गुरु को समर्पण नहीं करता, तब तक यह गुरु चांडाल दोष के रूप में प्रकट होगा।

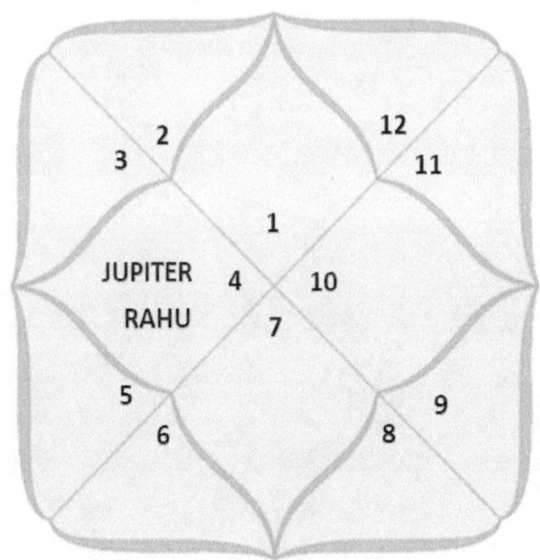

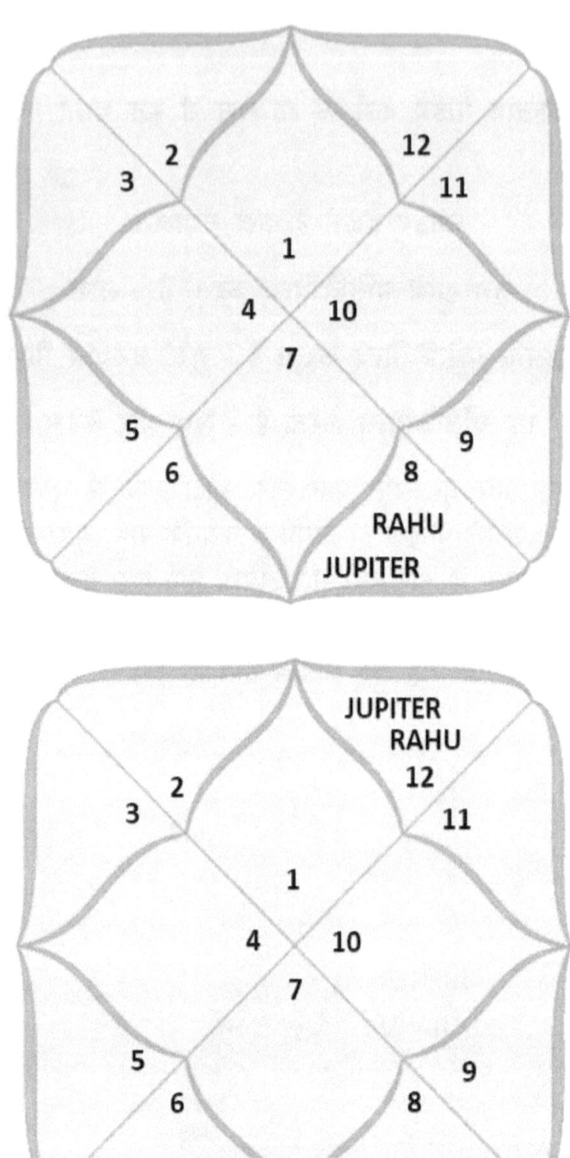
2
3
12
11
1
4
10
7
5
9
6
8
RAHU
JUPITER
JUPITER
RAHU
2
3
12
11
1
4
10
7
5
9
6
8

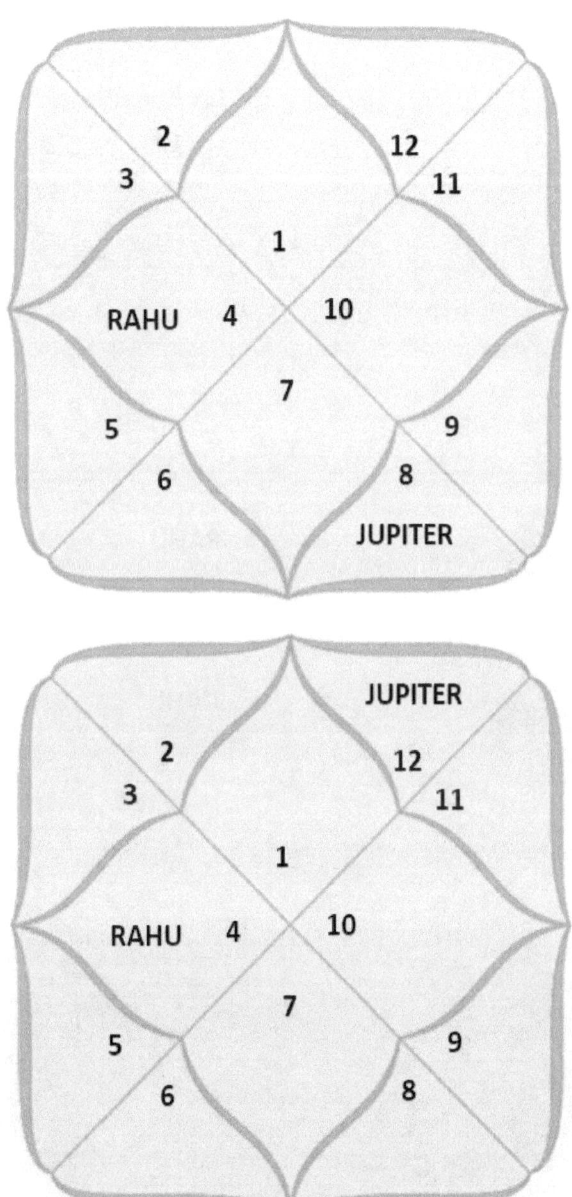

2
12
3
11
1
RAHU
4
10
7
5
9
6
8
JUPITER
JUPITER
2
12
3
11
1
RAHU
4
10
7
5
9
6
8

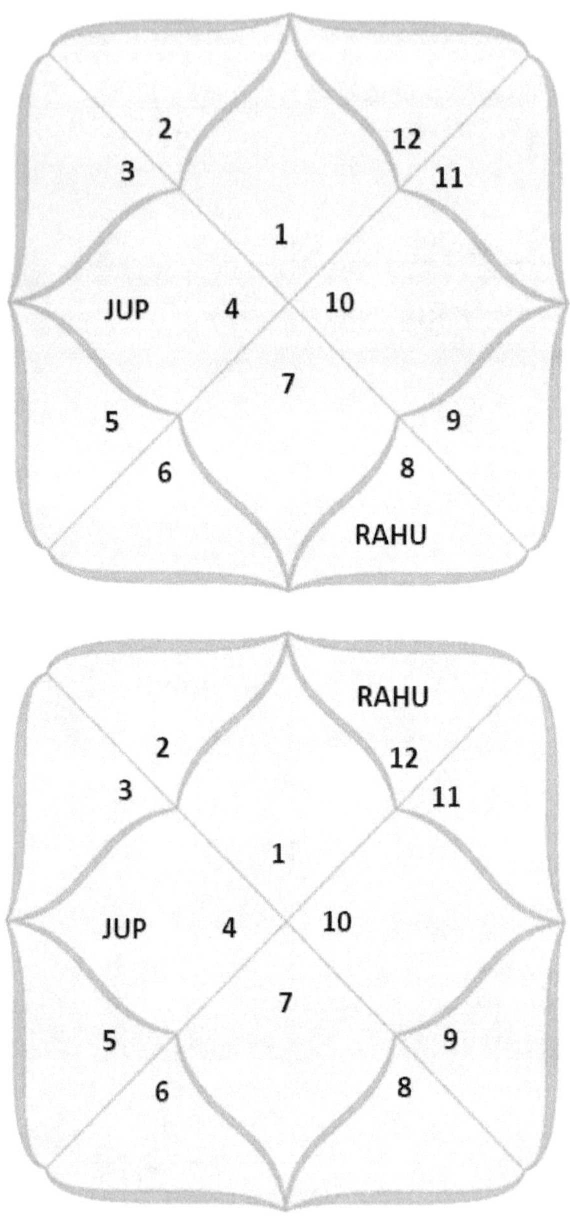
2
12
3
11
1
JUP
4
10
7
5
9
6
8
RAHU
RAHU
2
12
3
11
1
JUP
4
10
7
5
9
6
8

अध्याय - बीस

जुआ के माध्यम से अभिशाप

शकुनी और उसके पासे

शकुनि, गांधार साम्राज्य के राजा थे, जिन्होंने अपना अधिकांश जीवन अपनी बहन की ससुराल में बिताया। शकुनि की बहन गांधारी का विवाह धृतराष्ट्र से हुआ था। शकुनि हस्तिनापुर के राजा धृतराष्ट्र के बहनोई और कौरवों के मामा थे।

गांधार देश के राजा सुबल के 100 पुत्र और एक पुत्री थी। सबसे छोटे पुत्र का नाम शकुनि और पुत्री का नाम गांधारी था।

ज्योतिषियों के अनुसार गांधारी की जन्म कुंडली में पहले पति की मृत्यु के योग थे। और उनके सुझाव के अनुसार, गांधारी को एक बकरे से शादी करनी चाहिए, और बाद में बकरे को मार देना चाहिए।

जब गांधारी के विवाह के लिए धृतराष्ट्र का विवाह प्रस्ताव आया तो शकुनि को यह बिल्कुल पसंद नहीं आया। शकुनि का मत था कि धृतराष्ट्र अंधे हैं और उनके भाई पांडु उनके राज्य की देखभाल करते हैं।

शकुनि कभी नहीं चाहता था कि उसकी बहन गांधारी अंधे धृतराष्ट्र से शादी करे। हालाँकि, अंत में गांधारी का विवाह धृतराष्ट्र से हुआ और वह हस्तिनापुर आ गई।

धृतराष्ट्र को गांधारी के पहले विवाह (बकरे से) के बारे में पता चला। वह बहुत क्रोधित था कि यह बात उससे छिपी हुई थी कि गांधारी एक तरह से विधवा थी। इस छल से क्रोधित होकर उसने गांधारी के पिता सहित शकुनि के 100 भाइयों को पकड़कर जेल में डाल दिया।

धृतराष्ट्र ने गांधारी के परिवार को भूखा रखकर मारने की सोची। इसलिए वह बंदी गांधारी के परिवार को प्रतिदिन एक मुट्ठी अनाज ही देता था।

लेकिन शकुनि के पिता और उनके भाइयों ने तय किया कि एक मुट्ठी अनाज से शकुनि की जान बच जाएगी तो क्यों न शकुनि को ही खिला दिया जाए। कम से कम एक जान तो बच जाएगी।

शकुनि के पिता ने उससे कहा, उसकी हड्डियों से उसके मरने के बाद पासे बनाओ ये पासे सदा उसकी आज्ञा का पालन करेंगे, और कोई भी उसे जुए में हरा न सकेगा।

लाल किताब पेंडिंग कर्म के माध्यम से इन योगों को कैसे देखें

आइए देखते हैं कुछ संयोजन:

पंचम भाव दर्शाता है - जुआ

राहु प्रतिनिधित्व करता है - पासे रिवेंज, जुआ

पीड़ित बृहस्पति और सूर्य पांडवों का प्रतिनिधित्व करते हैं जो जुए में सब कुछ हार गए

चूँकि पहला घर मंगल की जमीन है, जो स्व या जातक का प्रतिनिधित्व करता है इसलिए हमें मंगल की स्थिति की भी जाँच करने की आवश्यकता है क्योंकि मंगल का पीड़ित होना अधिक समस्या देगा।

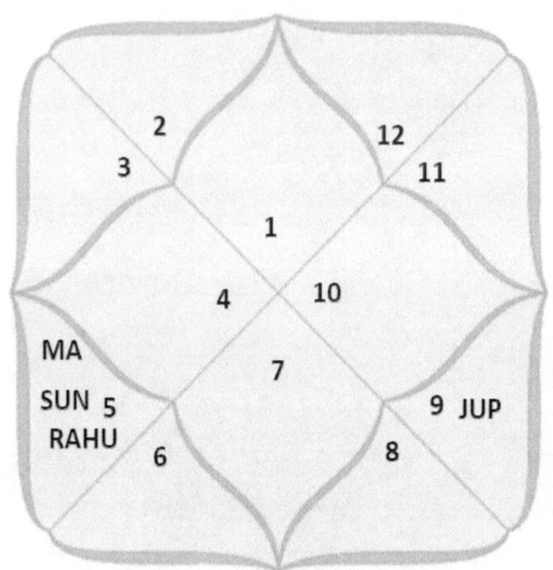

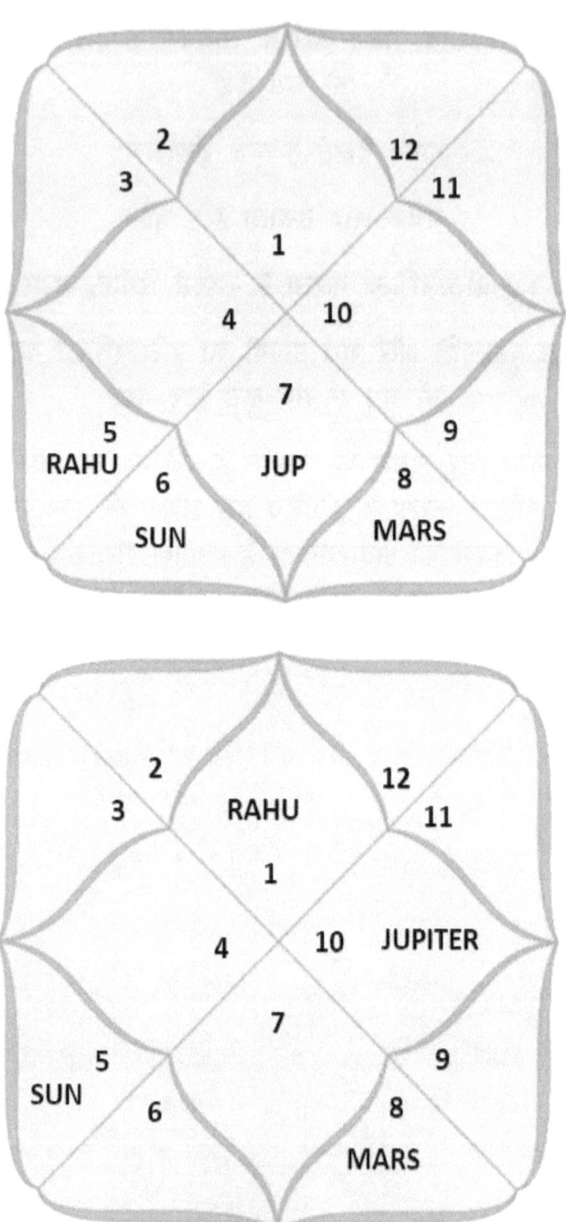
2
3
12
11
1
4
10
7
5
RAHU
6
9
JUP
8
SUN
MARS
2
3
12
11
RAHU
1
4
10
JUPITER
7
5
9
SUN
6
8
MARS

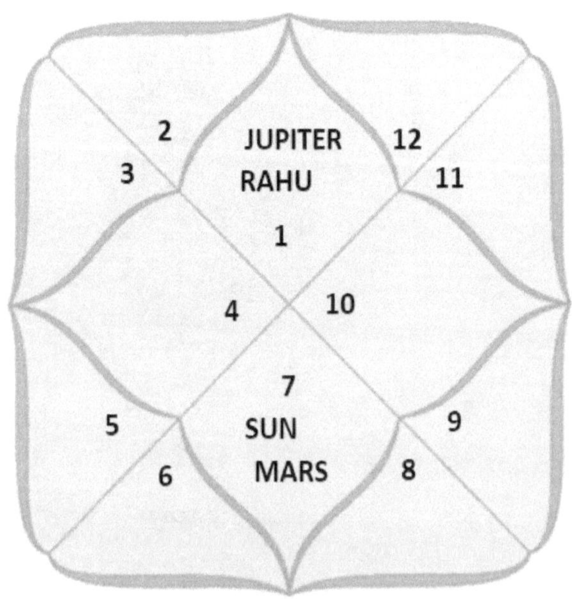
2
JUPITER
RAHU
12
3
11
1
4
10
7
SUN
5
9
MARS
6
8

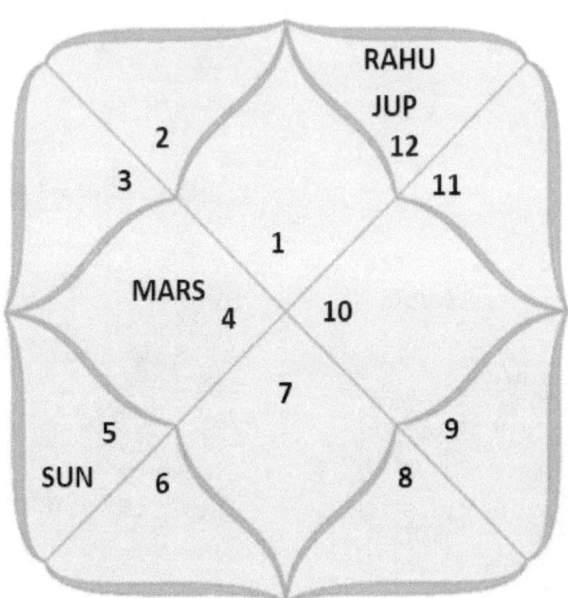
RAHU
JUP
2
12
3
11
1
MARS
4
10
7
5
9
SUN
6
8

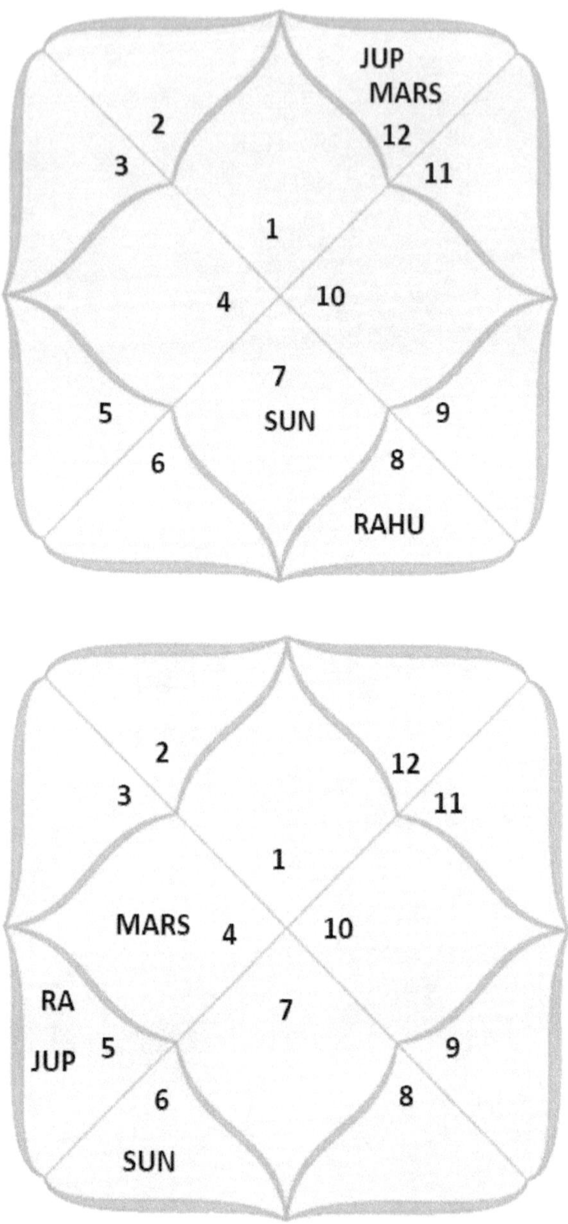
JUP
MARS
12
2
3
11
1
4
10
7
SUN
5
9
6
8
RAHU
2
12
3
11
1
MARS
4
10
RA
JUP
7
5
9
6
8
SUN

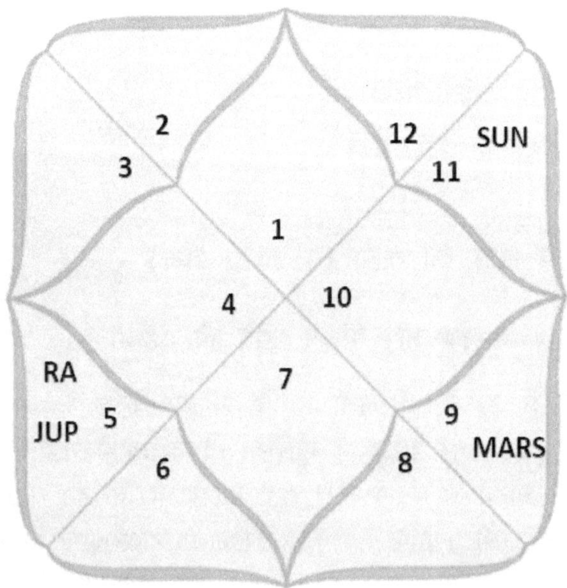

2
3
12
SUN
11
1
4
10
RA
7
JUP
5
9
6
8
MARS

अध्याय - इक्कीस

सतीत्व भंग का श्राप (पवित्रता भंग)

इंद्र और गौतम ऋषि की कहानी

पुराणों में उल्लेख मिलता है कि गौतम ऋषि के श्राप के कारण इंद्र के पूरे शरीर में योनियां विकसित हो गई थीं, जो बाद में आंखों में बदल गईं। यही कारण है कि इंद्र की पूजा नहीं की जाती क्योंकि वह कामवासन से मुक्त नहीं हो सके।

एक बार इंद्र ने अहिल्या (महान ऋषि गौतम की पत्नी) के साथ धोखे से संबंध बनाए। जब ऋषि को इसका पता चला, तो उन्होंने इंद्र को श्राप दिया, जिससे उनके शरीर पर हजारों योनियाँ आ गईं; बाद में, ये योनियाँ आँखों में बदल गईं।

ब्रह्मवैवर्त और पद्म पुराण के अनुसार एक बार इंद्र, भ्रमण पर निकले। आकाश से उन्हें वन में एक साधु की कुटिया दिखाई दी। उस कुटिया में उन्होंने एक अत्यंत रूपवती स्त्री को देखा और उस अहिल्या नाम की स्त्री को देखकर मोहित हो गए। यह कुटिया महान तपस्वी गौतम ऋषि की थी।

इंद्र, गौतम ऋषि के वेश में, कुटिया में दाखिल हुए। अहिल्या को लगा कि उसका पति आ गया है। इंद्र ने भेष बदल कर उससे प्रेमपूर्वक बात की और उसके साथ धोके से संबंध

बनाए। जब ऋषि अपनी कुटिया में लौटे तो उन्होंने देखा कि इंद्र, उनकी पत्नी के साथ भेष बदलकर सो रहे हैं।

यह देखकर गौतम ऋषि आगबबूला हो गए। उन्होंने अहिल्या को पत्थर बन जाने का श्राप दे दिया। साथ ही इंद्र को भी यह श्राप मिला था कि उनके शरीर पर एक हजार योनियां विकसित होंगी। इंद्र को अपनी गलती का एहसास हुआ और उन्होंने गौतम ऋषि से माफी मांगी।

ऋषि ने इंद्र को क्षमा कर दिया लेकिन कहा कि वह केवल श्राप को बदल सकते हैं और कहा कि उनके शरीर पर उभरी ये योनी आंखों में बदल जाएंगी।

दूसरी ओर, अहिल्या ने गौतम ऋषि से यह भी कहा कि उन्हें इस बात का बिल्कुल भी आभास नहीं था कि उनके भेष में कोई और उनके साथ सोया था। यह उसकी गलती नहीं थी।

गौतम ऋषि ने अपनी पत्नी को क्षमा कर दिया और कहा कि समय आने पर भगवान विष्णु का अवतार भगवान राम के रूप में पृथ्वी लोक में आएंगे और जब वह उनके चरण स्पर्श करेंगे, तभी वह इस श्राप से मुक्त होंगी।

त्रेतायुग में श्री राम ने विष्णु के अवतार के रूप में धरती पर जन्म लिया। यह राम ही थे जिन्होंने बाद में अहिल्या को अपने पैरों से छुआ और उन्हें श्राप से मुक्त किया।

लाल किताब पेंडिंग कर्म के माध्यम से इन योगों को कैसे देखें

आइए देखते हैं कुछ संयोजन:

बृहस्पति प्रतिनिधित्व करता है - गौतम ऋषि

पीड़ित बृहस्पति - गुरु का श्राप

पीड़ित मंगल - प्रबल नकारात्मक इच्छा

शुक्र प्रतिनिधित्व करता है - वासना / काम वासना

पीड़ित सूर्य प्रतिनिधित्व करता है - इंद्र

यदि मंगल पीड़ित हो (राहु/केतु और शनि के कारण) और यह शुक्र से संबंधित है, और वो भी पीड़ित है तो यह जातक में तीव्र काम वासना को जन्म देता है।

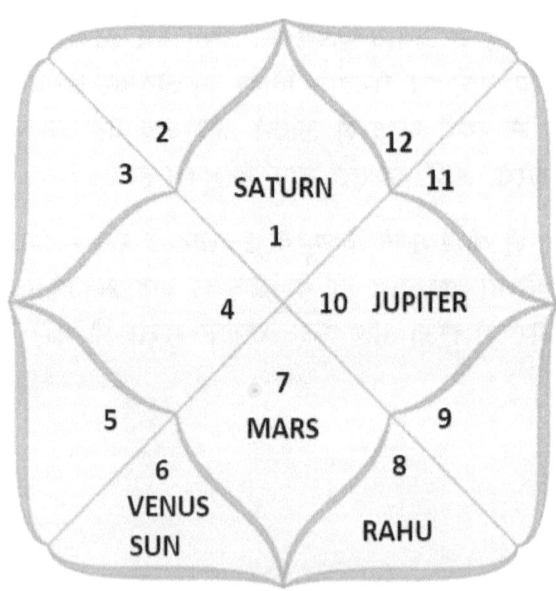

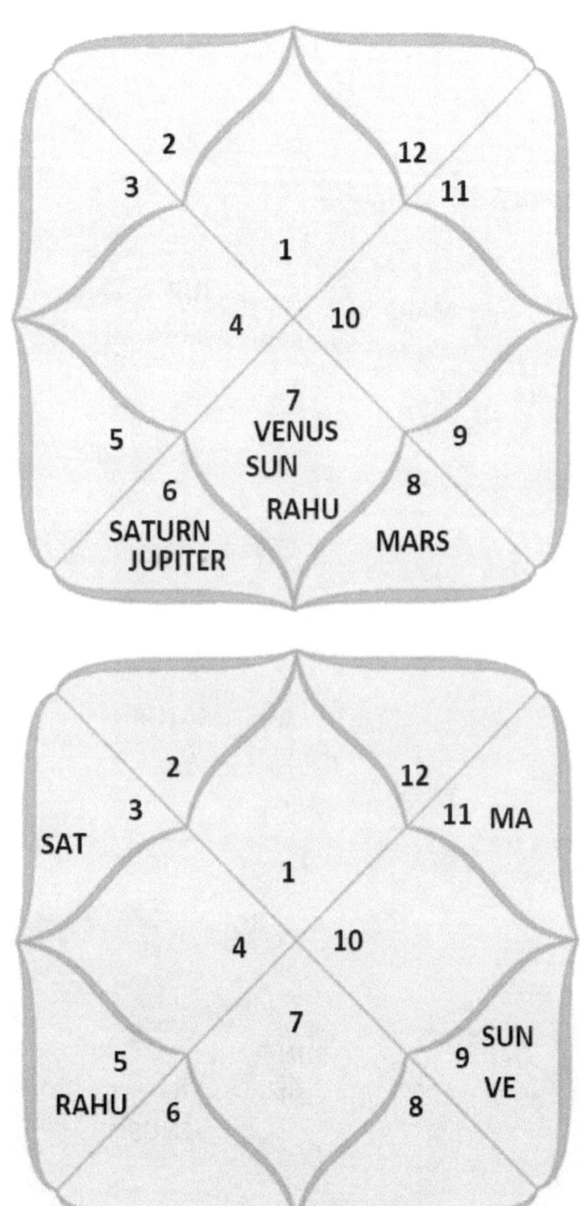
2
12
3
11
1
4
10
7
VENUS
SUN
5
9
6
8
RAHU
SATURN
MARS
JUPITER
2
12
3
11 MA
SAT
1
4
10
7
SUN
5
9
VE
RAHU
6
8

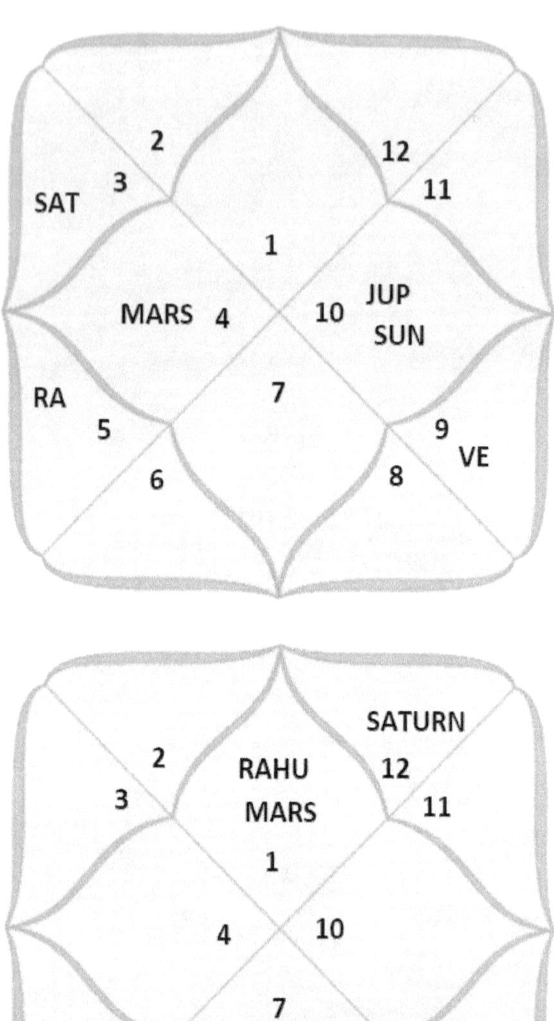
2
12
11
SAT
3
1
JUP
SUN
MARS
4
10
RA
7
5
9
VE
6
8
SATURN
2
RAHU
12
3
MARS
11
1
4
10
7
5
SUN
9
6
JUP
8
VENUS

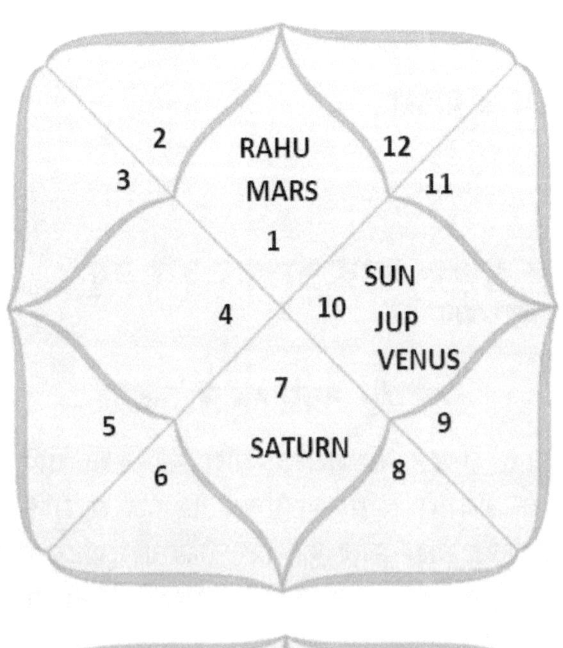

2
3
RAHU
MARS
12
11
1
SUN
10
JUP
4
VENUS
7
5
9
SATURN
6
8

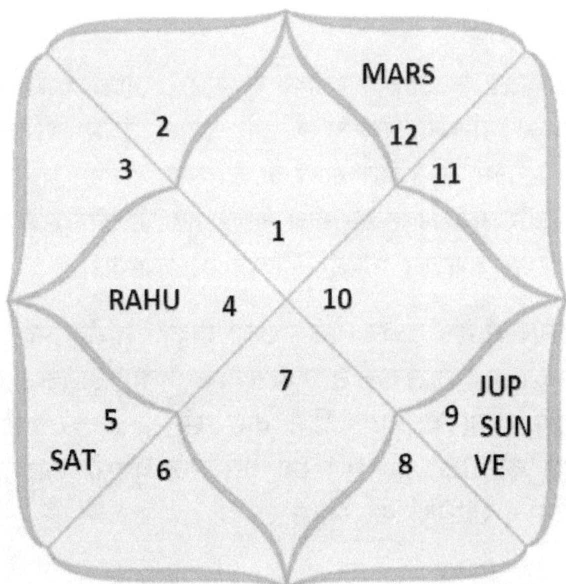

MARS
2
3
12
11
1
RAHU
4
10
7
JUP
5
9
SUN
SAT
6
8
VE

अध्याय - बाईस

गुरु का अनादर करने का श्राप और पशु बनने का श्राप

हाथी और मगरमच्छ की कहानी

श्रीमद्भागवत पुराण में गजेन्द्र मोक्ष की कथा वर्णित है। शास्त्रों के अनुसार किसी भी प्रकार के कर्ज से मुक्ति पाने के लिए गजेंद्र मोक्ष स्त्रोत्र का पाठ, रोजाना सूर्योदय से पहले करना चाहिए जिससे जातक को कुछ ही दिनों में असर दिखने लगेगा।

श्रीमद्भागवत के आठवें श्लोक के तीसरे अध्याय में गजेंद स्तोत्र का परिचय मिलता है और इसमें तैंतीस श्लोक हैं। गजेंद्र स्तोत्म में वर्णित कथा के अनुसार, गजेंद्र (हाथियों के राजा) और मगरमच्छ के बीच लड़ाई हुई थी और मगरमच्छ को मारकर भगवान विष्णु ने हाथी को बचाया।

क्षीरसागर में दस हजार योजन ऊँचा त्रिकुटा नामक पर्वत था। उस पर्वत के घने जंगल में एक गजेन्द्र (हाथी) अनेक हाथियों के साथ रहता था। एक दिन वह उसी पहाड़ पर बड़ी-बड़ी झाड़ियों को रौंदते हुए चल रहा था। तेज धूप के कारण उसे और उसके साथियों को प्यास लगी।

फिर वह और उसका समूह पास की झील से पानी पीकर अपनी प्यास बुझाने लगे। अपनी प्यास बुझाने के बाद उसने अपने सभी साथियों के साथ जल स्नान किया।

उसी समय एक मगरमच्छ ने उस गजेंद्र का पैर अपने मुंह में दबा लिया और पानी में अंदर खींचने लगा। गजेंद्र ने अपनी पूरी ताकत से खुद को छुड़ाने की कोशिश की लेकिन सफल नहीं हो सका।

जब गजेन्द्र ने अपने को मृत्यु के निकट पाया और कोई रास्ता नहीं बचा तो उसने प्रभु की शरण ली और प्रभु की स्तुति करने लगा।

हाथी ने बहते कमल के फूल को उठाया और भगवान श्री हरि को पुकारा। इसके बाद विष्णु प्रकट हुए और उनकी रक्षा की।

जब शुकदेव जी ने यह कथा राजा परीक्षित को सुनाई तो उन्होंने शुकदेव महाराज से पूछा ! यह गजेंद्र (हाथी) कौन था?

तब शुकदेव जी महाराज कहते हैं - हे परीक्षित, पूर्व जन्म में गजेन्द्र का नाम इन्द्रद्युम्न था। वह भगवान का एक महान सेवक था। वह अपने राजमहल को छोड़कर मलय पर्वत में तपस्वी के वेश में भगवान की पूजा करता था। एक दिन अगस्त्य मुनि अपने शिष्यों के साथ वहां से गुजरे और देखा कि राजा, पूजा कर रहे हैं। अगस्त्य मुनि ने देखा कि यह राजा एक तपस्वी की तरह रह रहा है लेकिन अपने अतिथि का सम्मान करना नहीं जानता था।

और क्रोध में आकर राजा को श्राप दे दिया कि हे राजन, तुम्हारी जड़-बुद्धि (मोटा सिर) हाथी के समान है, अत: तुम हाथी बन जाओ।

राजा ने इस श्राप को अपना भाग्य मान लिया। और अगले जन्म में हाथी बनता है।

गजेंद्र को पकड़ने वाला ग्रह (मगरमच्छ) पूर्व जन्म में 'हुहु' नामक एक महान गंधर्व था। एक बार देवल ऋषि, जलाशय में स्नान कर रहे थे। उसी कुंड में हूहू नाम का एक गंधर्व चुपचाप भीतर गया और ऋषि के पैर पकड़ लिए और मगर (मगरमच्छ) के रूप में चिल्लाने लगा।

इससे कुपित होकर देवल ऋषि ने हुहु को श्राप देते हुए कहा- हे! हुहु गंधर्व, तुम मेरा मजाक उड़ा रहे हो और मगरमच्छ होने का नाटक कर रहे हो। अरे दुष्ट! तुम मगरमच्छ बन जाओगे।

लाल किताब पेंडिंग कर्म के माध्यम से इन योगों को कैसे देखें

आइए देखते हैं कुछ संयोजन:

राहु और शनि संयोजन या तो युति के माध्यम से, लाल किताब दृष्टि और बुनियाद प्रतिनिधित्व करते हैं - हाथी और मगरमच्छ, जीवन की रस्सा कसी की तरह है

राहु प्रतिनिधित्व करता है - हाथी

शनि प्रतिनिधित्व करता है - मगरमच्छ

केतु प्रतिनिधित्व करता है - मोक्ष, अभिशाप

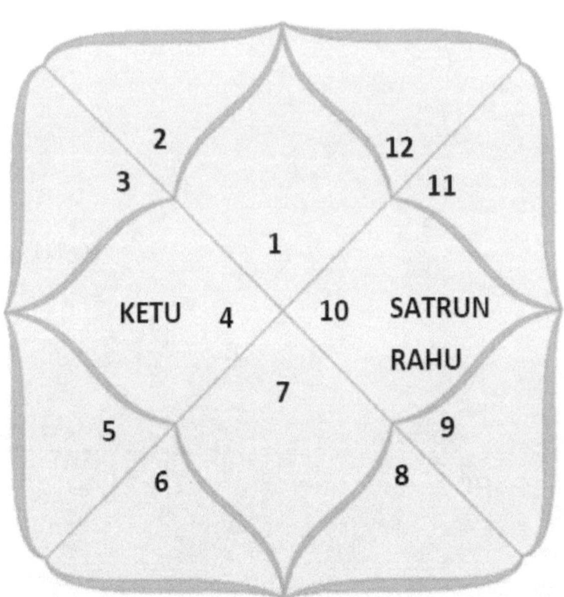

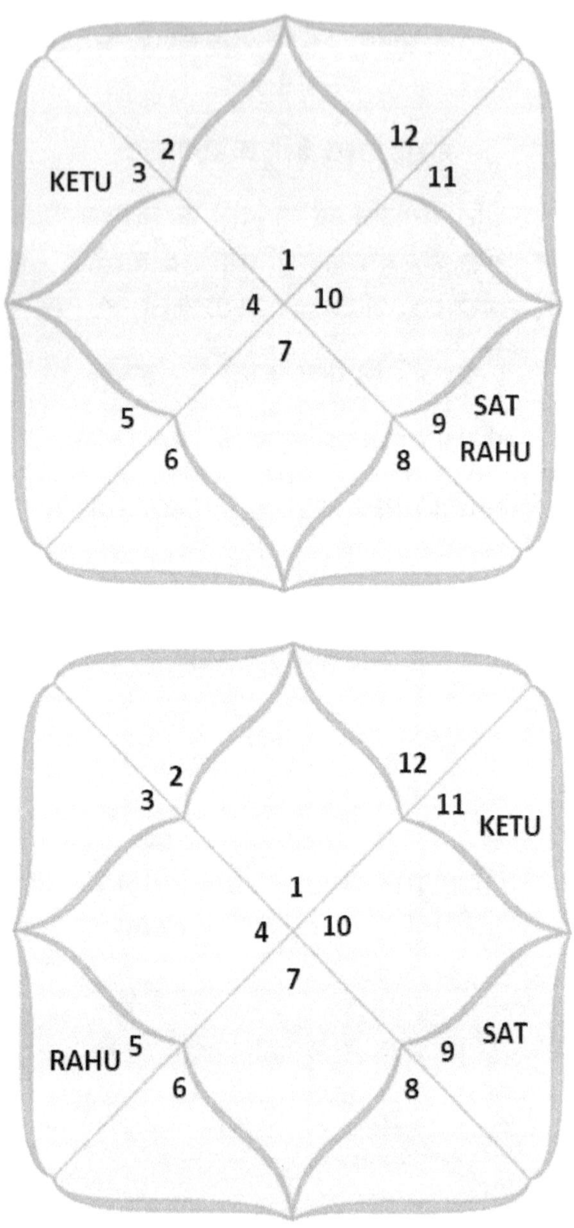
2
KETU 3
12
11
1
4 10
7
SAT
5 9 RAHU
6 8
2
3
12
11 KETU
1
4 10
7
RAHU 5 SAT
6 9
8

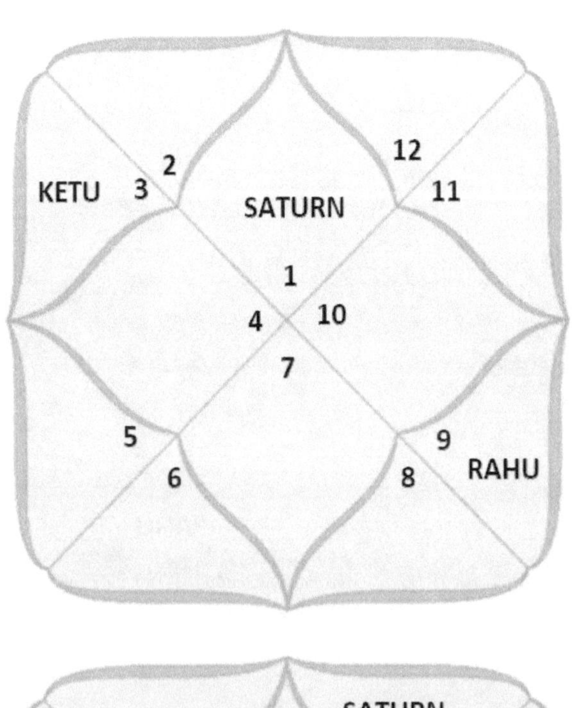
KETU
2
3
12
SATURN
11
1
4
10
7
5
9
6
8
RAHU

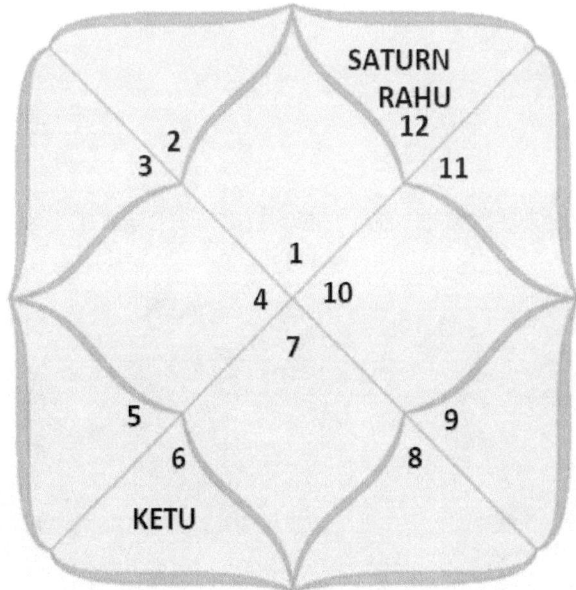
SATURN
RAHU
2
3
12
11
1
4
10
7
5
9
6
8
KETU

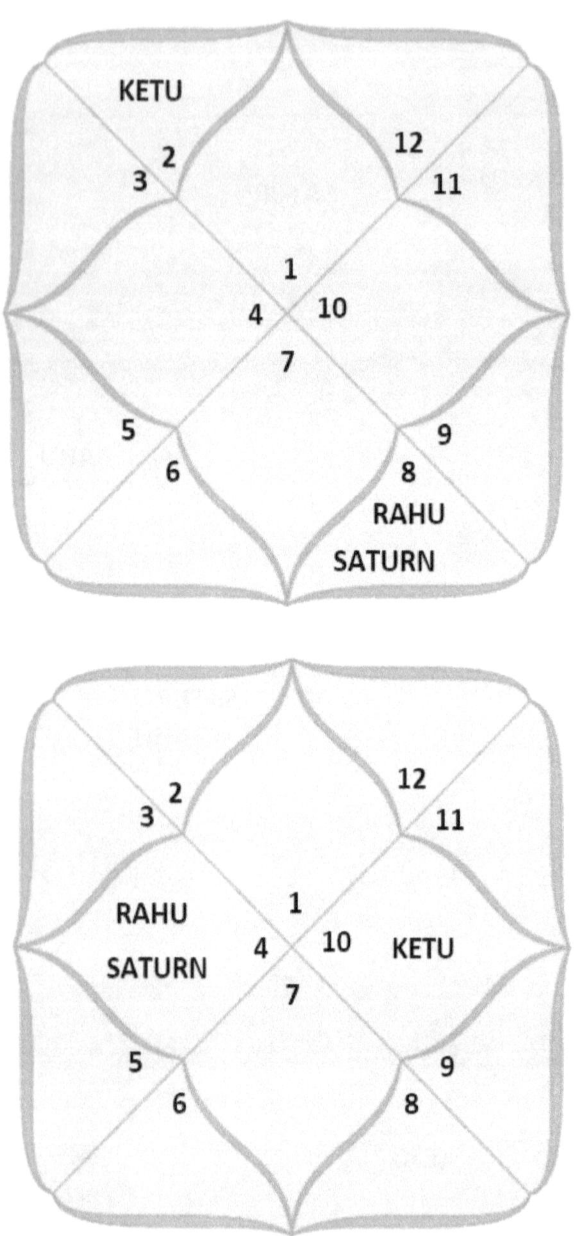

KETU
2
3
12
11
1
4 10
7
5
6
9
8
RAHU
SATURN

2
3
12
11
1
RAHU
4 10 KETU
SATURN
7
5
6
9
8

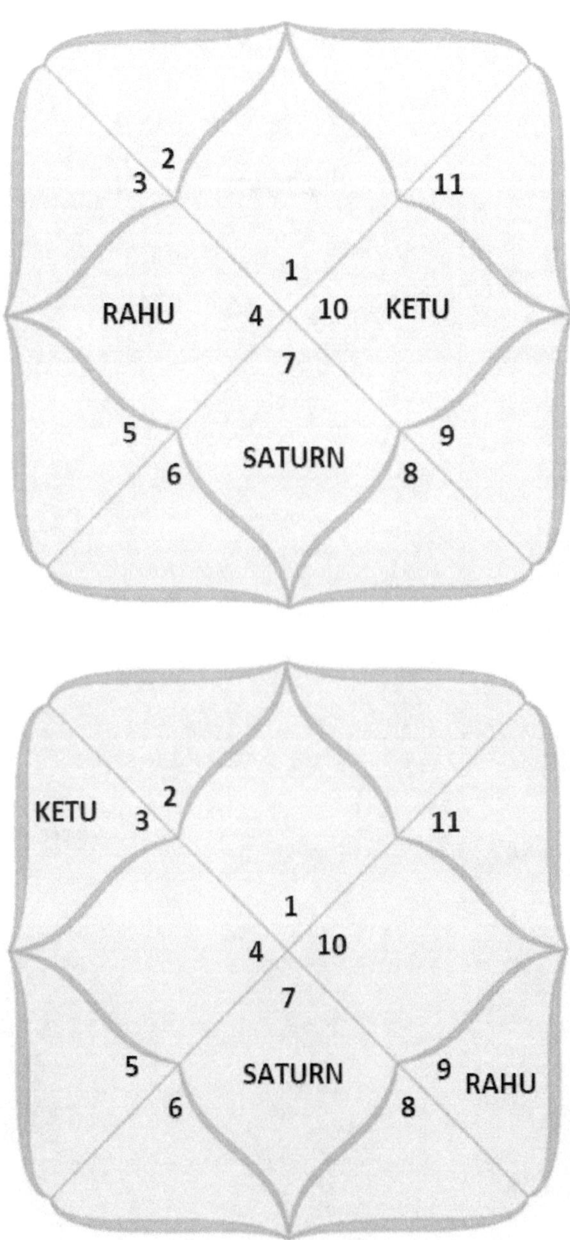
2
3
11
1
RAHU
4
10
KETU
7
5
9
SATURN
6
8
KETU
2
3
11
1
4
10
7
5
9
SATURN
RAHU
6
8

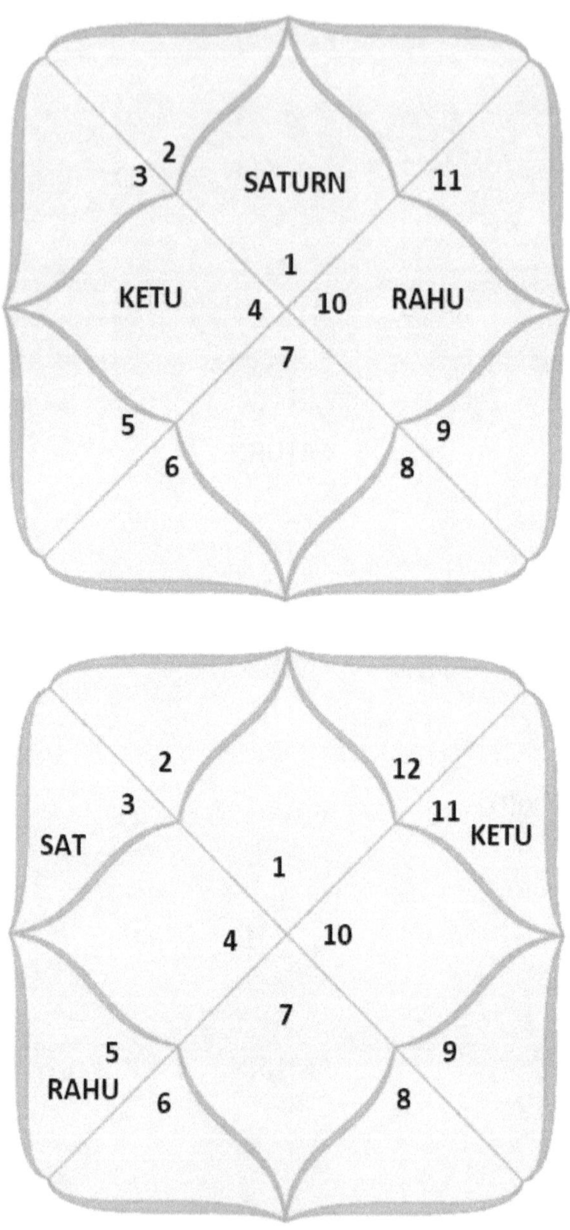
2
3
SATURN
11
1
KETU
4
10
RAHU
7
5
9
6
8
2
12
3
11
SAT
KETU
1
4
10
7
5
9
RAHU
6
8

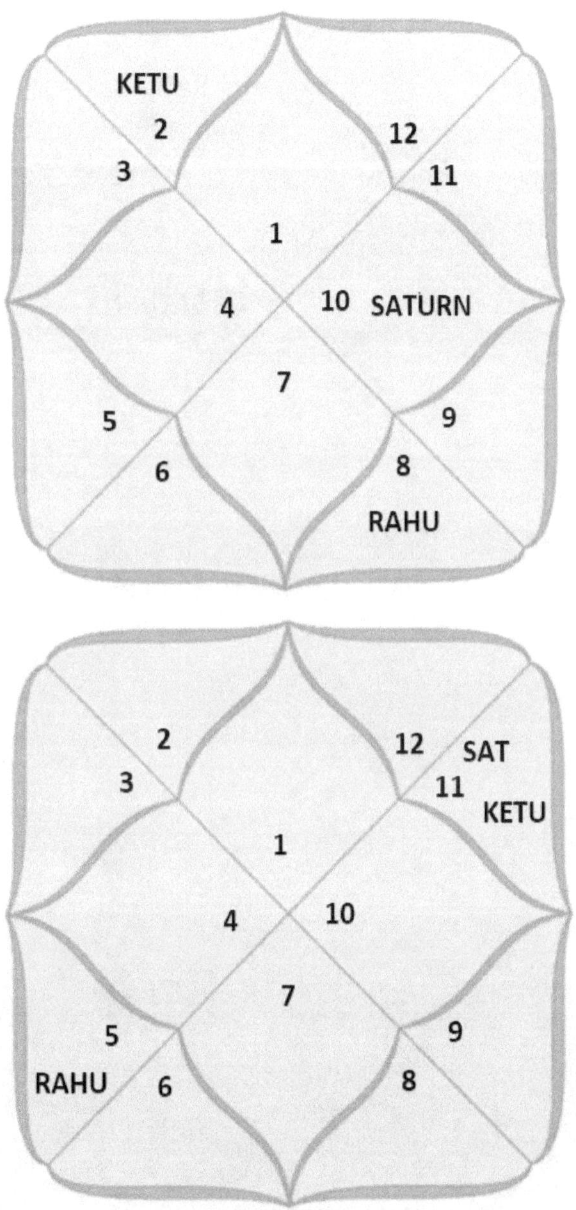

KETU
2
3
12
11
1
4
10 SATURN
7
5
9
6
8
RAHU
2
3
12 SAT
11
KETU
1
4
10
7
5
9
RAHU 6
8

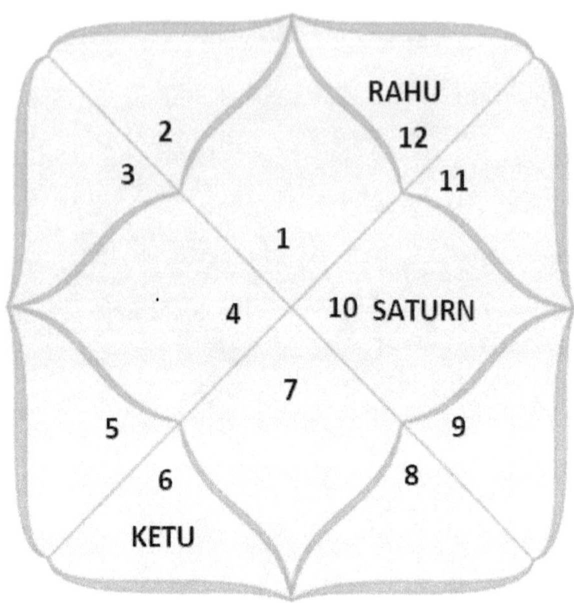
RAHU
2
3
12
11
1
4
10 SATURN
7
5
9
6
8
KETU

अध्याय - तेईस

भगवान विष्णु का अनादर करने का श्राप

भगवान नरसिंह और हिरण्यकशिपु

हिरण्यकश्यप, सतयुग में पैदा हुआ एक राक्षस राजा था जो बहुत ही पराक्रमी और शक्तिशाली था। उसका जन्म महर्षि कश्यप के परिवार में हुआ था। उसे भगवान ब्रह्मा से एक अजीब वरदान मिला। भगवान ब्रह्मा के इस वरदान के कारण, नारायण को स्वयं उनका वध करने के लिए अवतार लेना पड़ा।

हिरण्यकश्यप के परिवार में उसका पुत्र प्रह्लाद, विष्णु भक्त था। पूर्व जन्म में हिरण्यकश्यप और उसका छोटा भाई हिरण्याक्ष, भगवान विष्णु के वैकुंठ धाम के रक्षक थे, जिनका नाम जय-विजय था। एक दिन, उन्होंने भगवान ब्रह्मा के चार मानस पुत्रों का अपमान किया और उन्हें वैकुंठ में जाने से रोक दिया। तब उन्हें श्राप मिला कि वे तीन जन्मों तक असुर कुल में जन्म लेंगे और भगवान विष्णु द्वारा उनका वध किया जाएगा।

इसलिए जय-विजय का जन्म हिरण्यकश्यप और हिरण्याक्ष के रूप में हुआ। हिरण्यकश्यप और उसके भाई हिरण्याक्ष के माता-पिता का नाम महर्षि कश्यप और दिति था।

महर्षि कश्यप की कई पत्नियां थीं, जिनमें से एक थीं दिति। उसके गर्भ से दैत्यों का जन्म हुआ।

लगभग सौ वर्षों तक कठोर तपस्या करने के बाद भगवान ब्रह्मा, हिरण्यकश्यप के सामने प्रकट हुए। उसने वरदान मांगा कि वह भगवान ब्रह्मा द्वारा बनाए गए किसी भी प्राणी से न मरे, चाहे वह मनुष्य हो या पशु। इसी के साथ उसकी मृत्यु न दिन में न रात में, न घर के बाहर न घर के भीतर, न भूमि में न आकाश में किसी शस्त्र से हो. यह वरदान पाकर वह बहुत शक्तिशाली हो गया।

भगवान ब्रह्मा से यह वरदान प्राप्त करने के बाद, उन्होंने तीनों लोकों पर अधिकार कर लिया और इंद्र की गद्दी भी छीन ली। उसने अधर्म के कार्य किए और ऋषियों को मरवा डाला।

वह लोगों को खुद को भगवान मानने के लिए मजबूर करने लगा, लेकिन उसका बेटा प्रह्लाद, विष्णु की भक्ति में लीन रहता।

हिरण्यकश्यप ने प्रह्लाद को साँपों से भरे कमरे में रखा, उसे हाथियों के पैरों के सामने फेंक दिया, उसे पहाड़ से गिरा दिया, उसे आग में जला दिया, आदि। लेकिन हर बार प्रह्लाद को भगवान विष्णु ने बचा लिया।

भगवान विष्णु अपने भक्त प्रह्लाद पर यह सब अत्याचार देख रहे थे। एक दिन हिरण्यकश्यप, प्रह्लाद से विष्णु के होने का प्रमाण मांग रहा था।

प्रह्लाद ने कहा कि वह इस ब्रहमांड के कण-कण में है। इस पर हिरण्यकश्यप ने अपने महल के एक खंभे की ओर इशारा करते हुए पूछा कि क्या उसमें उसका भगवान भी है? तब प्रह्लाद ने इसका उत्तर हां में दिया।

यह सुनकर हिरण्यकश्यप ने गुस्से में खंभा तोड़ दिया। उस स्तंभ के टूटते ही भगवान विष्णु का रौद्र रूप नरसिंह अवतार में प्रकट हुआ, जिनका आधा शरीर सिंह का और आधा मानव का था।

वह नरसिंह अवतार, हिरण्यकश्यप को द्वार पर ले गए, शाम के समय उसे अपनी गोद में रखा और अपने नाखूनों से उसका वध कर दिया।

इस प्रकार भगवान विष्णु ने हिरण्यकश्यप का अंत कर दिया और भक्त प्रह्लाद को उत्तराधिकारी बना दिया।

लाल किताब पेंडिंग कर्म के माध्यम से इन योगों को कैसे देखें

आइए देखते हैं कुछ ग्रहों की युति:

मंगल प्रतिनिधित्व करता है - भगवान विष्णु के नरसिंह अवतार

राहु प्रतिनिधित्व करता है - हिरण्यकश्यप

यदि यह बुरी तरह से पीड़ित है तो यह आत्म-विनाशकारी संयोजन (दृष्टि, युति, त्रिकोण के माध्यम से) हो सकता है।

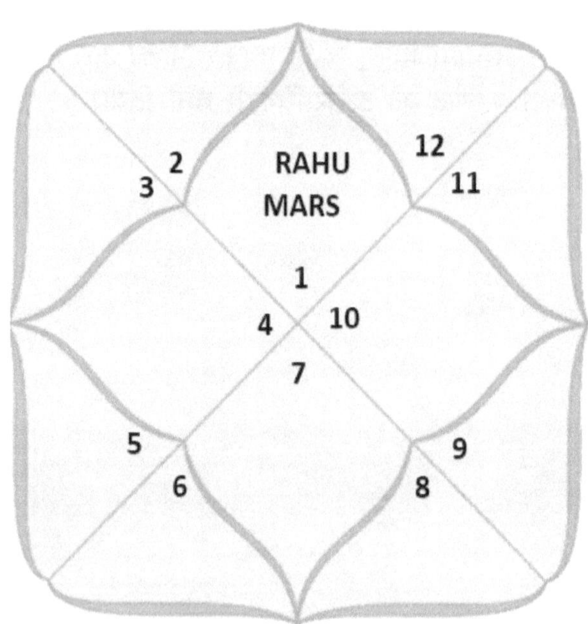

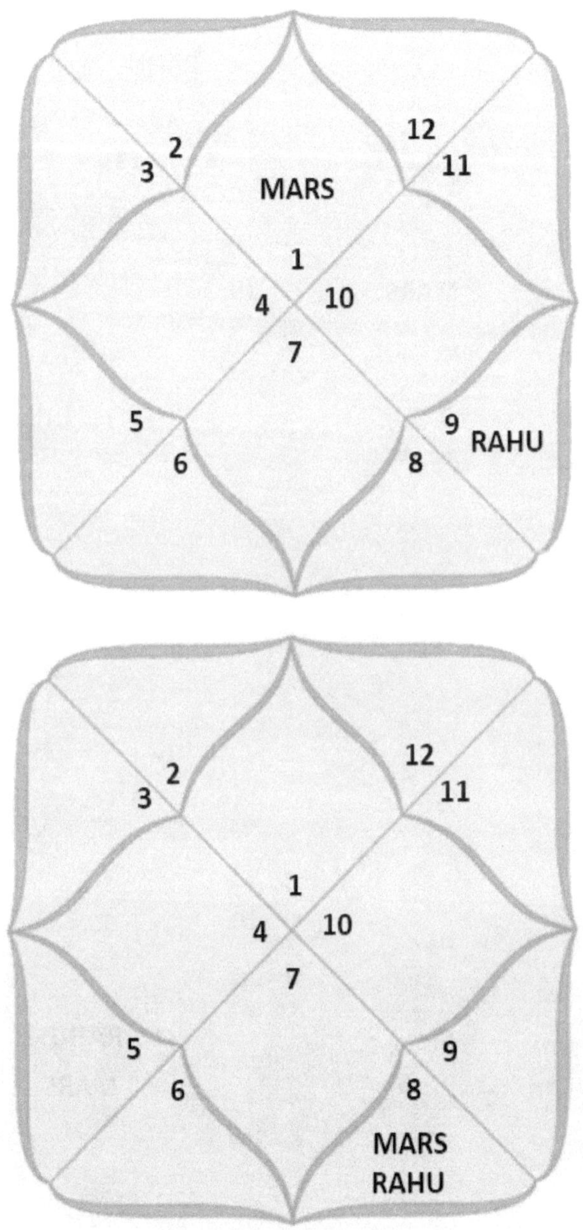
2
3
12
11
MARS
1
4 10
7
5
9 RAHU
6 8

2
3
12
11
1
4 10
7
5 9
6 8
MARS
RAHU

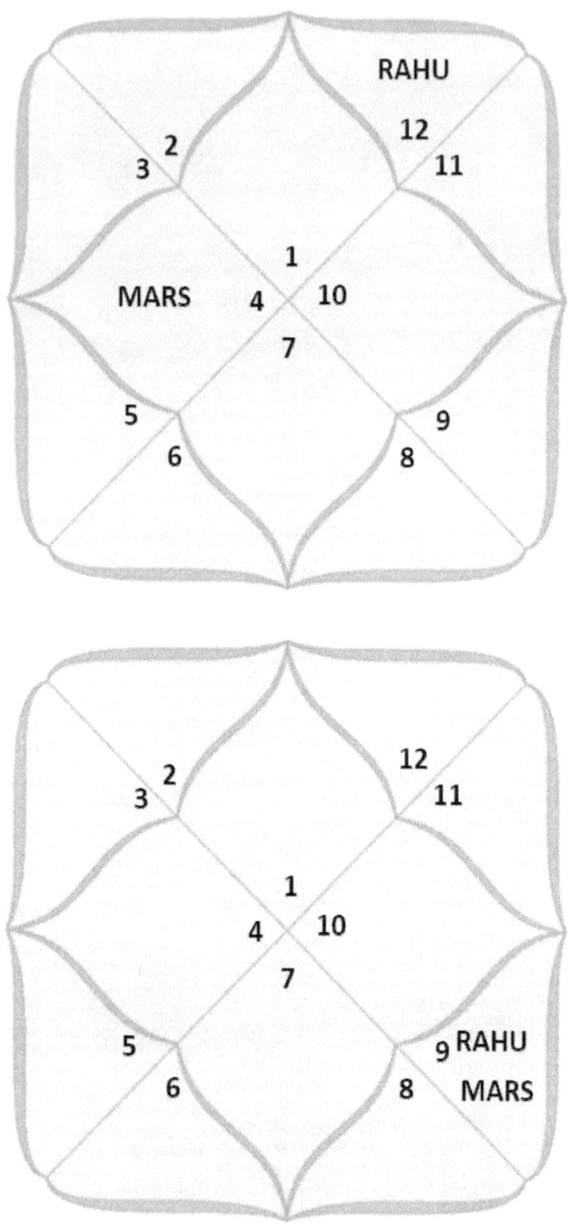
RAHU
2
3
12
11
1
MARS
4
10
7
5
9
6
8

2
3
12
11
1
4
10
7
5
9 RAHU
6
8 MARS

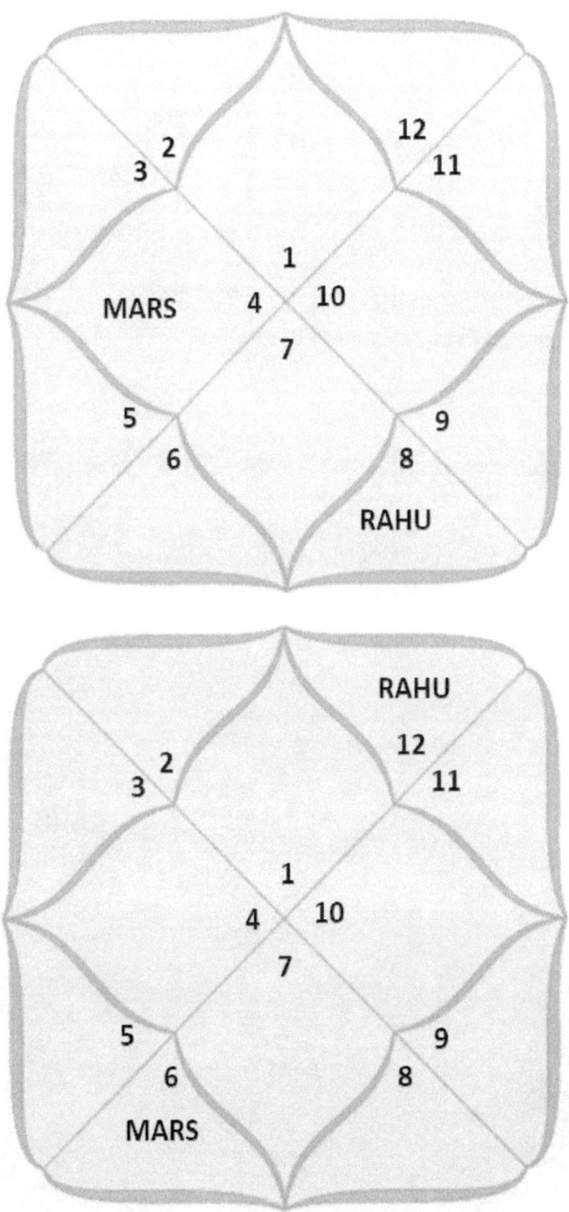
2
3
12
11
1
10
MARS
4
7
5
9
6
8
RAHU
RAHU
2
3
12
11
1
10
4
7
5
9
6
8
MARS

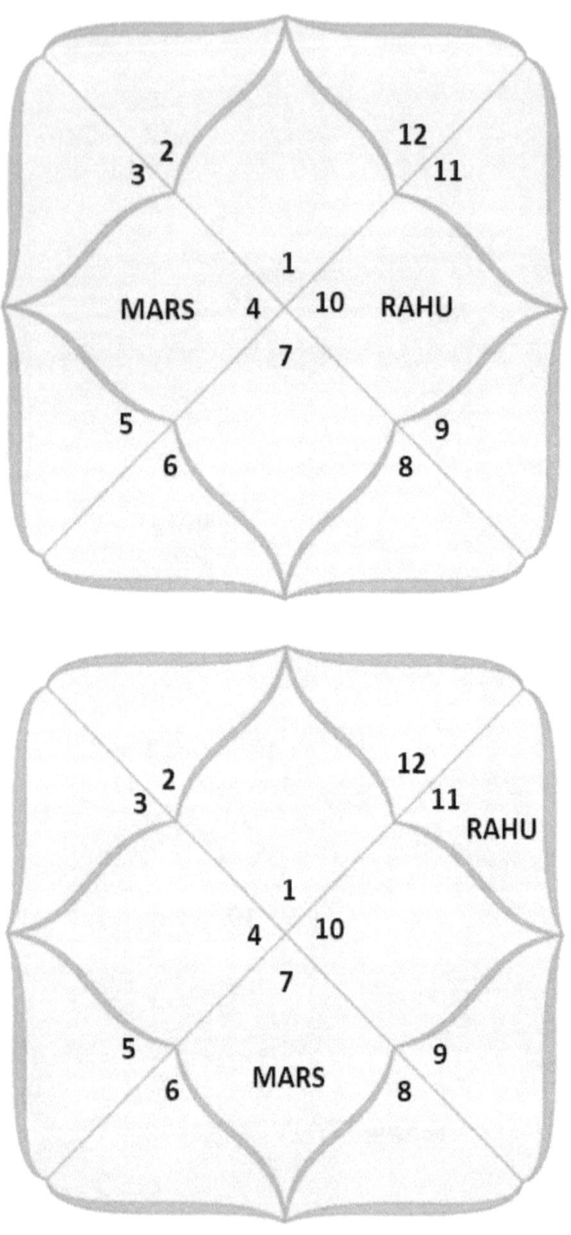

2
3
12
11
1
MARS
4
10
RAHU
7
5
9
6
8
2
3
12
11
RAHU
1
4
10
7
5
9
6
MARS
8

नरसिंह मंदिर में जाकर प्रायश्चित करें

भगवान नरसिंह ने यह अवतार हिरण्यकशिपु को मारने और अपने भक्त प्रहलाद की रक्षा के लिए लिया था।

उत्तराखंड के जोशीमठ में भगवान नरसिंह का एक मंदिर है जो 1000 साल से भी ज्यादा पुराना है। इस मंदिर को नरसिंह बद्री के नाम से भी जाना जाता है। यहां दर्शन करने से सारे संकट दूर हो जाते हैं। मान्यता है कि यहां भगवान नरसिंह अपनी हर मन्नत पूरी करते हैं। मंदिर में स्थापित भगवान नरसिंह की मूर्ति शालिग्राम पत्थर से बनी है।

झरनी नरसिम्हा के नाम से एक और मंदिर भी है, यह उत्तरी कर्नाटक के बीदर जिले में एक गुफा में स्थित है जहाँ पानी 300 मीटर तक चलता है। देवता के चरणों तक पहुँचने के लिए आपको कमर तक गहरे पानी से गुज़रना पड़ता है।

बृहस्पति प्रतिनिधित्व करता है - भगवान विष्णु का आशीर्वाद

राहु के साथ मंगल की युति - आत्म विनाश

यदि जातक की कुण्डली में ये युति हो तो वे भगवान नरसिंह मंदिर जा सकते हैं।

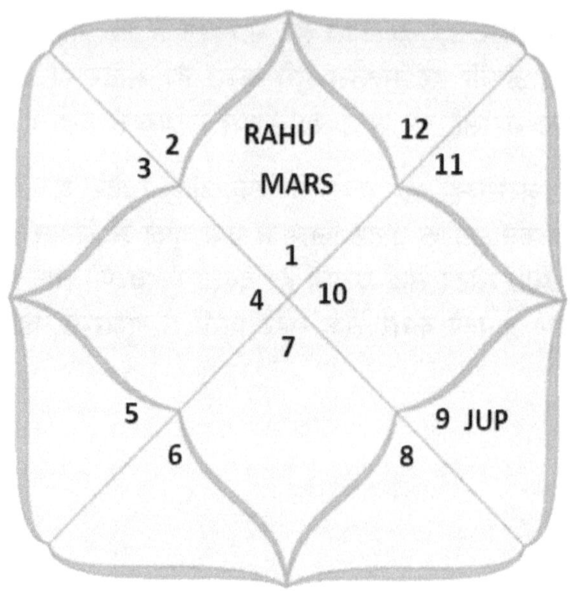

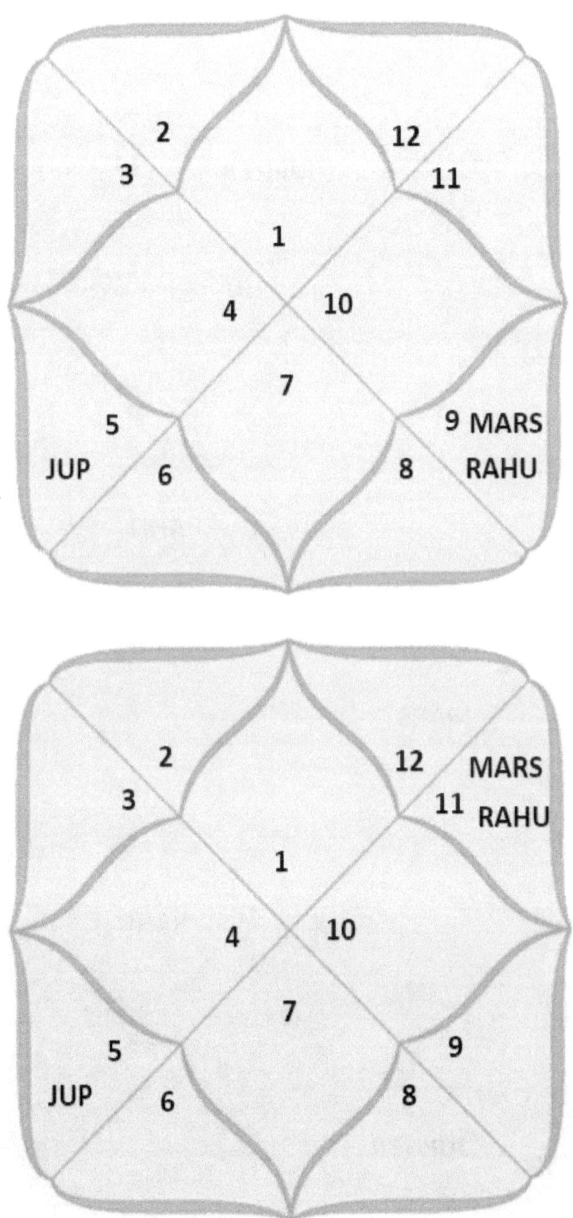
2
12
3
11
1
4
10
7
5
9 MARS
JUP
6
8
RAHU
2
12
MARS
3
11
RAHU
1
4
10
7
5
9
JUP
6
8

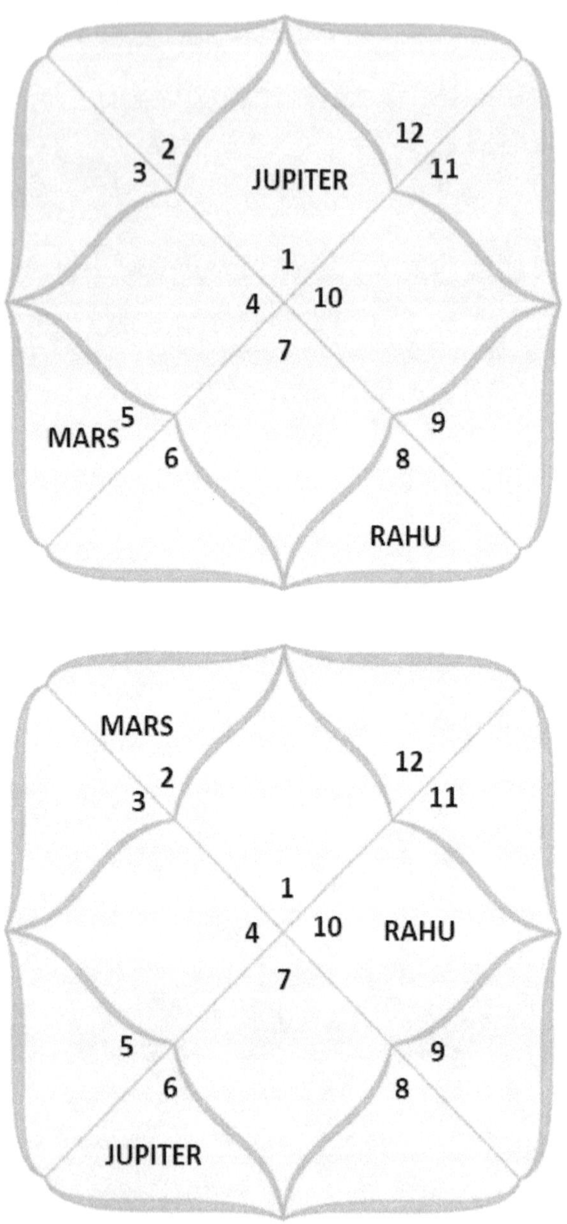
12
2
3
11
JUPITER
1
4
10
7
5
MARS
9
6
8
RAHU
MARS
2
3
12
11
1
4
10
RAHU
7
5
9
6
8
JUPITER

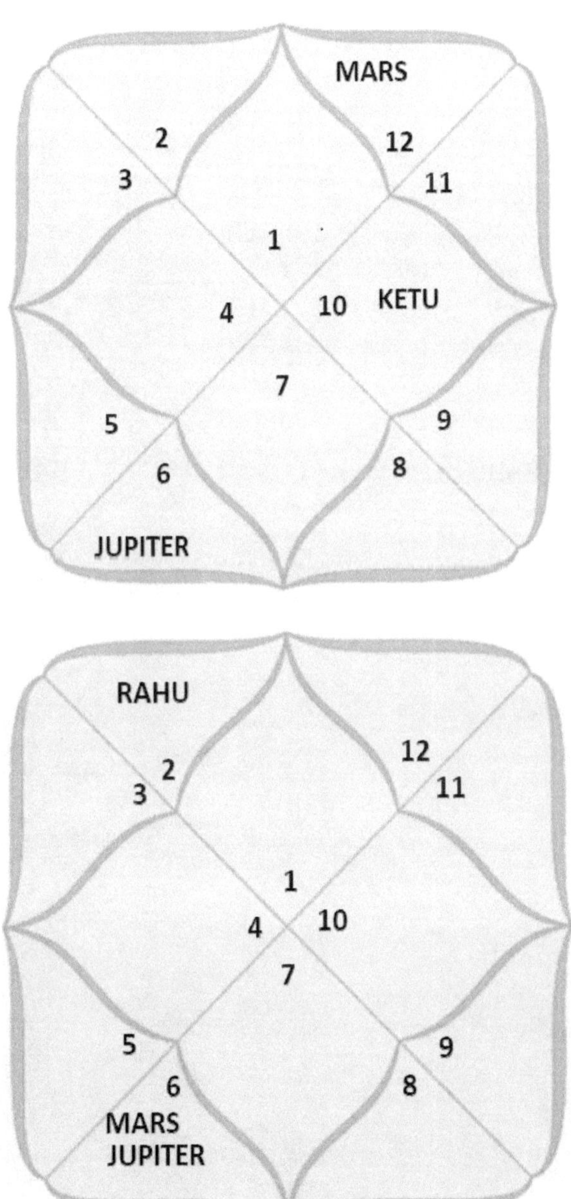
MARS
2
12
3
11
1
4
10   KETU
7
5
9
6
8
JUPITER

RAHU
12
3   2
11
1
4   10
7
5
9
6
8
MARS
JUPITER

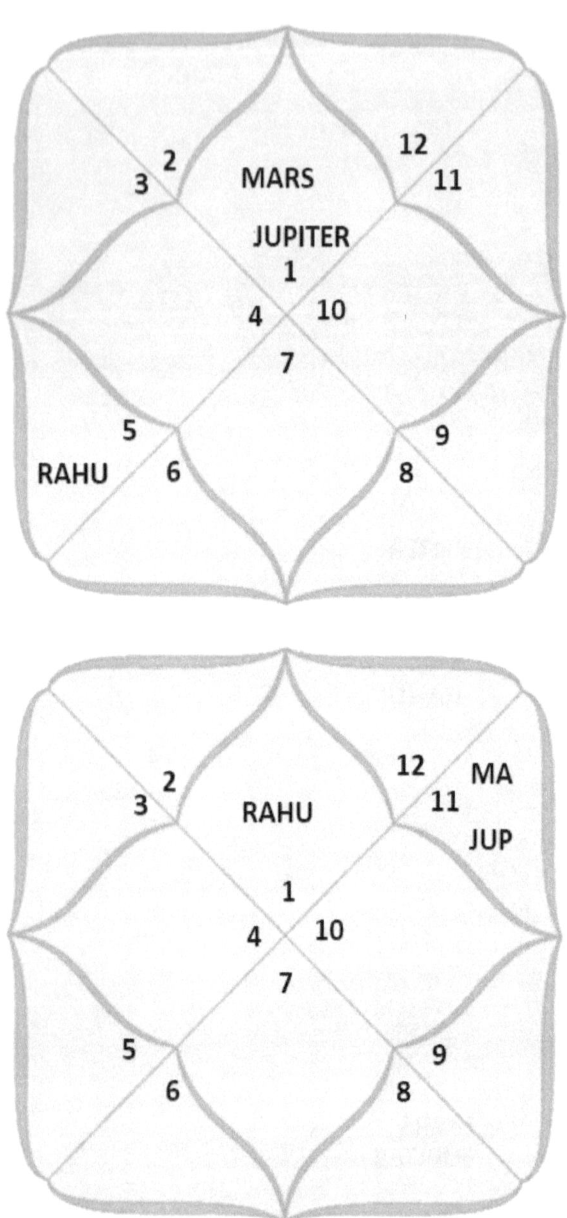
2
3
12
11
MARS
JUPITER
1
4
10
7
5
RAHU
6
9
8
2
3
12
11
MA
RAHU
JUP
1
4
10
7
5
6
9
8

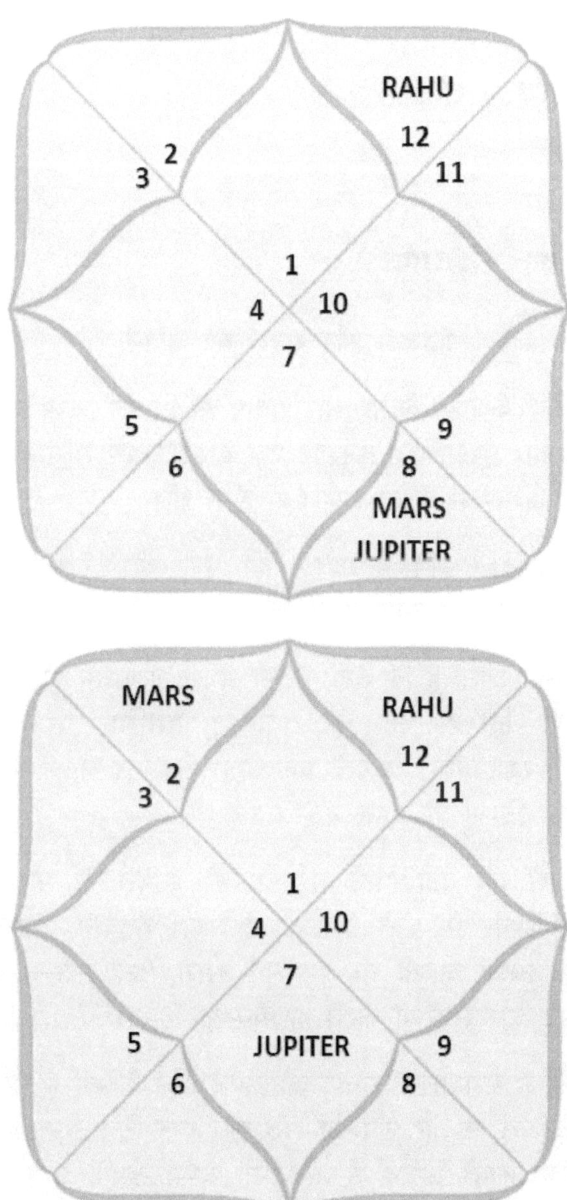
RAHU
12
2
3
11
1
4
10
7
5
9
6
8
MARS
JUPITER
MARS
RAHU
12
2
3
11
1
4
10
7
5
JUPITER
9
6
8

अध्याय - चौबीस

स्त्री का अभिशाप

वेदवती और रावण की कहानी

पौराणिक कथाओं के अनुसार रावण को पिछले जन्म में श्राप मिला था। पुराणों के अनुसार एक बार वेदवती नाम की एक युवती जंगल में अपने ध्यान में लीन थी।

वेदवती, ब्रह्मऋषि कुशध्वज की पुत्री थी। कुशध्वज को बृहस्पति का पुत्र कहा जाता है।

ऐसा कहा जाता है कि वेदवती को अपने जन्म के कुछ समय बाद ही वेदों का ज्ञान हो गया था; इसलिए उनका नाम वेदवती रखा गया। वेदवती एक बहुत ही सुंदर लड़की थी जो भगवान विष्णु की बहुत बड़ी भक्त थी।

जैसे-जैसे वह बड़ी होती गई, उसकी भक्ति के साथ-साथ उसका ईश्वर के प्रति प्रेम बढ़ता गया। वेदवती, विष्णु से विवाह करना चाहती थी, इसलिए उसने, उन्हें प्रसन्न करने के लिए घोर तपस्या करने का फैसला किया।

वेदवती ने भगवान नारायण को अपने पति के रूप में पाने के लिए जंगल में घोर तपस्या शुरू की। एक दिन आकाशवाणी हुई कि अगले जन्म में भगवान विष्णु उसके पति होंगे। लेकिन वेदवती ने अपनी तपस्या नहीं छोड़ी।

वेदवती की तपस्या से प्रसन्न होकर भगवान विष्णु स्वयं उनके सामने प्रकट हुए। तब भगवान विष्णु ने बताया कि इस जन्म में यह संभव नहीं है, लेकिन अगले जन्म में वह उनकी पत्नी बनेंगी।

वेदवती, भगवान विष्णु की पूजा करने के लिए गंधमादन पर्वत पर गईं। एक दिन दैत्यराज रावण उस पर्वत से गुजर रहा था; जब उन्होंने वेदवती को देखा तो वे वेदवती की सुंदरता पर मोहित हो गए। रावण ने वेदवती को शादी के लिए कहा, जिसे उन्होंने ठुकरा दिया।

वेदवती के विवाह प्रस्ताव को ठुकराने के बाद, कामी रावण ने क्रोधित होकर वेदवती के बालों से पकड़ लिया। किसी तरह वेदवती ने पहाड़ से कूदकर अपने प्राण त्याग दिए।

हालाँकि, क्रोधित वेदवती ने अपने प्राणों की आहुति देने से पहले रावण को श्राप दिया कि एक दिन वह उसकी मृत्यु का कारण बनेगी।

वेदवती अगले जन्म में जनक की पुत्री बनीं और उस देवी का नाम सीता था।

सीता के अपहरण के कारण, रावण अपने रिश्तेदारों के साथ भगवान विष्णु के अवतार भगवान राम के हाथों मारा गया था।

रावण और रंभा की कहानी

वाल्मीकि रामायण में यह वर्णन किया गया है कि विश्व-विजेता रावण एक बार स्वर्ग पहुंच गया, जहां उसने अप्सरा, रंभा पर बुरी नजर डाली। रंभा, कुबेर के पुत्र नलकुबेर को समर्पित थी। इस वजह से रंभा रावण की बहू बनीं।

रंभा ने रावण को बताया कि वह नलकुबेर (आपके बड़े भाई कुबेर के पुत्र) की पत्नी थी। लेकिन नशे में धुत रावण ने रंभा के साथ कुकर्म किया। रावण के कुकर्मों से क्रोधित होकर नलकुबेर ने रावण को श्राप दिया कि यदि वह किसी भी स्त्री को उसकी इच्छा के बिना स्पर्श करेगा, तो उसके सिर के सौ टुकड़े हो जाएंगे।

त्रेता युग में, रावण ने अपनी बहन के अपमान का बदला लेने के लिए सीता का अपहरण कर लिया; उन्होंने भिक्षा मांगने के बहाने सीता का अपहरण किया और उन्हें आकाश से पुष्पक विमान द्वारा लंका ले गया।

यहां उन्होंने सीता को अशोक वाटिका में कैद कर लिया। कहा जाता है कि नलकुबेर के श्राप को ध्यान में रखते हुए रावण ने सीता को छूने के बजाय उनके बालों से पकड़कर खींचा।

द्रौपदी और दुशासन की कहानी

एक बार कौरवों के मामा, शकुनि ने पांचों पांडवों को चौसर (जुए की तरह खेला जाने वाला एक प्रकार का प्राचीन खेल) खेलने के लिए बुलाया।

इस खेल में युधिष्ठि, पांडवों का प्रतिनिधित्व कर रहे थे और कौरवों की ओर से दुर्योधन। इस खेल को जीतने में शकुनि ने कौरवों की मदद की थी।

दुर्योधन ने अपने भाई दुशासन को आदेश दिया कि वह द्रौपदी को बालों से खींचकर सभा में ले जाए। दुशासन की इस गलत हरकत के बाद द्रौपदी ने प्रण लिया कि वह तब तक अपने बालों को नहीं बांधेंगी जब तक वह दुशासन की छाती के खून से अपने बालों को नहीं धो लेंगी।

भीम ने द्रौपदी की इच्छा पूरी करने का वचन दिया। युद्ध के दौरान भीम ने दुशासन का सीना चीरकर रक्त ग्रहण किया।

भीम अपने हाथों में रक्त लेकर द्रौपदी के पास पहुंचे और दुःशासन की छाती का रक्त द्रौपदी को दिया, जिसे उसने अपने बालों पर लगाया और अपनी मन्नत पूरी की।

लाल किताब पेंडिंग कर्म के माध्यम से इन योगों को कैसे देखें

आइए देखते हैं कुछ ग्रहों की युति:

शुक्र प्रतिनिधित्व करता है - वीर्य, वासना / काम वासना

मंगल दर्शाता है - प्रबल इच्छा

राहु प्रतिनिधित्व करता है - अनियंत्रित व्यवहार

यदि मंगल और शुक्र, राहु से युति, लाल किताब दृष्टि, बुनियाद, या एक दूसरे के पास एक घर में बैठे हों, तो यह एक अनियंत्रित इच्छा पैदा करेगा जो किसी को अनैतिक काम करने और स्त्री के अभिशाप को आमंत्रित करने के लिए प्रेरित करती है।

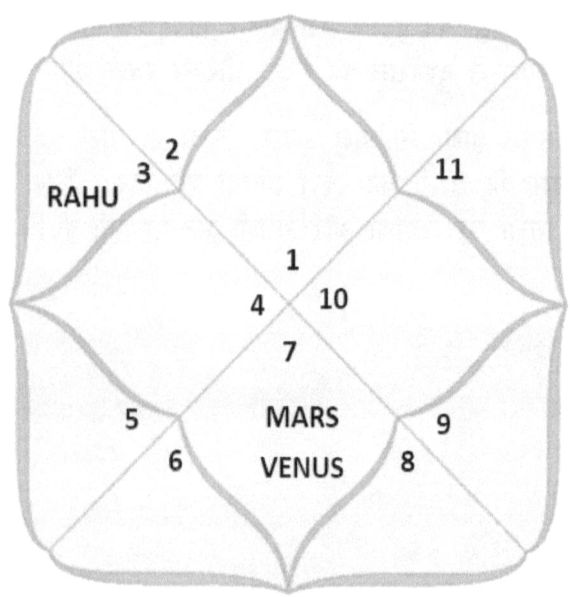

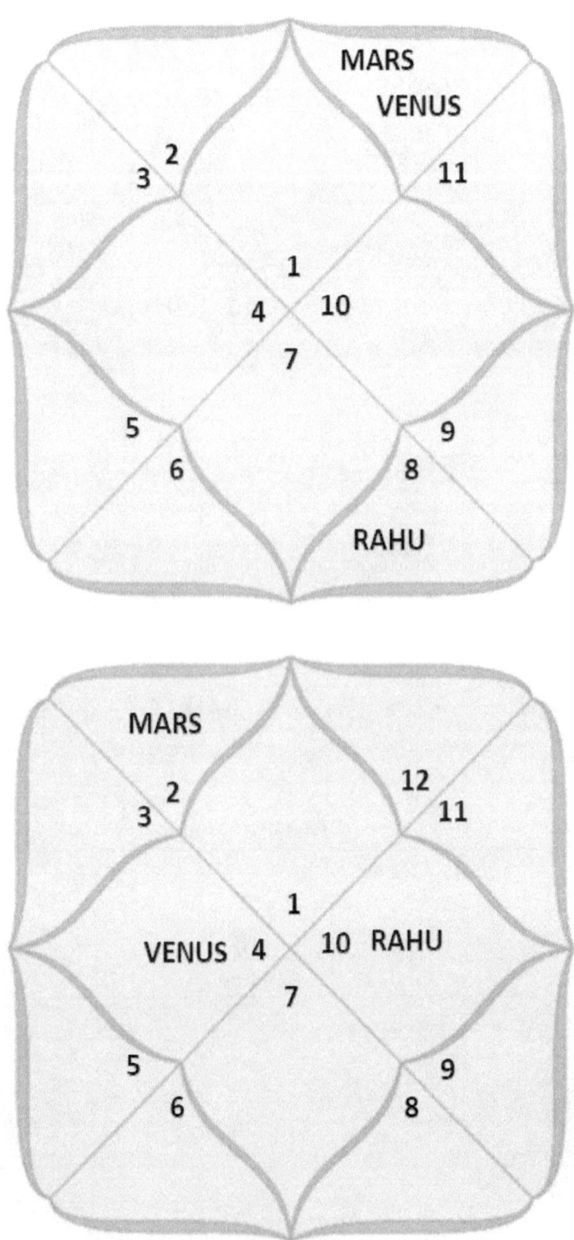
MARS
VENUS
2
3
11
1
4
10
7
5
9
6
8
RAHU
MARS
2
3
12
11
1
VENUS
4
10
RAHU
7
5
9
6
8

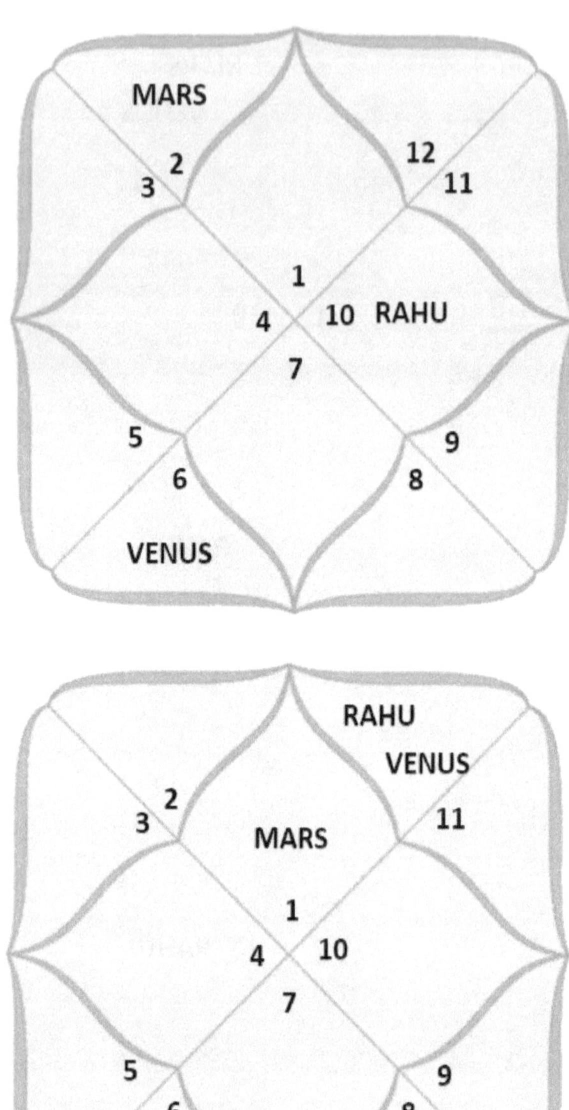
MARS
2
3
12
11
1
4
10 RAHU
7
5
9
6
8
VENUS
RAHU
VENUS
MARS
2
3
11
1
4
10
7
5
9
6
8

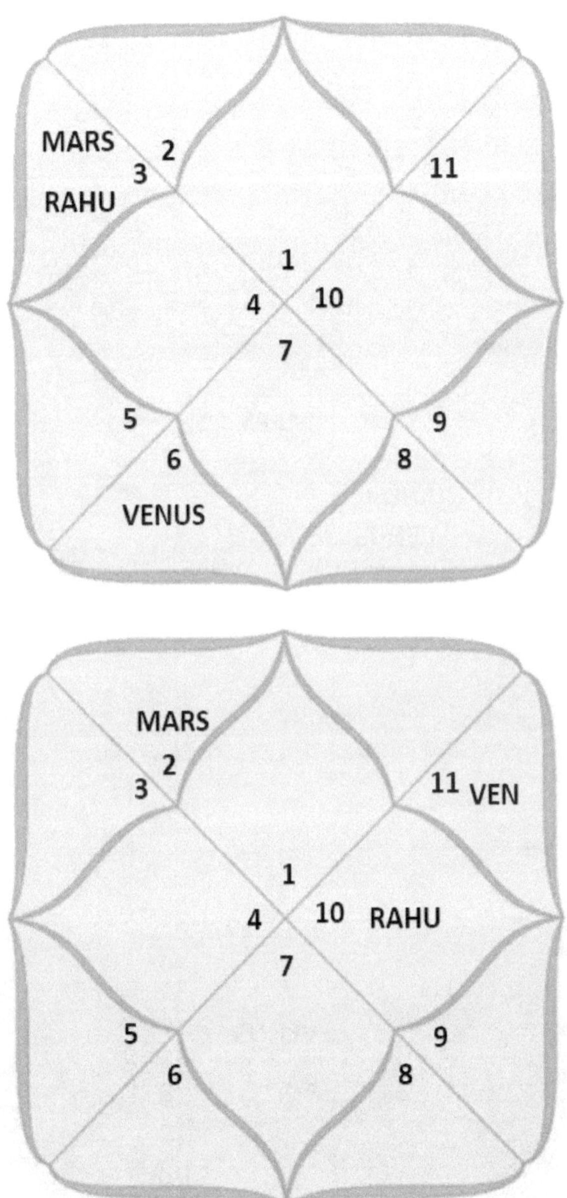
MARS
3 2
RAHU
11
1
4 10
7
5 9
6 8
VENUS
MARS
3 2
11 VEN
1
4 10 RAHU
7
5 9
6 8

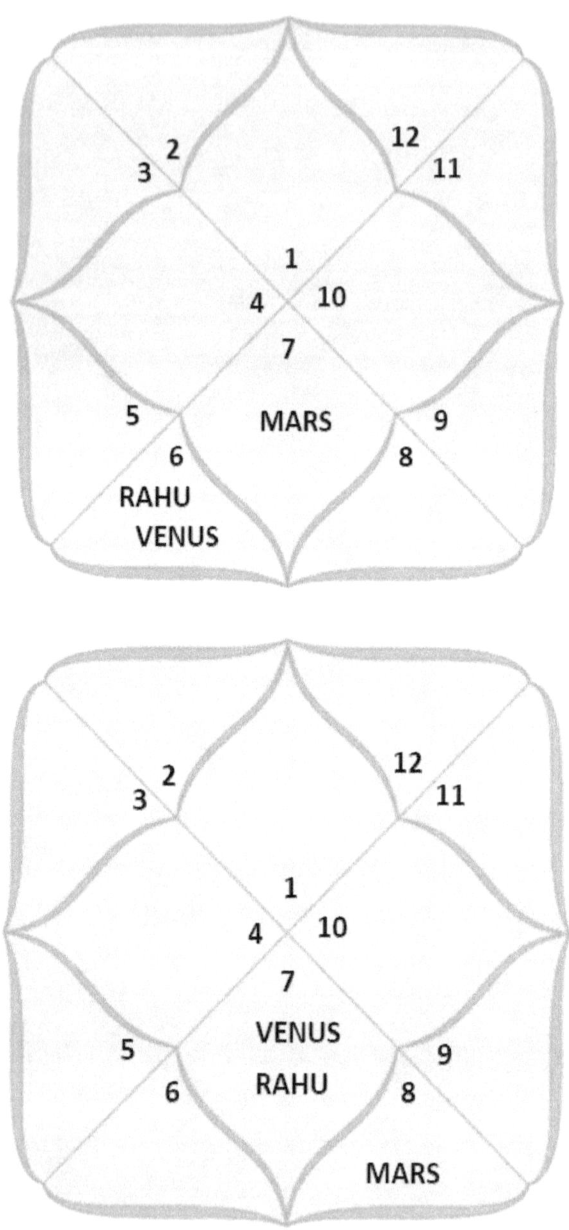
2
3
12
11
1
4 10
7
MARS
5
9
6
8
RAHU
VENUS
2
3
12
11
1
4 10
7
VENUS
RAHU
5
9
6
8
MARS

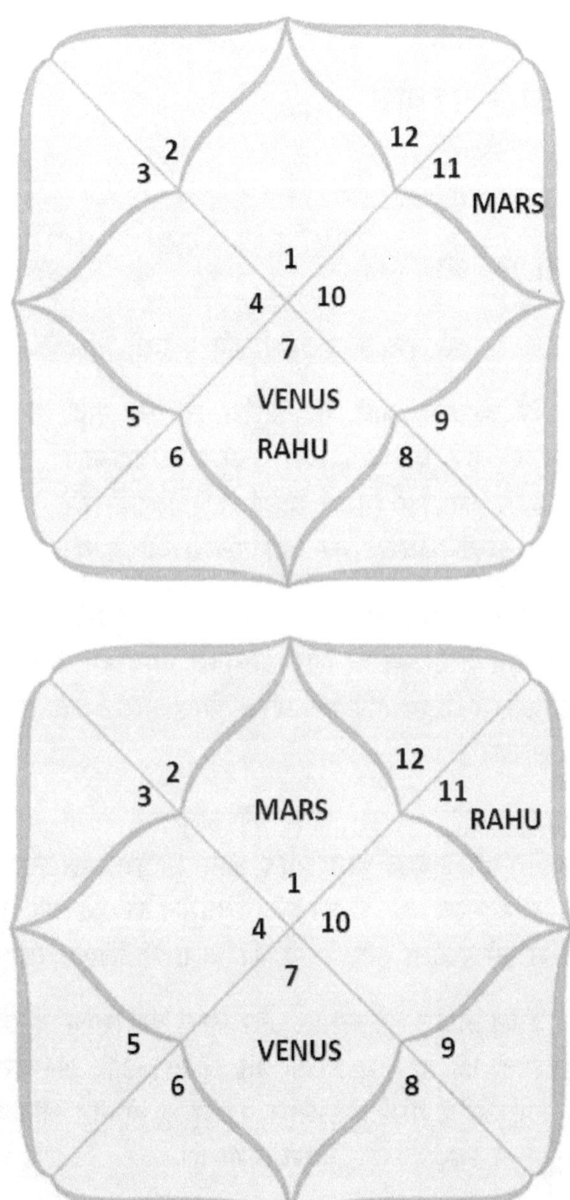
2
3
12
11
MARS
1
4   10
7
VENUS
RAHU
5
6
9
8
2
3
12
MARS
11
RAHU
1
4   10
7
5
VENUS
9
6
8

अध्याय - पच्चीस

अप्सरा का श्राप

अर्जुन और उर्वशी की कहानी

पांडवों के वनवास जाने पर अर्जुन ने एक साल के लिए किन्नर का रूप धारण किया। अर्जुन ने बृहन्नला नाम के एक किन्नर का रूप धारण किया और विराटनगर के महल में पहुँचे। उन्होंने विराट की बेटी उत्तरा को नृत्य सिखाया।

इंद्र का सारथी, मातलि अर्जुन को इंद्र की नगरी अमरावती ले गया। इंद्र ने अर्जुन के लिए उपयुक्त व्यवस्था की। अर्जुन ने देवताओं से दिव्य हथियार प्राप्त किए और उनका उपयोग करना सीखा।

तत्पश्चात् उन्होंने वापस जाने की अनुमति मांगी तो इन्द्र ने कहा, वत्स! अच्छा होगा यदि आप भी चित्रसेन गंधर्व से संगीत और नृत्य की शिक्षा लें। चित्रसेन ने इंद्र की आज्ञा से अर्जुन को संगीत और नृत्य की कला में निपुण बनाया।

जब चित्रसेन अर्जुन को संगीत और नृत्य की शिक्षा दे रहे थे, तब इंद्रलोक की अप्सरा उर्वशी भी शिक्षण और अभ्यास के दौरान वहां आती थीं। वह अर्जुन पर मुग्ध हो गई और बोली हे अर्जुन! मैं तुमसे प्यार करने लगा हूं।

उर्वशी की बातें सुनकर अर्जुन सिहर उठे। उन्होंने उर्वशी से कहा, हे देवी! पुरु वंश की माता होने के कारण आप उनकी माता के समान हैं।

अर्जुन के शब्दों ने उर्वशी के मन में बड़ी पीड़ा पैदा की। वह पहले तो अर्जुन के उत्तर से चिढ़ गईं और फिर क्रोध से बोलीं, तुमने हिजड़े की तरह बातें की हैं। उसने उसे श्राप दिया कि वह एक वर्ष तक नपुंसक रहेगा।

इतना कहकर उर्वशी वहां से चली गईं। जब इन्द्र को इस घटना का पता चला तो उसने कहा, वत्स! उर्वशी का यह श्राप भगवान की इच्छा थी और यह श्राप आपके वनवास के दौरान काम आएगा।

लाल किताब पेंडिंग कर्म के माध्यम से इन योगों को कैसे देखें

आइए देखते हैं कुछ ग्रहों की युति:

बुध दर्शाता है - नपुंसक

शनि प्रतिनिधित्व करता है - नपुंसक

केतु और राहु - क्लेश का प्रतिनिधित्व करते हैं

पहला घर, मंगल की जमीन है जो स्वयं या जातक का प्रतिनिधित्व करता है इसलिए हमें मंगल की स्थिति की भी जांच करने की आवश्यकता है क्योंकि मंगल का पीड़ित होना अधिक समस्या देगा।

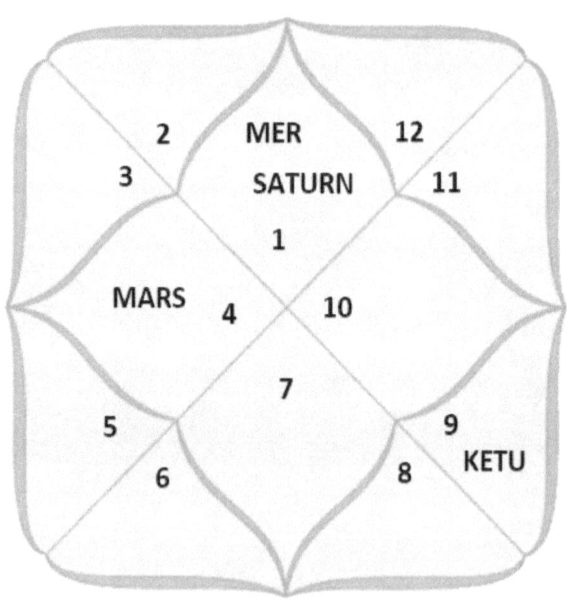

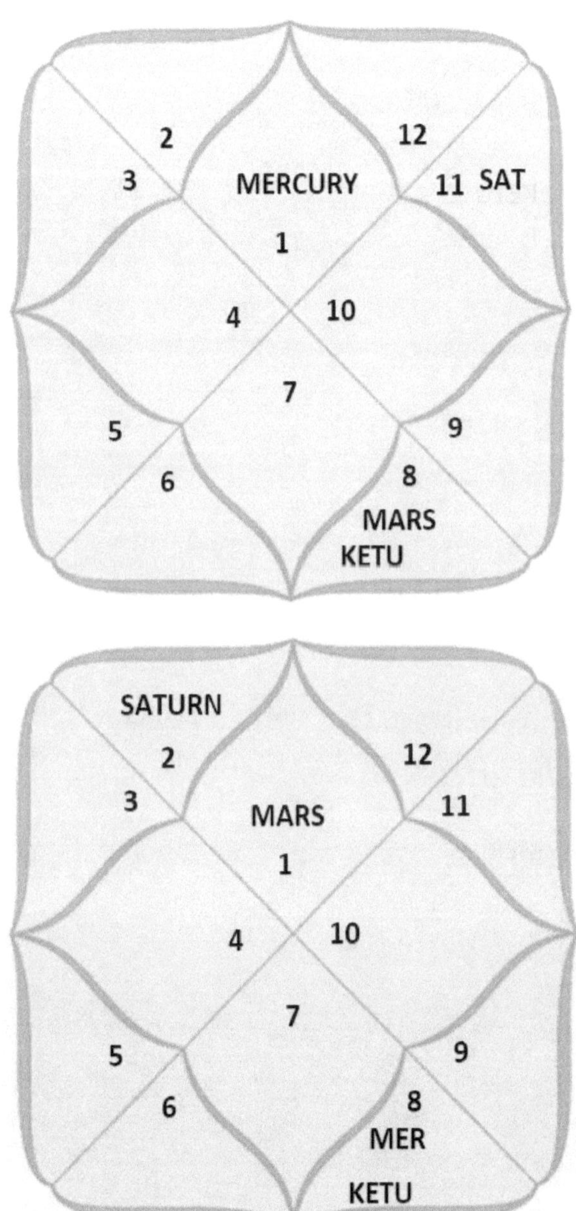
2
12
3
MERCURY
11 SAT
1
4
10
7
5
9
6
8
MARS
KETU
SATURN
2
12
3
MARS
11
1
4
10
7
5
9
6
8
MER
KETU

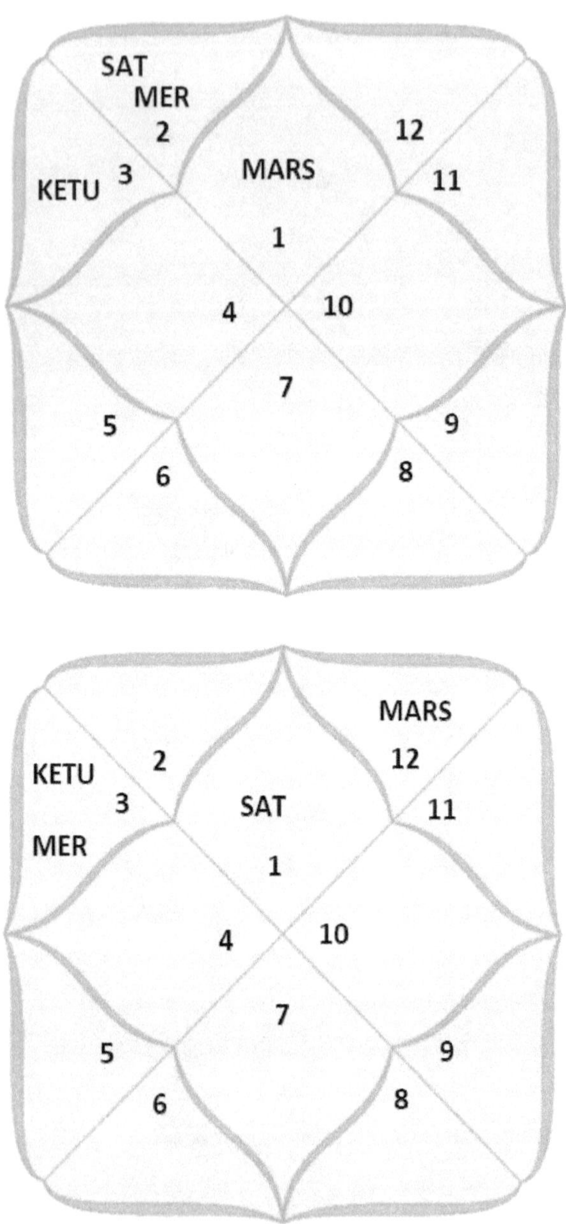
SAT
MER
2
12
KETU 3
MARS
11
1
4 10
7
5 9
6 8
KETU 2
MARS
3
12
SAT
MER
11
1
4 10
7
5 9
6 8

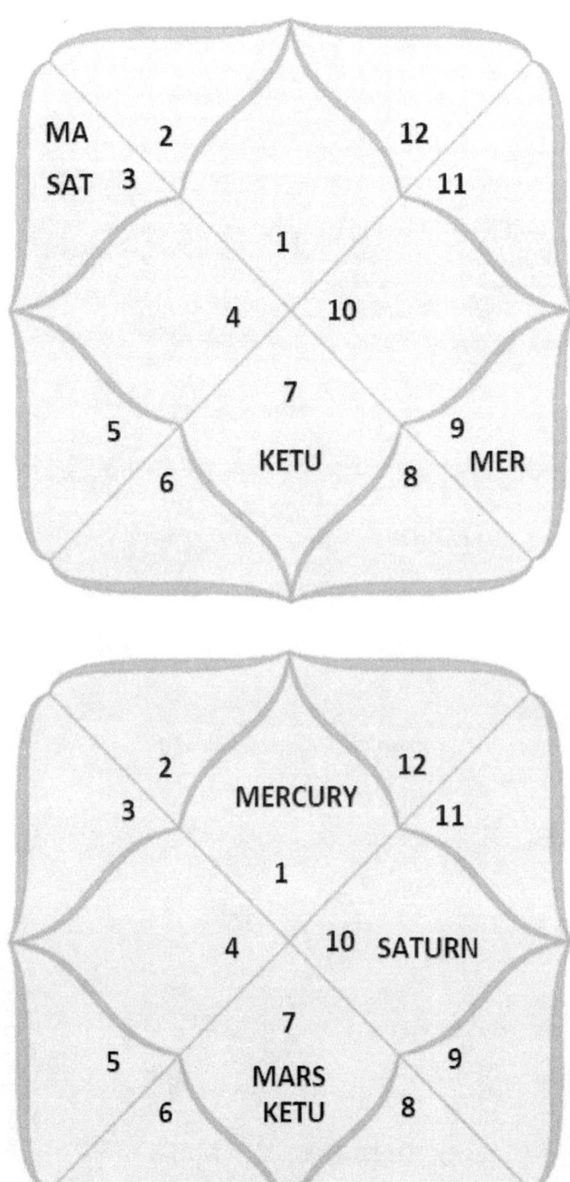
MA
SAT
2
3
12
11
1
4
10
7
KETU
5
6
9
MER
8

2
3
12
MERCURY
11
1
4
10
SATURN
7
5
MARS
KETU
6
9
8

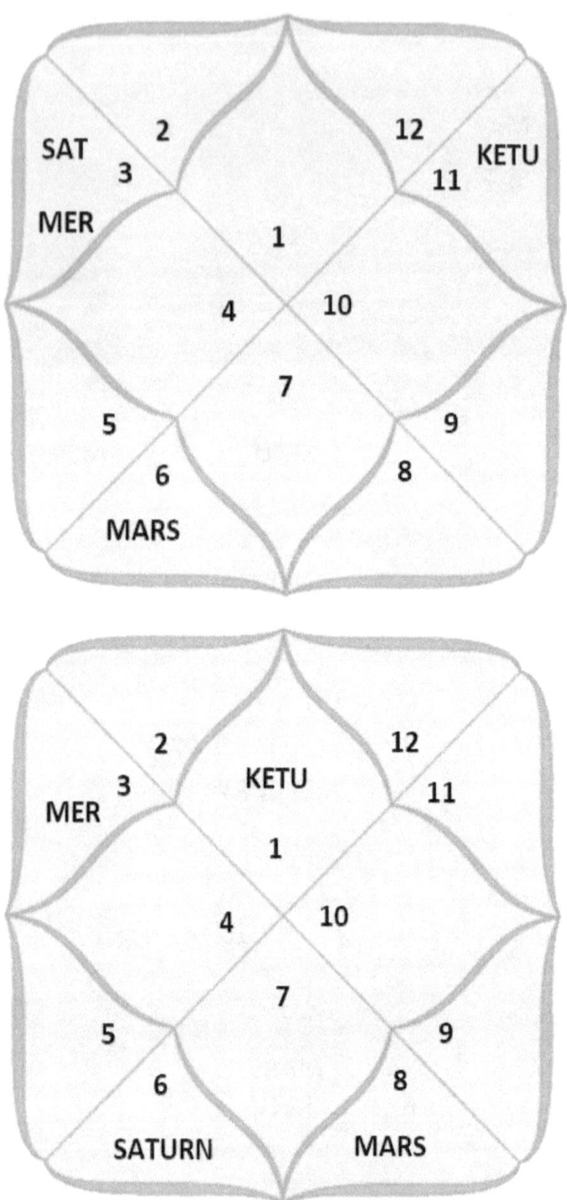
SAT
2
3
MER
12
KETU
11
1
4
10
7
5
9
6
8
MARS
2
3
MER
KETU
12
11
1
4
10
7
5
9
6
8
SATURN
MARS

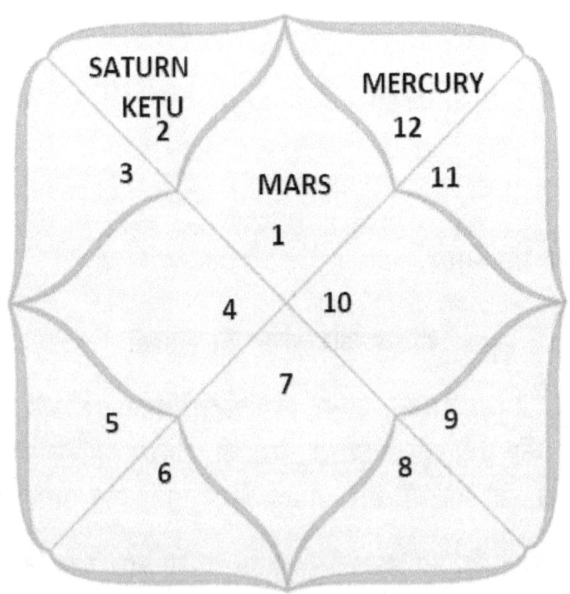

SATURN
KETU
2
3
MERCURY
12
MARS
11
1
10
4
7
5
9
6
8

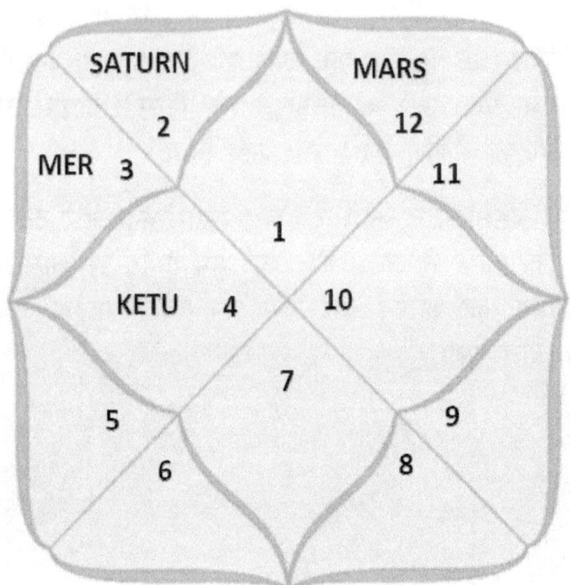

SATURN
2
MER 3
MARS
12
11
1
KETU 4
10
7
5
9
6
8
MERCURY

अध्याय - छब्बीस

ब्रह्मा का श्राप

शांतनु और गंगा की कहानी

शांतनु अपने पिछले जन्म में "महाभिषेक" थे और गंगा, ब्रह्मा की बेटी थीं। द्वापर युग में शांतनु, हस्तिनापुर के राजा थे, जो कौरवों और पांडवों के परदादा कहे जाते हैं।

महाभिषेक, इंद्र का परम मित्र हुआ करता था। एक दिन एक सभा का आयोजन किया गया, और सभी देवता उपस्थित थे; ब्रह्मा जी भी उपस्थित थे। महाभिषेक और गंगा एक दूसरे के विपरीत बैठे थे और एक दूसरे को देख रहे थे। महाभिषेक और गंगा एक दूसरे को निहारते रहे, जिसके कारण उन्होंने देवताओं के नियमों का पालन नहीं किया।

इस पर ब्रह्माजी ने क्रोधित होकर महाभिषेक और देवी गंगा को पृथ्वी लोक में जन्म लेने का श्राप दे दिया। कालांतर में महाभिषेक को शांतनु और गंगा को देवी गंगा के नाम से जाना जाने लगा।

लाल किताब पेंडिंग कर्म के माध्यम से इन योगों को कैसे देखें

आइए देखते हैं कुछ ग्रहों की युति:

चंद्रमा प्रतिनिधित्व करता है - गंगा

मंगल और शुक्र प्रतिनिधित्व करते हैं - काम

पीड़ित बृहस्पति प्रतिनिधित्व करता है - ब्रह्मा का श्राप

इस श्राप को हम तब देख सकते हैं जब उपरोक्त ग्रह लाल किताब दृष्टि, युति, बुनियाद या षडाष्टक (6-8 स्थान) के माध्यम से संबंध बनाते हैं)।

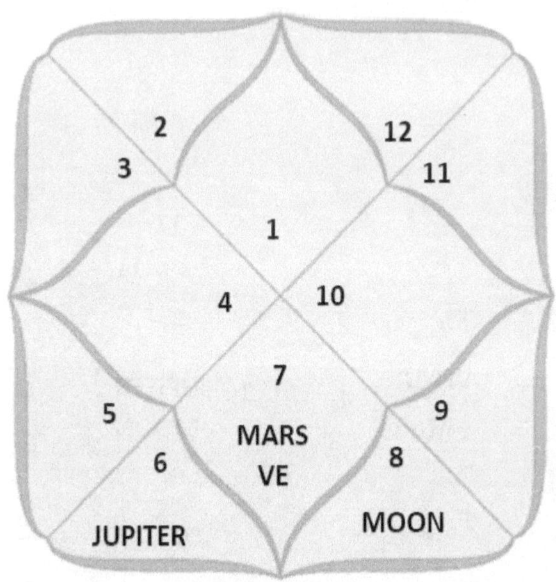

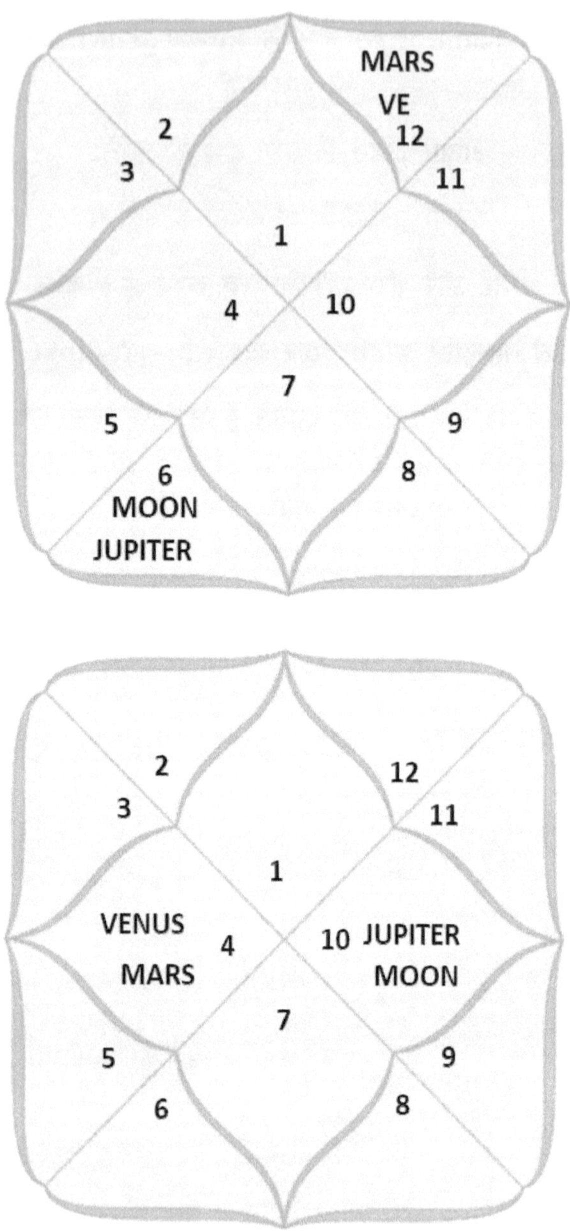

MARS
VE
12
2
3
11
1
4
10
7
5
9
6
MOON
JUPITER

2
12
3
11
1
VENUS
4
10
JUPITER
MARS
MOON
7
5
9
6
8

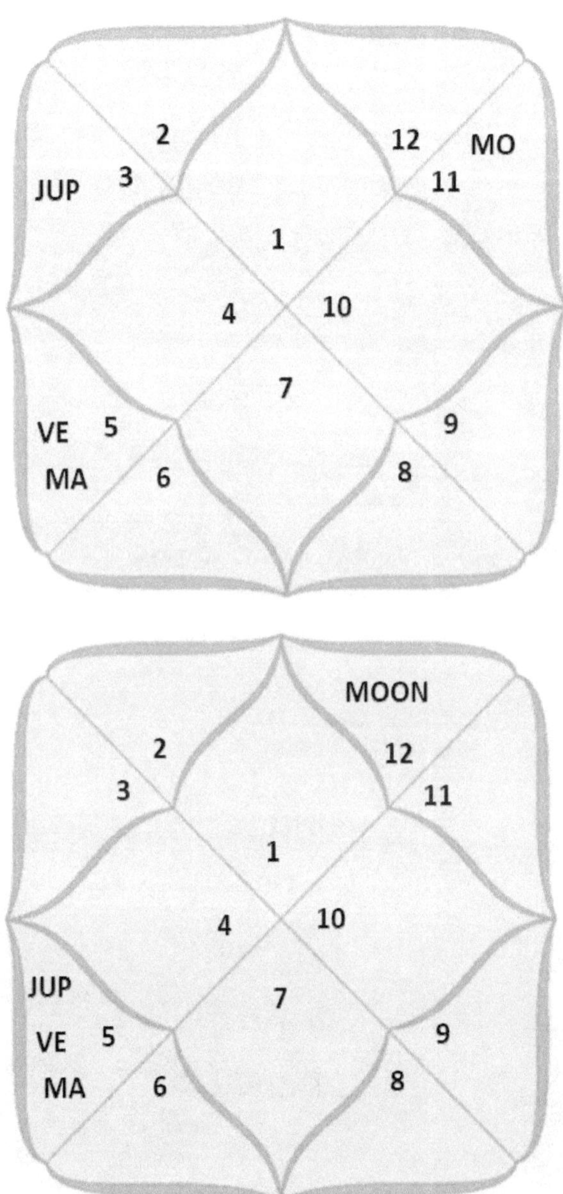
2
12
MO
JUP
3
11
1
4
10
7
VE
5
9
MA
6
8
MOON
2
12
3
11
1
4
10
JUP
7
VE
5
9
MA
6
8

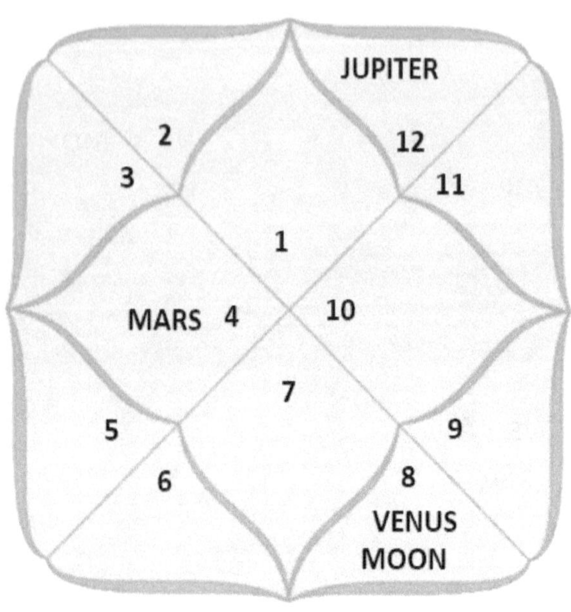

JUPITER
2
12
3
11
1
MARS 4
10
7
5
9
6
8
VENUS
MOON

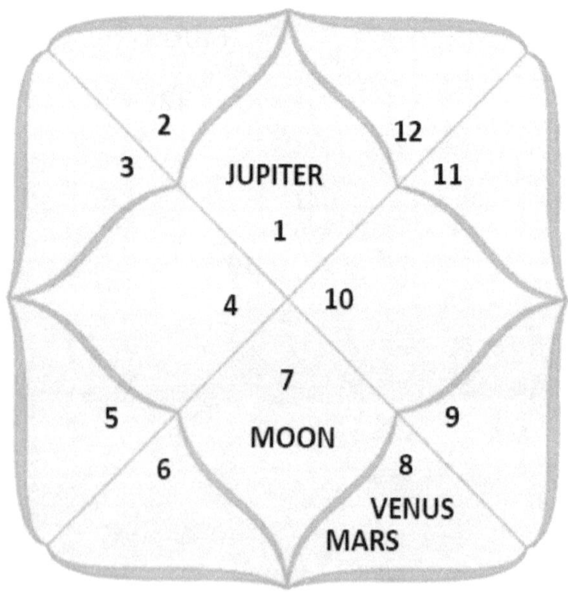

2
12
3
JUPITER
11
1
4
10
7
5
MOON
9
6
8
VENUS
MARS

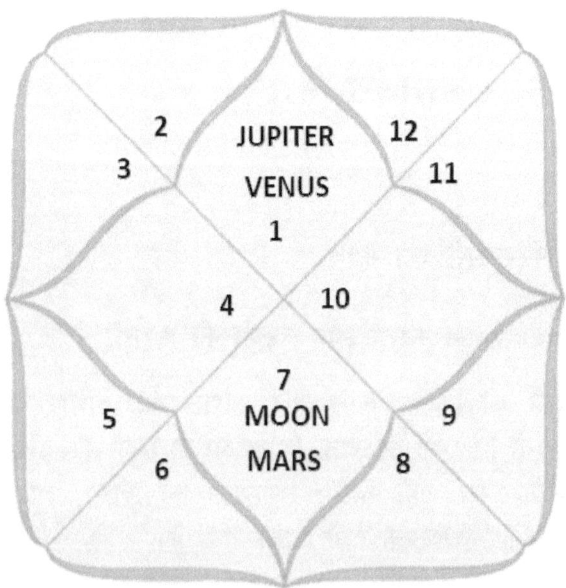
2
JUPITER
VENUS
12
3
11
1
4
10
7
MOON
5
9
MARS
6
8

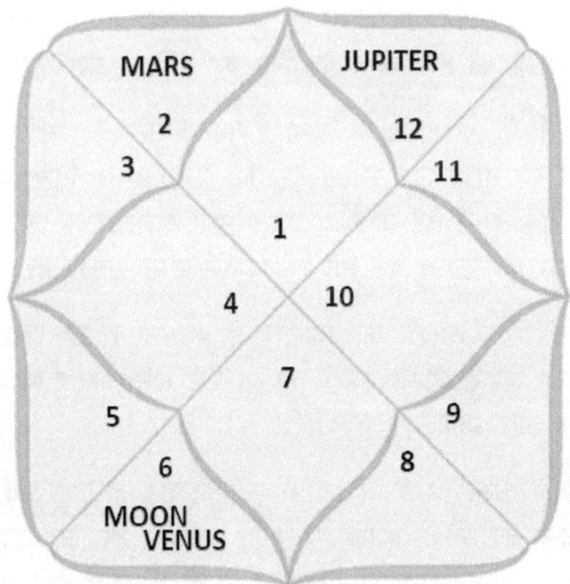
MARS
JUPITER
2
12
3
11
1
4
10
7
5
9
6
8
MOON
VENUS

अध्याय - सत्ताईस

देवी सरस्वती का श्राप

सरस्वती और लक्ष्मी की कहानी

सरस्वती को शिक्षा, ज्ञान और कौशल की अधिष्ठात्री देवी माना गया है। ऐसी मान्यता है कि लक्ष्मी और सरस्वती कभी एक स्थान पर नहीं रहतीं; सरस्वती को शिक्षा, ज्ञान और कौशल की अधिष्ठात्री देवी माना गया है।

सरस्वती केवल विद्या और ज्ञान की देवी नहीं हैं, बल्कि वह कल्पना की आराधना हैं जो मनुष्य को भविष्य की समस्याओं को हल करने के लिए वह दृष्टि प्रदान करती हैं।

सरस्वती के आशीर्वाद के बिना, पैतृक संपत्ति के माध्यम से लक्ष्मी को पाया जा सकता है। जब एक अमीर पिता मरता है तो वह अपने बेटे के लिए बहुत सारी दौलत छोड़ जाता है। इसे हम पूर्व जन्म का भाग्य या कर्म मान सकते हैं।

लेकिन अगर लक्ष्मी को मेहनत से कमाना है तो सरस्वती की कृपा जरूरी है। सरस्वती का तात्पर्य सभी प्रकार के ज्ञान, कौशल और प्रशिक्षण से है।

ज्ञान की कमी हमारे जीवन में तब दिखाई देती है जब हम सरस्वती की उपेक्षा करने लगते हैं, खासकर तब जब आसान तरीके से लक्ष्मी हमारे जीवन में आती है। हम यह मानने

लगते हैं कि पैसा हमारे पास आया है और जीवन भर हमारे साथ रहेगा।

लेकिन जो जानता है कि लक्ष्मी चंचल है (जिसका अर्थ है कि वह एक स्थान से दूसरे स्थान पर जाती रहती है) वो हमेशा अपने ज्ञान पर निर्भर रहता है, उसे पता है की उसके ज्ञान को कभी छीना या चुराया नहीं जा सकता।

एक बार देवी सरस्वती को ऐसा श्राप मिला कि उन्हें नदी के रूप में पृथ्वी पर अवतरित होना पड़ा। इस श्राप के परिणामस्वरूप नदी बन गई और देवी लक्ष्मी, विष्णु की प्रिय, तुलसी का पौधा बन गईं।

पुराणों की कथा के अनुसार भगवान विष्णु के साथ लक्ष्मी, सरस्वती और गंगा निवास करती थीं। एक दिन गंगा ने भगवान विष्णु से कहा कि वह लक्ष्मी और सरस्वती से किसको अधिक प्यार करते हैं जिससे लक्ष्मी और सरस्वती के बीच एक चर्चा शुरू हो गई।

देवी लक्ष्मी ने सरस्वती से कहा कि वह बिना अधिक प्रयास किए किसी को भी धन से आशीर्वाद दे सकती हैं; इस पर सरस्वती ने लक्ष्मी से कहा कि वह किसी के साथ नहीं रहती क्योंकि उसका स्वभाव चंचला है यानी वह चलती रहती है। सरस्वती ने कहा कि आज लोगों के पास पैसा है, और यह हमेशा उनके पास नहीं रहेगा; उन्हें अपने कौशल और ज्ञान के माध्यम से अपने भविष्य से निपटने के लिए तैयार रहना चाहिए। तब, सरस्वती ने देवी लक्ष्मी को पृथ्वी लोक में तुलसी का पौधा बनने का श्राप दिया।

लाल किताब पेंडिंग कर्म के माध्यम से इन योगों को कैसे देखें

आइए देखते हैं कुछ ग्रहों की युति:

बुध प्रतिनिधित्व करता है - सरस्वती, विद्या, तुलसी

शुक्र प्रतिनिधित्व करता है - लक्ष्मी जो श्राप के कारण तुलसी बन जाती है

हम इस श्राप को देख सकते हैं यदि बुध और शुक्र शनि / राहु / केतु से पीड़ित हैं तो शुक्र (देवी लक्ष्मी) शापित तुलसी बन जाती है।

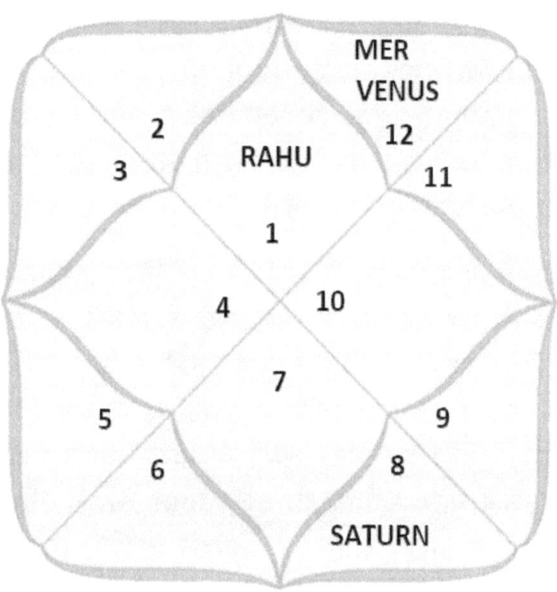

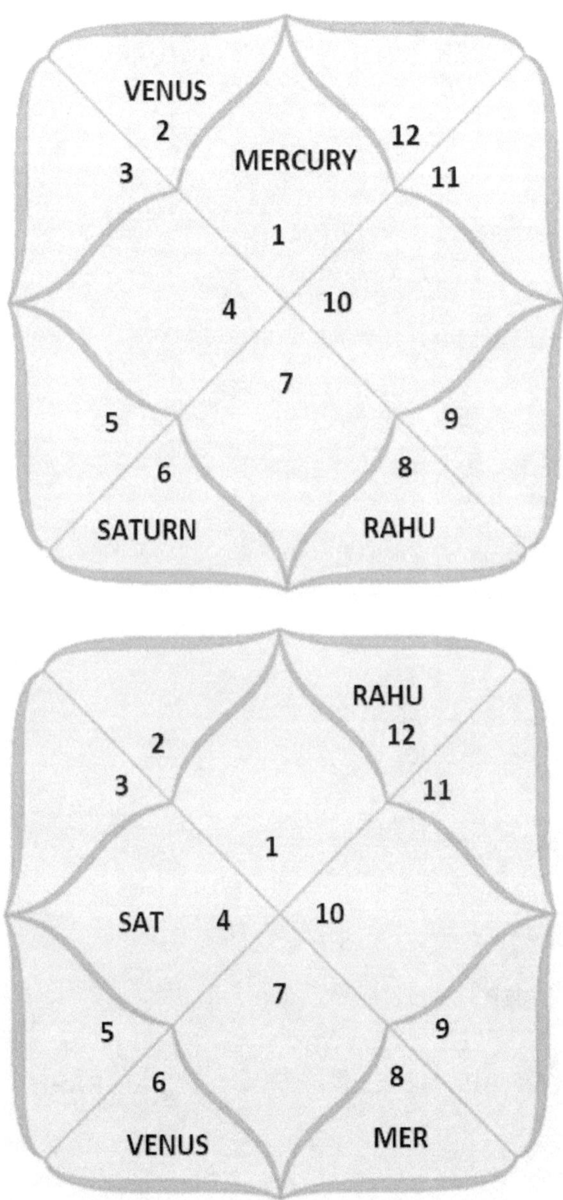
VENUS
2
3
MERCURY
12
11
1
4
10
7
5
9
6
8
SATURN
RAHU
RAHU
2
12
3
11
1
SAT
4
10
7
5
9
6
8
VENUS
MER

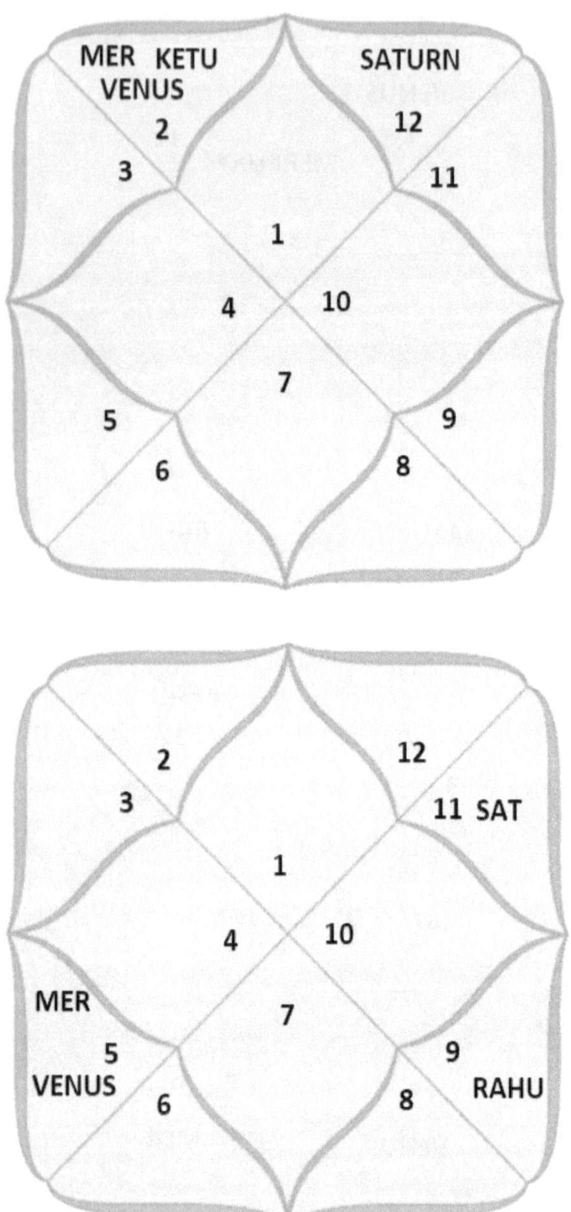
MER KETU VENUS
2
3
12
11
1
4
10
7
5
9
6
8
2
3
12
11 SAT
1
4
10
MER
7
5
9
VENUS
6
8
RAHU

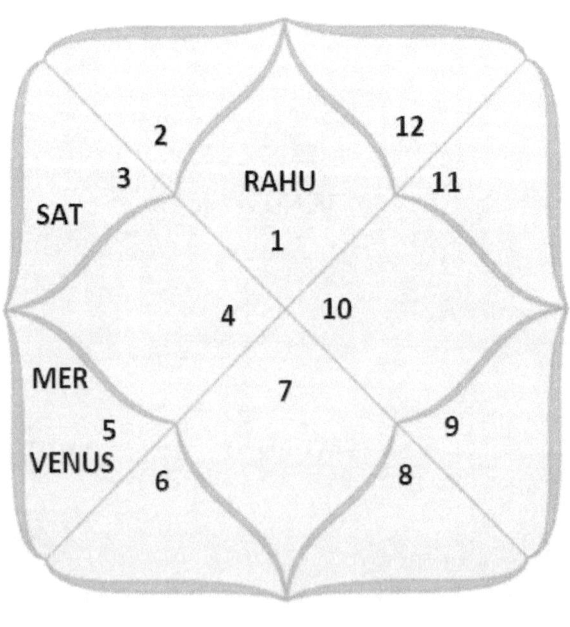

2
12
3
RAHU
11
SAT
1
4
10
MER
7
5
9
VENUS
6
8

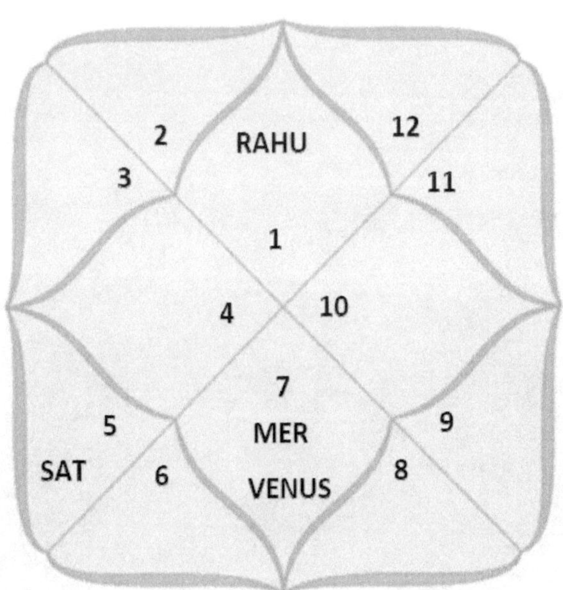

2
RAHU
12
3
11
1
4
10
7
5
MER
9
SAT
6
VENUS
8

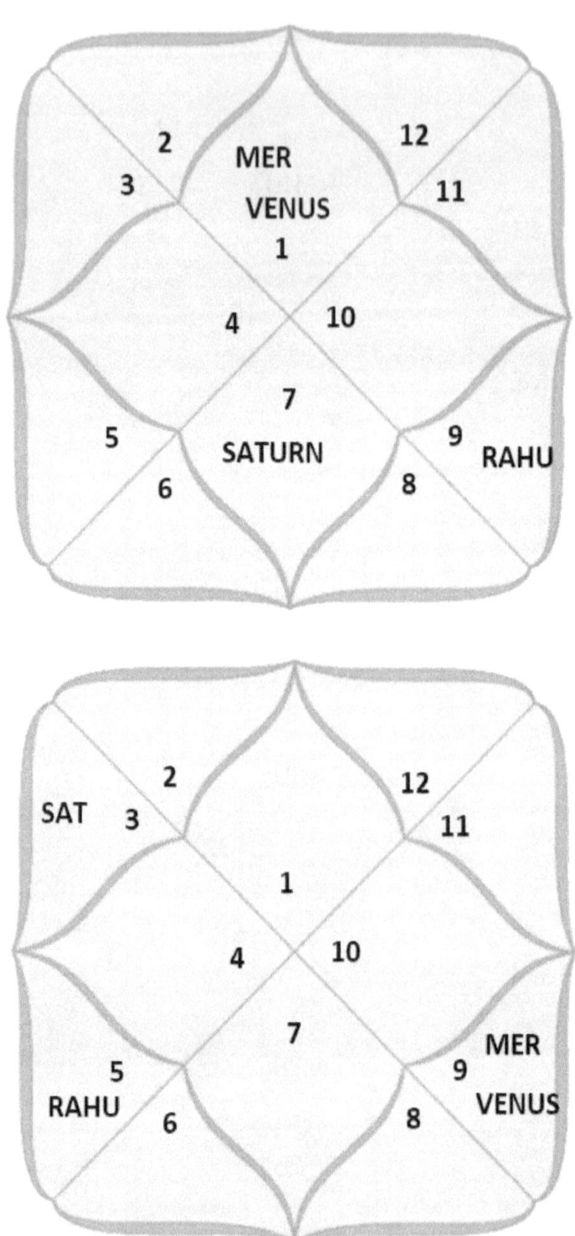
2
3
MER
VENUS
1
12
11
4
10
7
5
SATURN
6
9
8
RAHU

SAT
2
3
12
11
1
4
10
7
5
RAHU
6
MER
9
VENUS
8

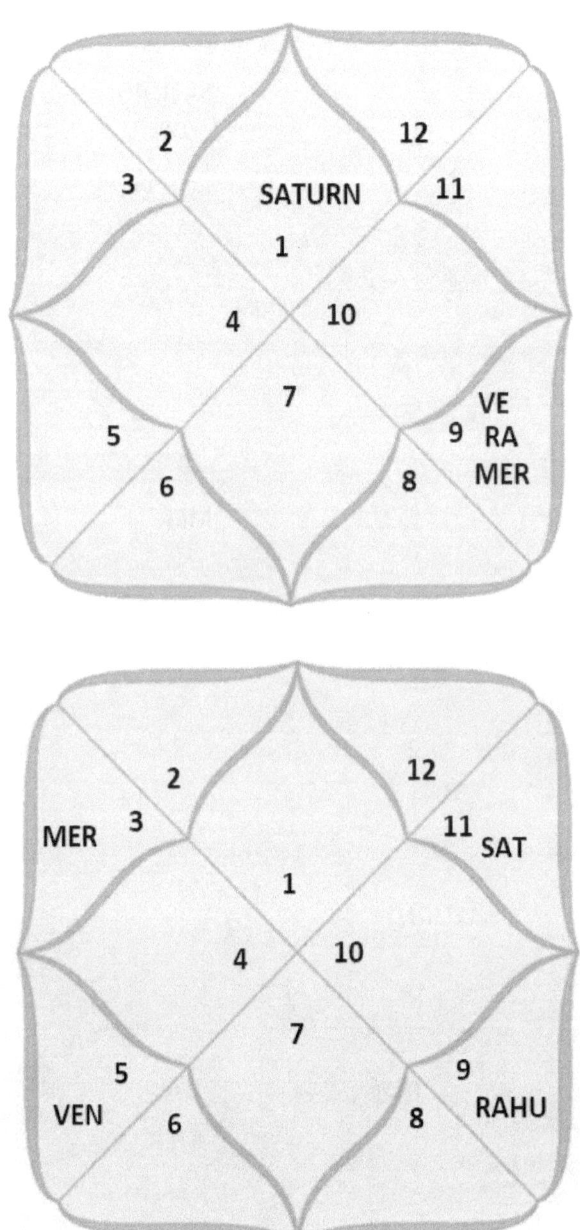
2
12
3
SATURN
11
1
4
10
7
5
9 VE RA MER
6
8

2
12
MER 3
11 SAT
1
4
10
7
5
9
VEN 6
8 RAHU

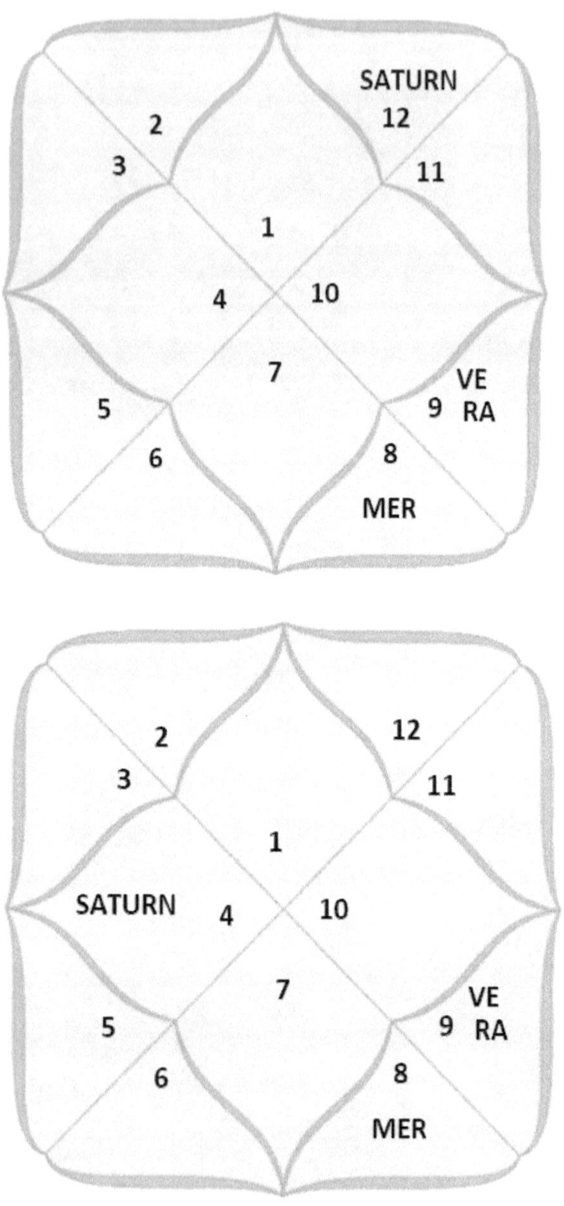
SATURN
12
2
3
11
1
4
10
7
5
9
VE
RA
6
8
MER
2
12
3
11
1
SATURN
4
10
7
5
9
VE
RA
6
8
MER

तुलसी का शालिग्राम से पूजन कर प्रायश्चित करें

बृहस्पति प्रतिनिधित्व करता है - भगवान विष्णु और शालिग्राम

बुध प्रतिनिधित्व करता है - तुलसी

यदि जातक की कुण्डली में निम्न योग हो तो वे शालिग्राम के साथ तुलसी की पूजा कर सकते हैं।

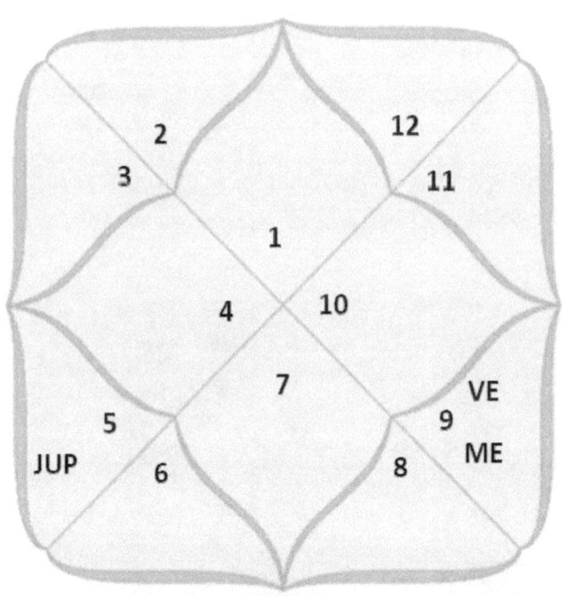

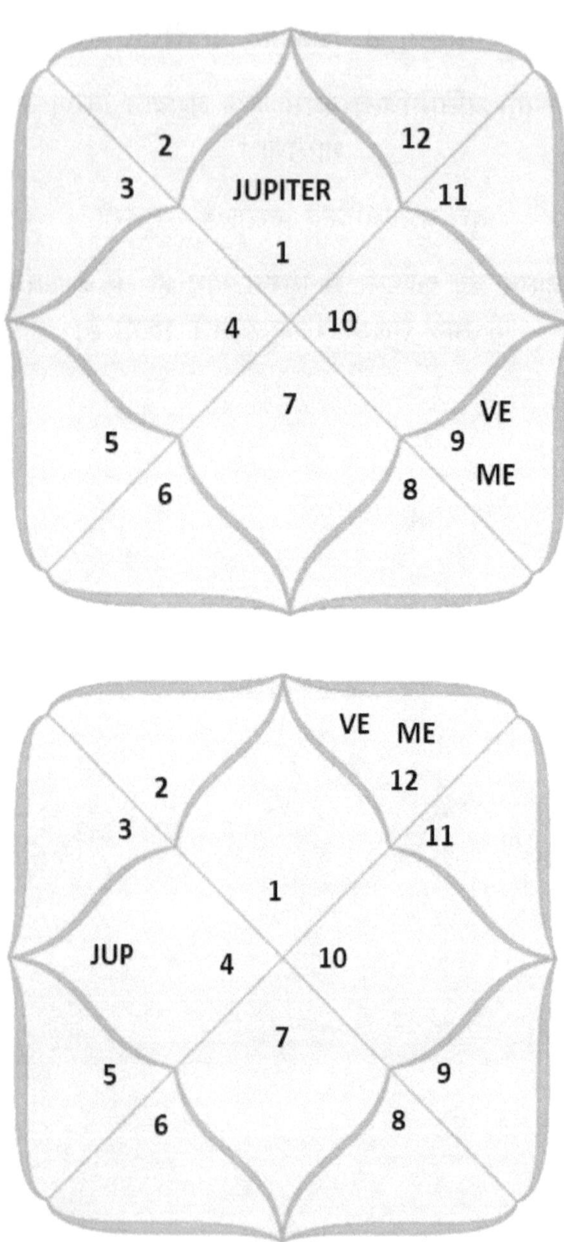

2
12
3
JUPITER
11
1
4
10
7
5
9
VE
6
8
ME
VE
ME
2
12
3
11
1
JUP
4
10
7
5
9
6
8

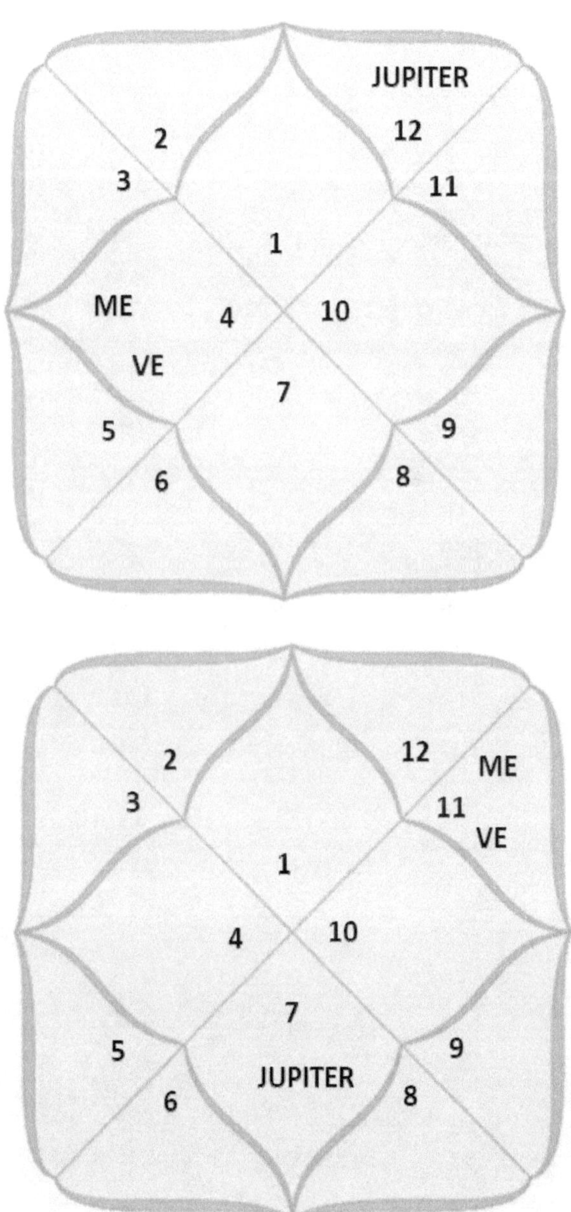
JUPITER
2
12
3
11
1
ME
4
10
VE
7
5
9
6
8
2
12
ME
3
11
VE
1
4
10
7
5
9
JUPITER
6
8

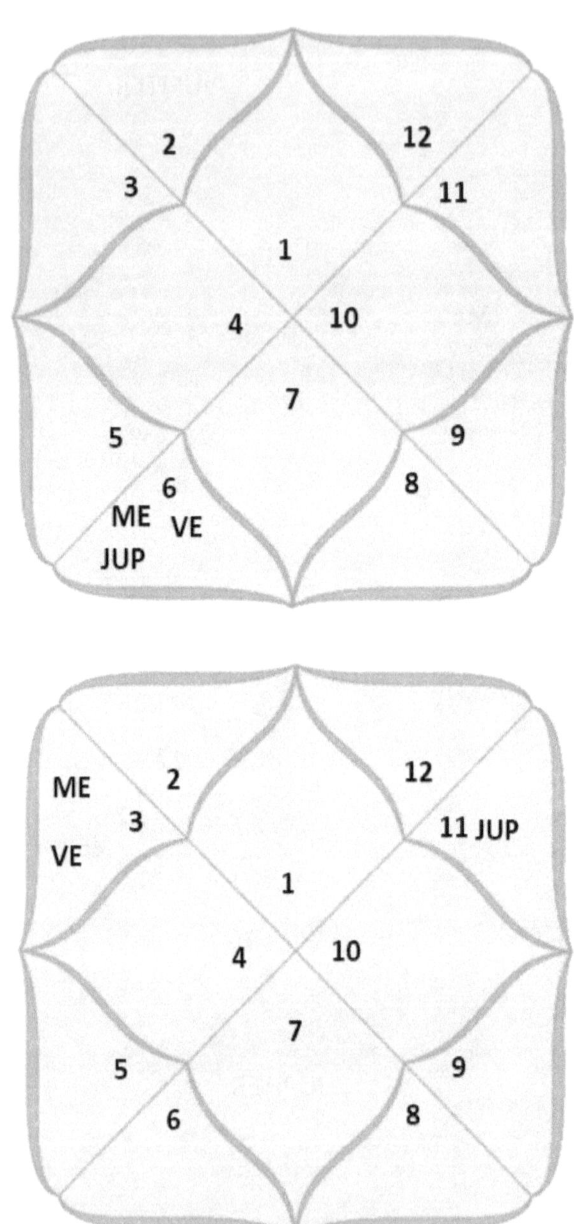
2
12
3
11
1
4
10
7
5
9
6
8
ME
VE
JUP
ME
2
12
3
11 JUP
VE
1
4
10
7
5
9
6
8

अध्याय - अट्ठाईस

शारीरिक संबंध में रहते हुए मरने का श्राप

पांडु और ऋषि किंदम की कहानी

महाभारत में पांडु (पांडवों के पिता) की मृत्यु की कथा विचित्र है। पांडु ने एक बार अपनी पत्नी, मादी के साथ शारीरिक संबंध बनाए और फिर उनकी मृत्यु हो गई। ऐसा एक ऋषि के श्राप के कारण हुआ।

दरअसल, पांडु को किंदम ऋषि ने श्राप दिया था कि वह किसी भी महिला के साथ शारीरिक संबंध नहीं बना पाएंगे। अगर वह ऐसा करता है तो वह मर जाएगा। यही श्राप पांडु की मृत्यु का कारण बना।

एक बार पांडु वन में शिकार के लिए गए। उसने दूर झाड़ियों में कुछ हलचल देखी। उसे लगा कि कोई हिरण झाड़ियों के पीछे छिपा है। उसने एक तीर निकाला और उसे झाड़ी की ओर निशाना बनाया। जैसे ही तीर झाड़ियों में घुसा, वहां से किसी इंसान के चीखने की आवाज आई। जब पांडु, डर के मारे वहाँ पहुँचे तो उन्होंने एक ऋषि को घायल अवस्था में जमीन पर पड़े देखा, वे एक ऋषि थे - ऋषि किंदम।

जिस समय पांडु ने बाण चलाया उस समय ऋषि किंदम अपनी पत्नी के साथ संबंध (शारीरिक संबंध) बना रहे थे।

मृत्यु शैय्या पर लेटे ऋषि ने पांडु को श्राप दिया कि जिस तरह वह मर रहे हैं, उसी तरह उनके जीवन का भी अंत होगा। अगर वह किसी औरत से संबंध बनाएंगे तो उसकी मौत हो जाएगी। यह कहकर किंदम मुनि ने अपने प्राण त्याग दिए।

लाल किताब पेंडिंग कर्म के माध्यम से इन योगों को कैसे देखें

आइए देखते हैं कुछ ग्रहों की युति:

शनि प्रतिनिधित्व करता है - तपस्वी

शुक्र प्रतिनिधित्व करता है - पत्नी

मंगल - पांडु

12 वां घर दर्शाता है - बिस्तर सुख

पांचवां घर दर्शाता है - रोमांस

आठवां घर - गोपनीयता का प्रतिनिधित्व करता है

3रा, 7वाँ और 11वाँ घर - काम भावों का प्रतिनिधित्व करता है

शनि और शुक्र युति, लाल किताब दृष्टि या बुनियाद से मंगल के साथ संबंध बनाते हैं तो मंगल उन्हें पीड़ित कर सकता है।

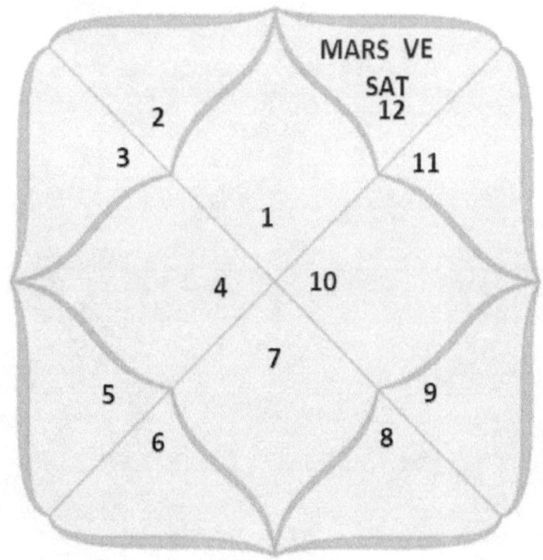

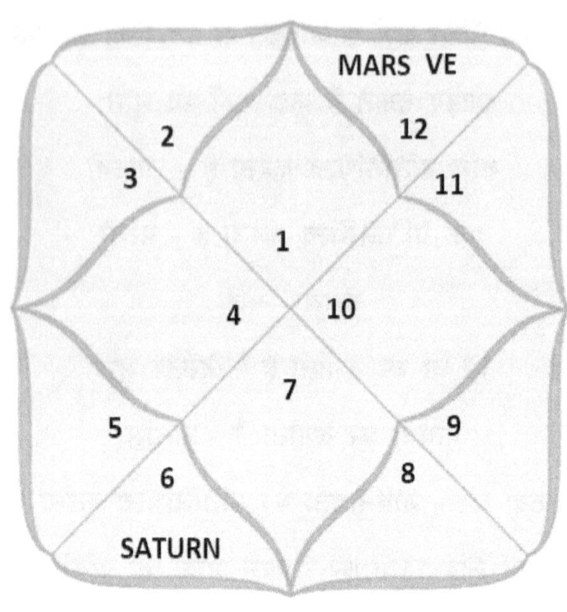
MARS VE
2
12
3
11
1
4
10
7
5
9
6
8
SATURN

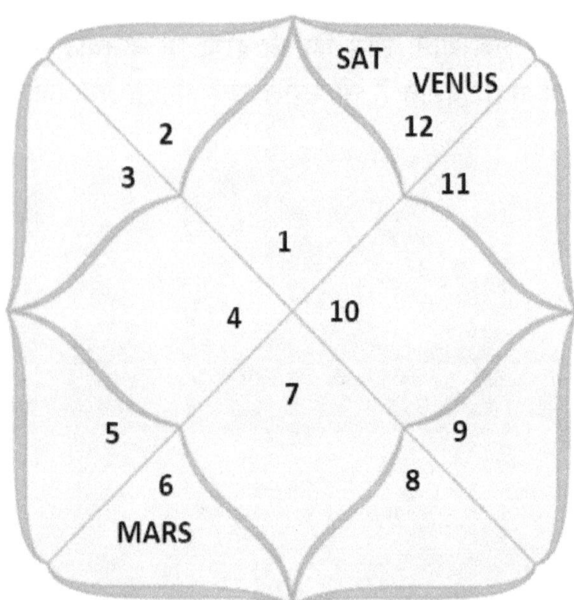
SAT
VENUS
2
12
3
11
1
4
10
7
5
9
6
8
MARS

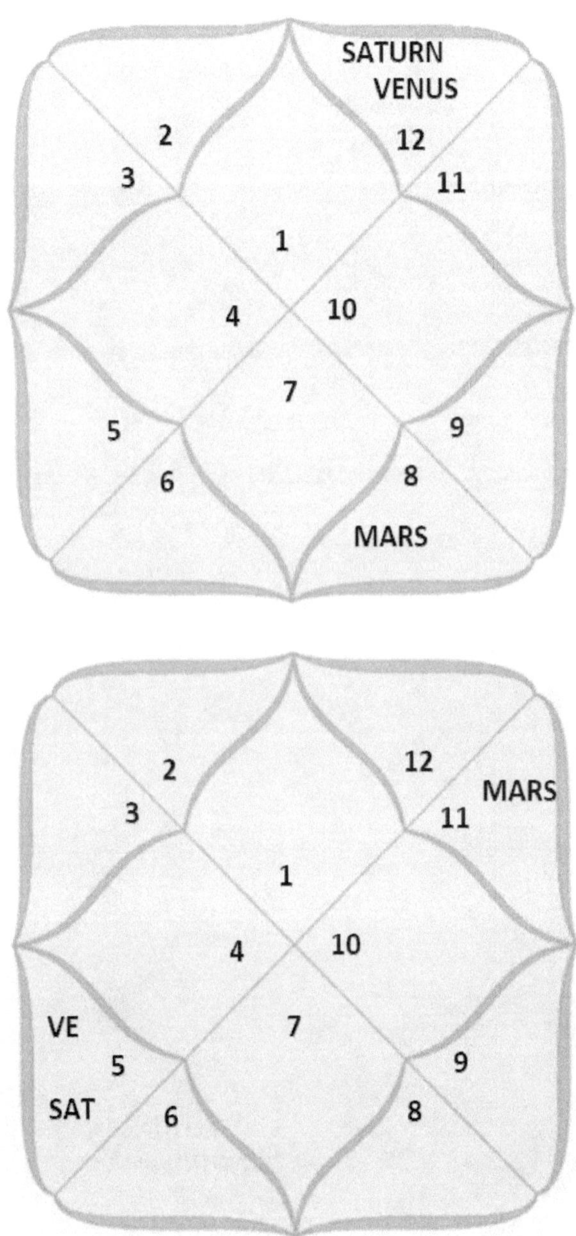
SATURN
VENUS
12
11
2
3
1
10
4
7
5
9
6
8
MARS
2
12
MARS
3
11
1
4
10
VE
7
5
9
SAT
6
8

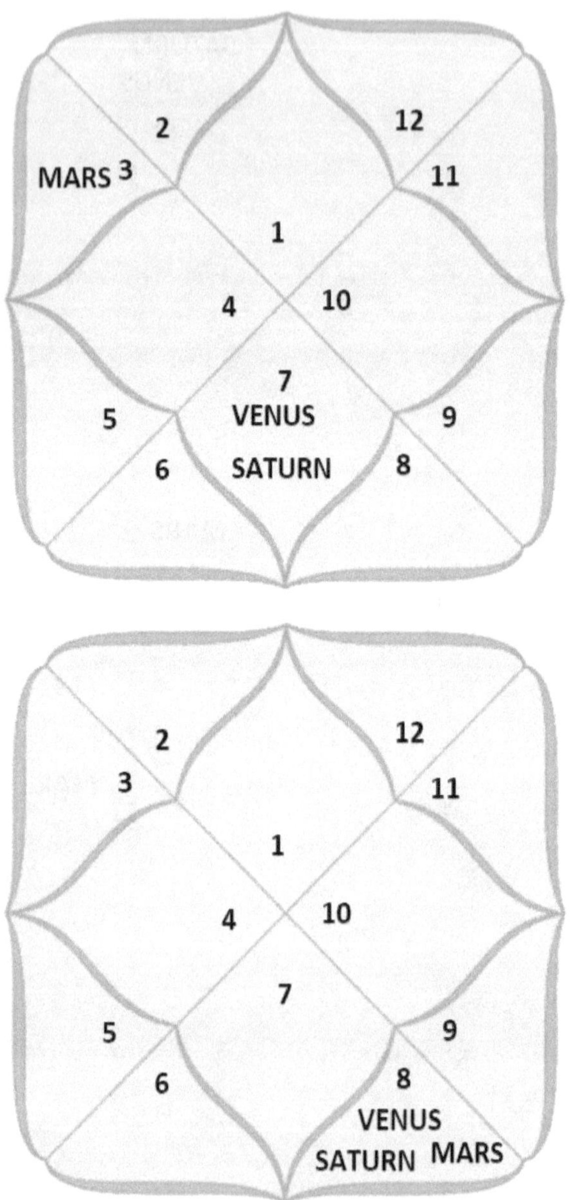
2
MARS 3
12
11
1
4
10
7
VENUS
5
SATURN 9
6 8
2
3
12
11
1
4
10
7
5 9
6 8
VENUS
SATURN MARS

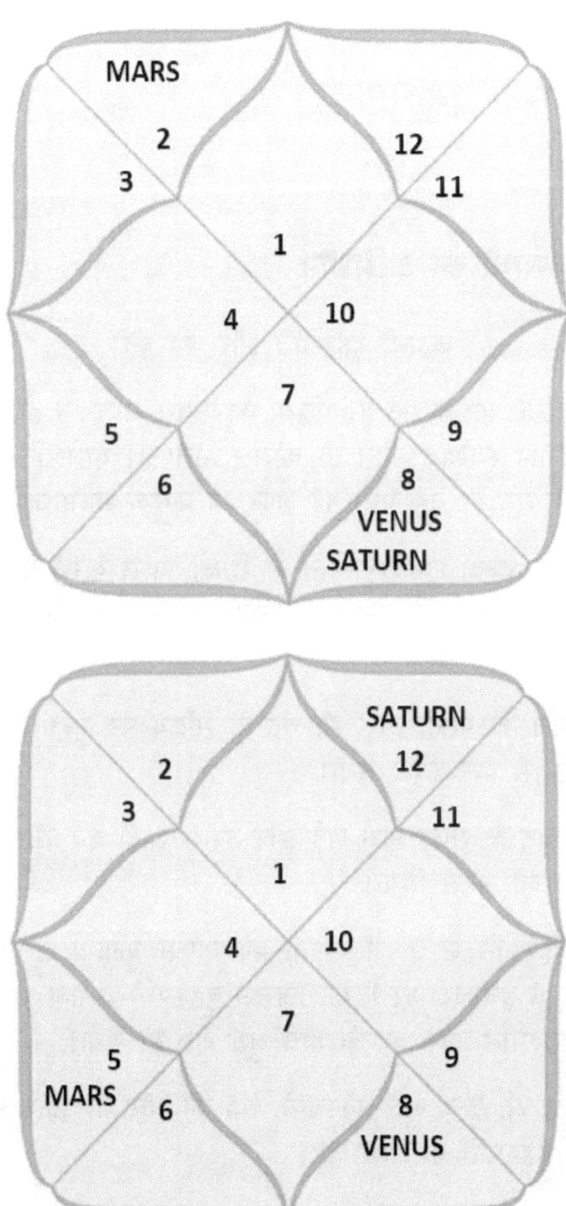
MARS
2
3
12
11
1
4
10
7
5
9
6
8
VENUS
SATURN
SATURN
2
12
3
11
1
4
10
7
5
9
MARS
6
8
VENUS

अध्याय - उनतीस

जीवनसाथी का अभिशाप

कहानी बृहस्पति और चंद्र की

चंद्रमा मन का कारक है। चंद्रमा का संबंध माता से होता है। चंद्रमा का स्वभाव बहुत ही कोमल होता है। बृहस्पति सभी ग्रहों के गुरु हैं। बृहस्पति को ज्ञान का कारक माना जाता है।

एक बार चन्द्र, गुरु ब्रहस्पति से शिक्षा प्राप्त करने के लिए उनके पास गए। लेकिन चंद्र, उनकी पत्नी तारा की सुंदरता पर मोहित हो गए।

बृहस्पति की पत्नी तारा भी चंद्र के सौंदर्य पर मुग्ध हो गईं और उनसे प्रेम करने लगीं।

तारा, चंद्र के साथ भाग गईं और उससे शादी कर ली। तारा ने बुध को जन्म दिया।

जब बृहस्पति ने अपनी पत्नी को वापस बुलाया तो उसने लौटने से इनकार कर दिया, जिससे बृहस्पति नाराज हो गए, तब बृहस्पति और चंद्र के बीच युद्ध शुरू हो गया।

इस युद्ध में, दैत्य गुरु शुक्राचार्य, चंद्र की ओर गए और अन्य देवता बृहस्पति के साथ गए।

लाल किताब पेंडिंग कर्म के माध्यम से इन योगों को कैसे देखें

आइए देखते हैं कुछ ग्रहों की युति:

चंद्र गृह प्रतिनिधित्व करता है - चंद्रमा

बुध प्रतिनिधित्व करता है - बच्चा, धोखा

शुक्र प्रतिनिधित्व करता है - पत्नी

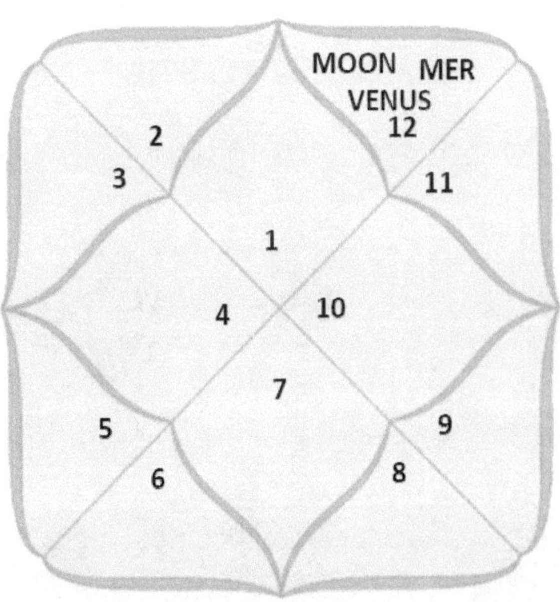

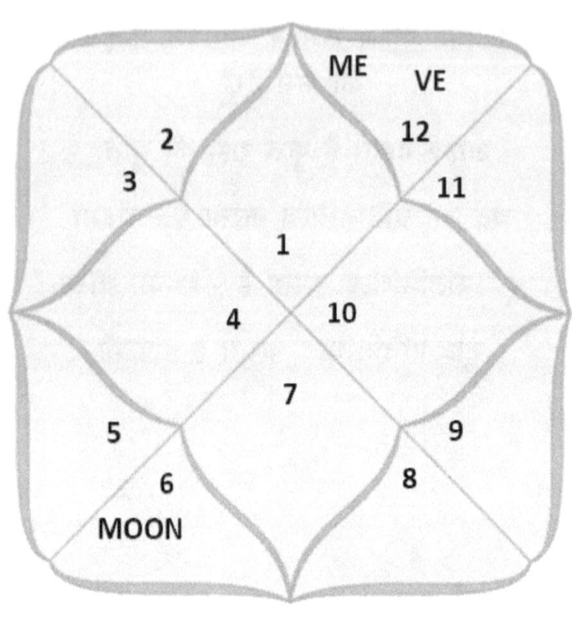
ME
VE
2
3
12
11
1
4
10
7
5
9
6
8
MOON

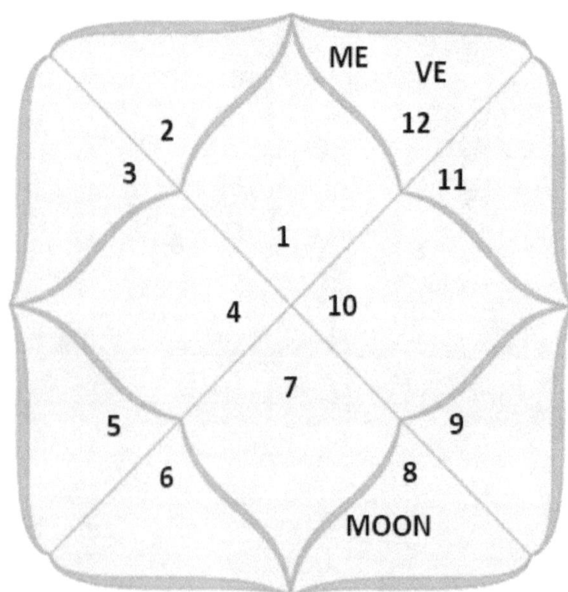
ME
VE
2
3
12
11
1
4
10
7
5
9
6
8
MOON

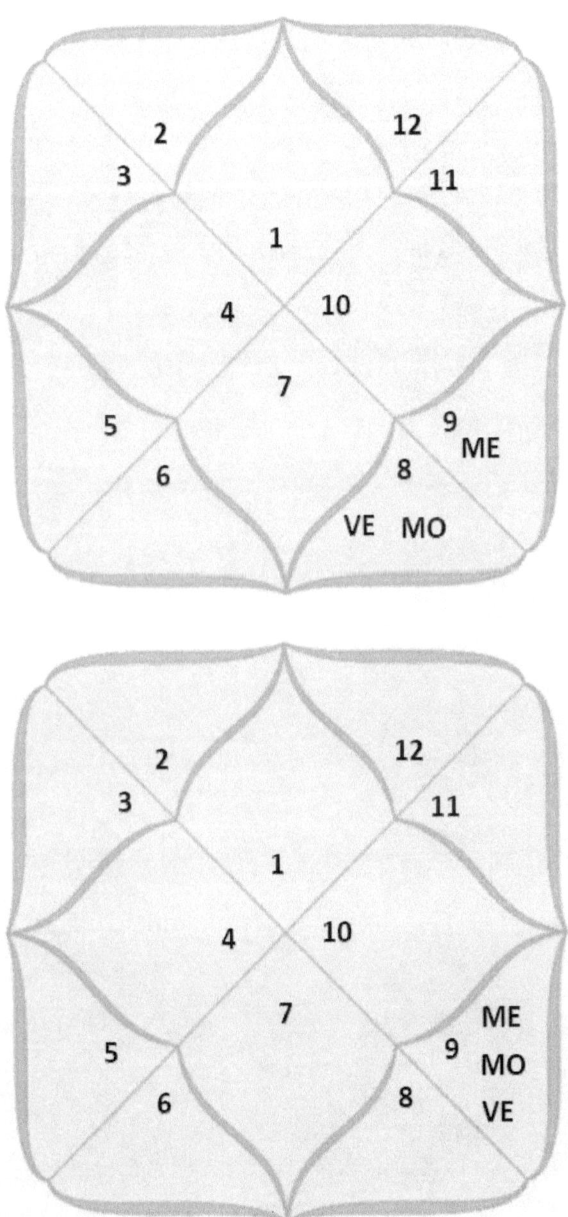
2
12
3
11
1
10
4
7
5
9
ME
6
8
VE MO
2
12
3
11
1
10
4
7
5
ME
MO
9
6
VE
8

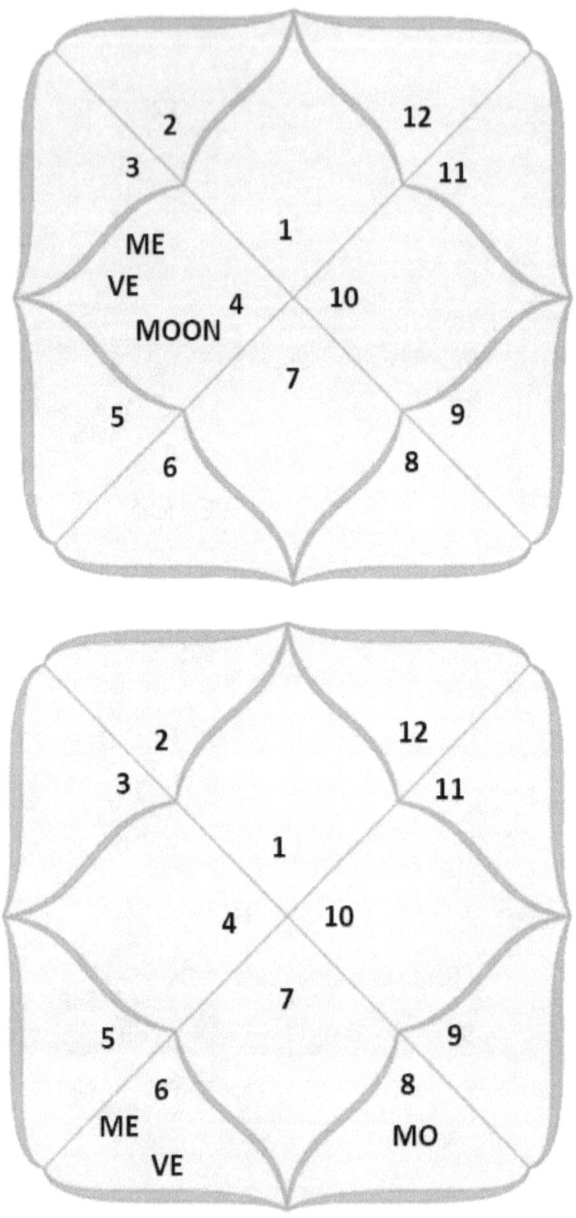
2
12
3
11
1
ME
VE
10
MOON
4
7
5
9
6
8
2
12
3
11
1
4
10
7
5
9
6
8
ME
MO
VE

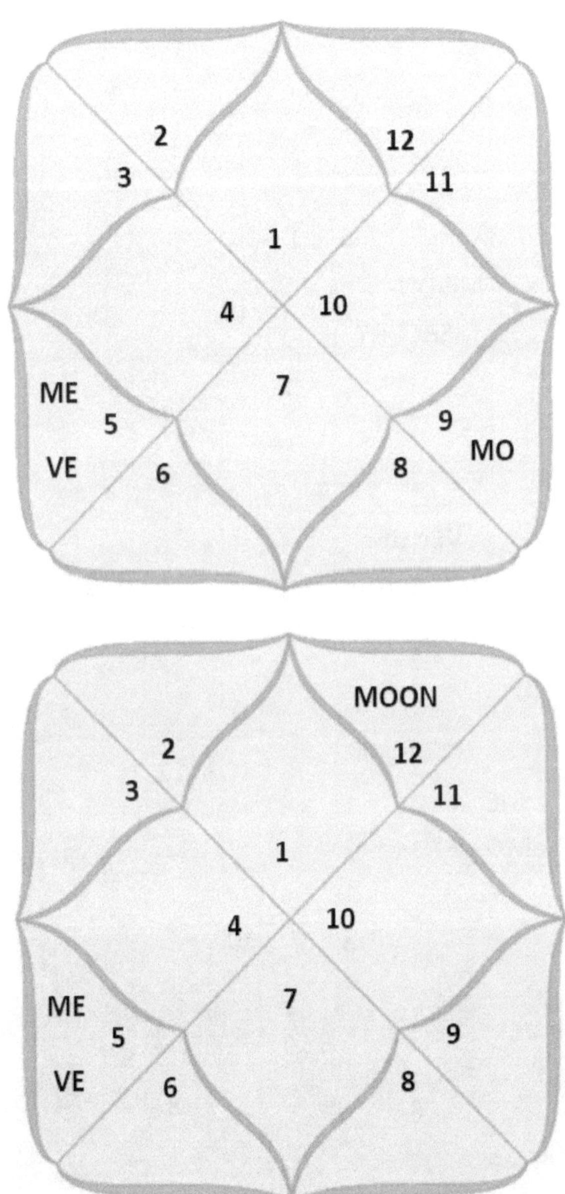
2
12
3
11
1
4
10
7
ME
5
9
VE
6
8
MO
MOON
2
12
3
11
1
4
10
7
ME
5
9
VE
6
8

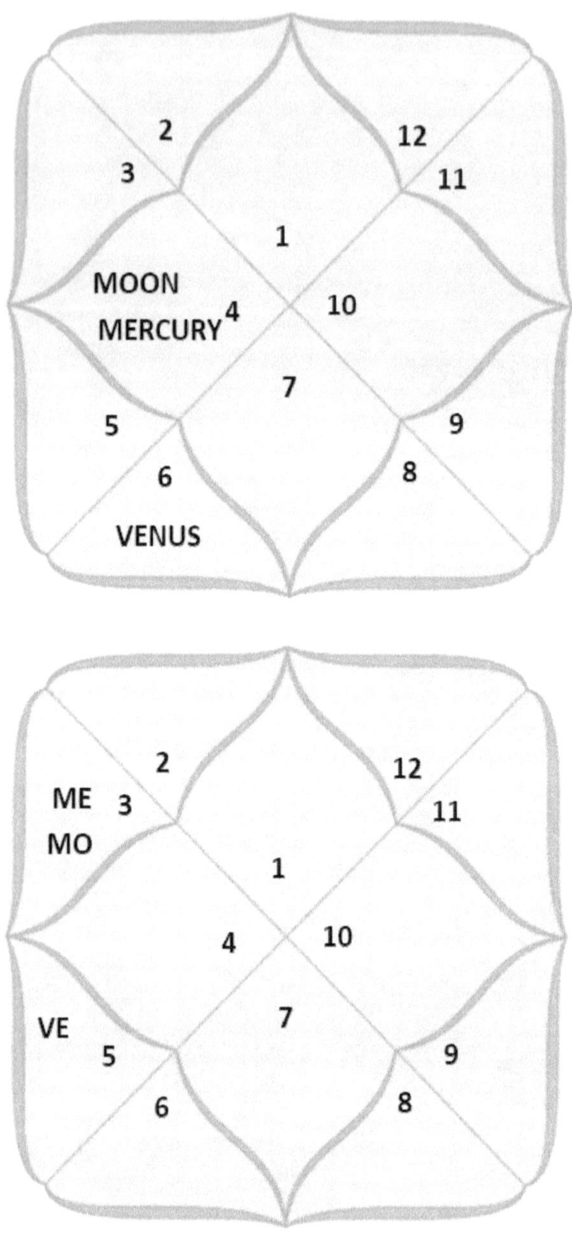
2
12
3
11
1
MOON
MERCURY
4
10
7
5
9
6
8
VENUS
2
12
ME
3
11
MO
1
4
10
7
VE
5
9
6
8

भगवान शिव की पूजा कर प्रायश्चित करें

बृहस्पति प्रतिनिधित्व करता है - गुरु

इनमें से किसी भी ग्रह पर बृहस्पति की दृष्टि, इस कष्ट से कुछ हद तक बचा सकती है।

यदि आप नीचे दिए गए संयोजनों को देखते हैं, तो भी जातक श्राप प्रकट कर सकता है इसलिए जातक भगवान शिव की पूजा कर सकता है और अपने पाप का प्रायश्चित कर सकता है।

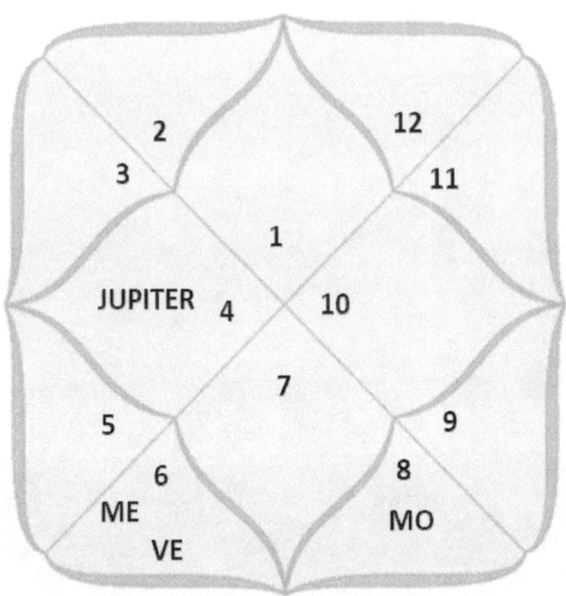

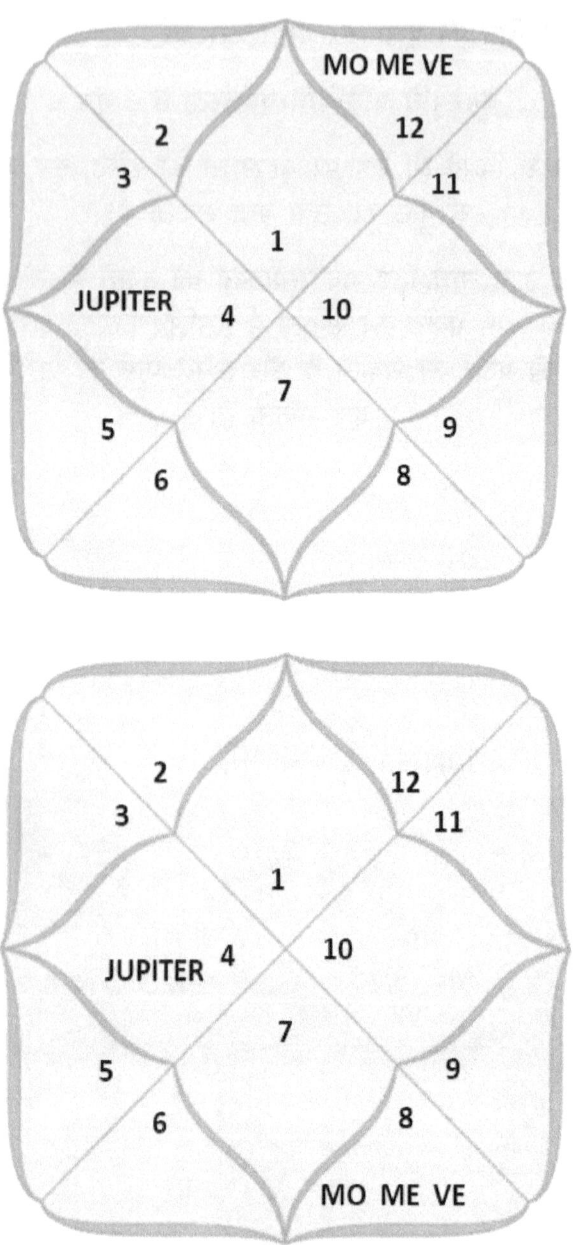
MO ME VE
2
12
3
11
1
JUPITER
4
10
7
5
9
6
8
2
12
3
11
1
JUPITER
4
10
7
5
9
6
8
MO ME VE

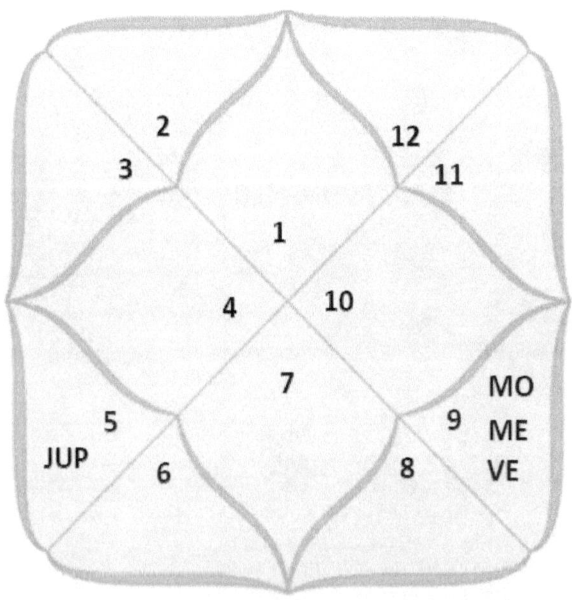
2
12
3
11
1
4
10
7
MO
ME
5
9
VE
JUP
6
8

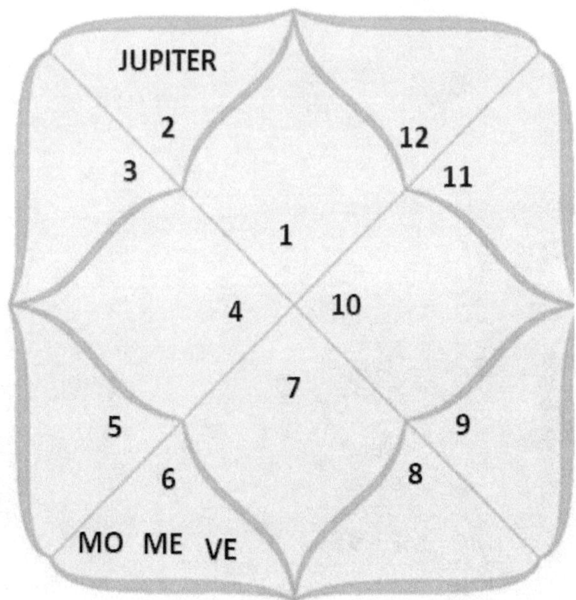
JUPITER
2
12
3
11
1
4
10
7
5
9
6
8
MO ME VE

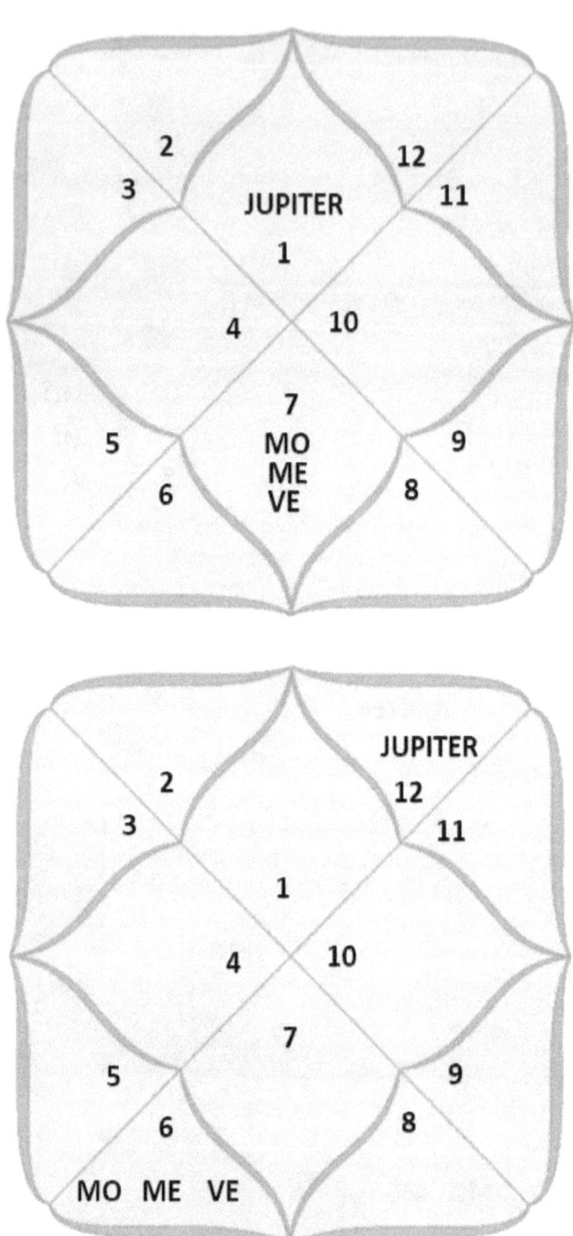
2
3
12
11
JUPITER
1
4
10
7
MO
ME
VE
5
6
8
9
2
3
JUPITER
12
11
1
4
10
7
5
6
8
9
MO ME VE

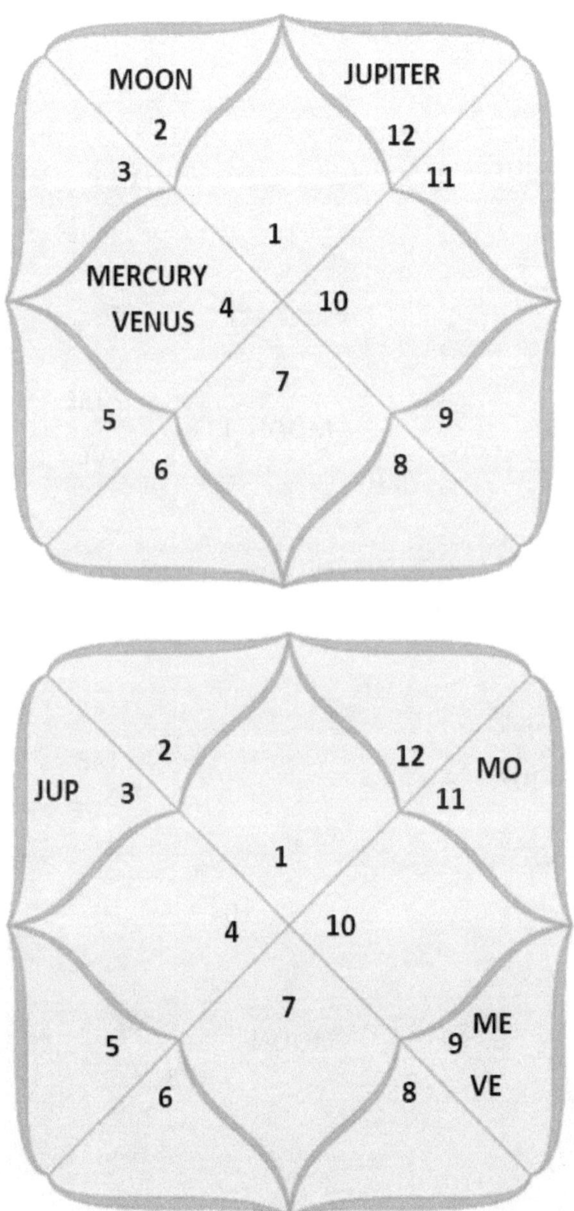
MOON
2
3
JUPITER
12
11
1
MERCURY
VENUS
4
10
7
5
9
6
8
2
JUP
3
12
MO
11
1
4
10
7
5
ME
9
VE
8
6

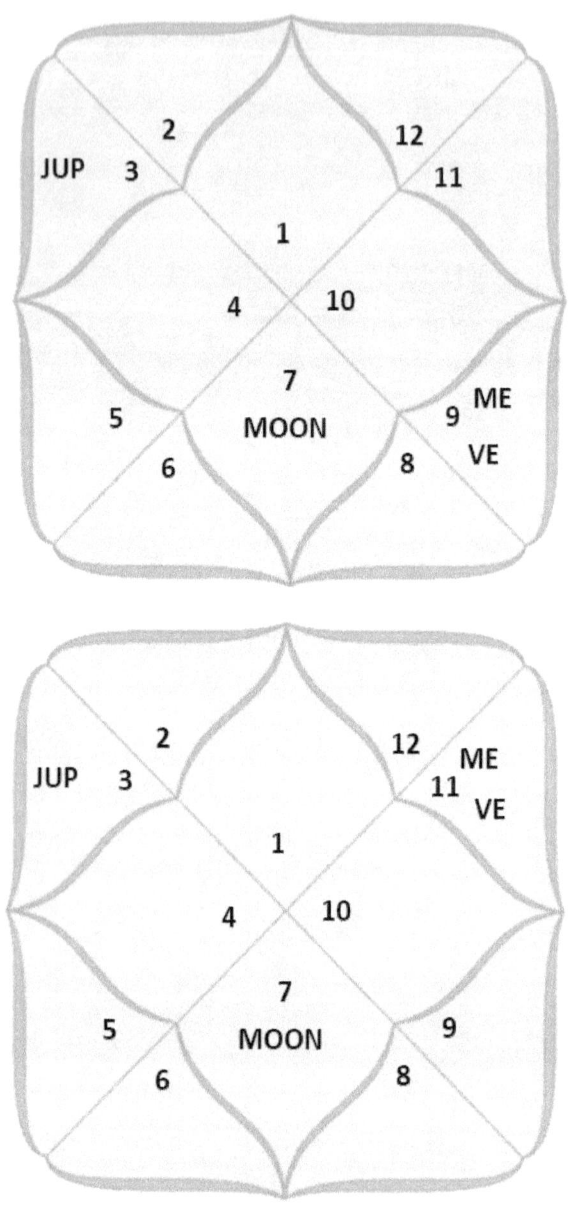
2
JUP 3
12
11
1
4 10
7
MOON
5
9 ME
VE
6 8
2
JUP 3
12 ME
11
VE
1
4 10
7
5 MOON 9
6 8

अध्याय - तीस

कुलदेवी या कुलदेवता के श्राप के कारण वास्तु दोष

पुराने समय में कुलदेवी या पितृ दोष के श्राप के कारण वास्तु दोष होता था जिसे हम आधुनिक युग में भी नजरंदाज नहीं कर सकते हैं।

कुल देवी हमारी सुरक्षा कवच हैं जो परिवार या घर में प्रवेश करने से पहले किसी भी बाहरी बाधा या नकारात्मक ऊर्जा से लड़ती हैं और उसे रोकती हैं।

हमारे पूर्वजों ने अपने परिवार को नकारात्मक ऊर्जा और कुछ विरोधी ताकतों से बचाने के लिए उन्हें कुलदेवी के रूप में चुना और पूजा करना शुरू कर दिया। परिवार की कुलदेवी, नकारात्मक ऊर्जा और वंश की उन्नति में बाधाओं को रोकती है।

यदि हम उनकी उपेक्षा करते हैं तो किसी भी पूजा या साधना का फल उस देवता तक नहीं पहुंच पाता है और बाहरी बाधाएं और नकारात्मक ऊर्जा घर में आने लगती है और वास्तु दोष के माध्यम से प्रकट होने लगती है।

ये ऊर्जाएं, पंच तत्व दोष बनाती हैं जिससे घर का वातावरण अशांत हो जाता है और जातक इसके पीछे के कारण को समझ नहीं पाता है।

कई परिवार अपने कुल देवता/देवी को भूल गए हैं, या उन्हें यह भी पता नहीं है कि उनकी कुल देवी/कुलदेवी कौन हैं या उनकी पूजा कैसे की जाती है।

जब हम कुलदेवी की पूजा करना बंद कर देते हैं, तो जातक का सुरक्षा कवच भंग हो जाता है और उसका सामना दुर्घटनाओं और नकारात्मक ऊर्जा से होता है।

जातक को बाधाओं का सामना करना पड़ता है जैसे कि उसकी प्रगति रुक जाती है, पीढ़ियां अपेक्षित प्रगति नहीं कर पाती हैं, कलह, अशांति, अशांति शुरू हो जाती है, व्यक्ति कारण खोजने की कोशिश करता है, कारण जल्दी पता नहीं चलता है और जातक अपने ग्रहों की स्थिति पर दोष लगाने लगता है।

कुल नाश और वास्तु का श्राप

पूर्व जन्म कर्म और वास्तु दोष

विश्रवा ऋषि को माँ पार्वती का श्राप

वास्तु दोष का एक कारण पितृ दोष भी है। जातक के घर में कोई भी वास्तु दोष नहीं होने पर भी उसके जीवन में विभिन्न बाधाओं का सामना करना पड़ता है, जिसमें दक्षिण पश्चिम क्षेत्र भी शामिल है, जो कि पितृ क्षेत्र है।

जातक के संघर्ष का मुख्य कारण पितृ दोष है जो उसके जीवन में पिछले जन्म के श्राप के माध्यम से या उसके परिवार के सदस्य पर प्रकट होता है।

एक सदस्य पर पितृ दोष, परिवार के अन्य सदस्यों के जीवन को प्रभावित कर सकता है, भले ही वे सभी सही वास्तु के साथ एक ही छत के नीचे रहते हों।

सीधा सा कारण है कर्म ऋणानुबंध जो सबको एक सूत्र में बांधता है। भगवान राम का सबसे अच्छा उदाहरण, जो अयोध्या के राजा थे और त्रेता युग में एक महल में पैदा हुए थे। क्या आप वास्तव में सोचते हैं कि भगवान राम के महल में किसी प्रकार का वास्तु दोष था जिसने उन्हें 14 साल के लिए वनवास लेने के लिए मजबूर किया, जिससे उन्हें अपने पिता के निधन और अपने भाइयों से अलग होने का दुख हुआ?

नहीं, यह परिवार में सभी का कर्म है जो उन्हें कुछ ऋणों में बांधता है। श्रवण के माता-पिता का दशरथ को श्राप हो या

भगवान विष्णु को भृगु का श्राप हो कि वे पृथ्वी पर राम के रूप में जन्म लें और सांसारिक जीवन के कष्टों को झेलें या भगवान विष्णु को नारद का श्राप, की वो अपनी पत्नी से पृथ्वी लोक पर वियोग का दर्द सहें।

जय और विजय (विष्णु के द्वारपाल) को चार सनकादिक ऋषियों का श्राप, पृथ्वी लोक पर तीन बार (तीन अलग-अलग अवतारों में तीन अलग-अलग युगों में) राक्षस कुल में पैदा होना और उनकी मुक्ति भगवान राम के माध्यम से होगी। त्रेता युग में उन्होंने रावण और कुंभकर्ण को मुक्ति प्रदान की।

पिछले जन्म के सभी श्राप आपको और अन्य आत्माओं (परिवार, मित्र, शत्रु, जीवनसाथी आदि) को एक साथ जोड़ते हैं, और फिर आपका जन्म एक विशेष वातावरण में होना तय है, जिसे हम घर कहते हैं और जब श्राप प्रकट होता है, तो यह वास्तु दोष बन जाता है।

भगवान राम के उदाहरण में जय और विजय का श्राप; और नारद और भृगु का श्राप; और श्रवण के माता-पिता का श्राप उन सभी को एक साथ भगवान राम के जीवन से जोड़ता है।

भगवान राम को एक महल में जन्म लेना तय था, लेकिन बाद में सभी श्रापों के कारण पीड़ित हुए और 14 साल तक एक छोटी सी झोपड़ी में रहे।

रावण का एक और उदाहरण जिसके पास भगवान विश्वकर्मा द्वारा बनाई गई सोने की लंका थी लेकिन विशर्वा ऋषि

(रावण और कुबेर के पिता) को माँ पार्वती के श्राप के कारण, सोने की लंका को हनुमान द्वारा आग लगा दी गई थी।

अब सवाल यह है कि आखिर यह श्राप क्या है और यह श्राप किसने किसे दिया?

पुराण के अनुसार, एक बार देवी पार्वती ने विष्णु और लक्ष्मी को कैलाश आने का निमंत्रण दिया, तब देवी लक्ष्मी ने मां पार्वती से पूछा कि यदि आपने अपना अधिकांश जीवन एक राजकुमारी की तरह व्यतीत किया है, तो आप कैलाश पर्वत में इतनी ठंडी हवाओं के बीच कैसे रहती हैं?

लक्ष्मी के इस प्रश्न से पार्वती बहुत आहत हुईं। कुछ दिनों के बाद, देवी लक्ष्मी ने देवी पार्वती को बैकुंठ धाम आने का निमंत्रण दिया। बैकुंठ के वैभव और ऐश्वर्य को देखकर, देवी पार्वती ने शिव से उनके लिए एक शानदार महल बनाने के लिए कहा। इस पर शिव ने पार्वती को बहुत समझाने की कोशिश की, लेकिन जब पार्वती नहीं मानी तो शिव ने विश्वकर्मा को सोने का महल बनाने का काम सौंपा।

भगवान विश्वकर्मा ने लंका का निर्माण किया था और जब महल तैयार हो गया, तो पार्वती ने उस महल में सभी देवताओं को आमंत्रित किया। ऋषि विश्रवा (रावण के पिता) को उस महल के गृह प्रवेश की पूजा करने के लिए बुलाया गया था।

लेकिन महल के वैभव को देखकर, ऋषि विश्रवा की पत्नी (कैकसी) लालची हो गई और उन्होंने विश्रवा से अनुरोध किया कि वह शिव से उन्हें महल दान करने के लिए कहें।

शिव ने उन्हें निराश किए बिना उन्हें महल दान कर दिया, लेकिन देवी पार्वती दुखी हुईं और क्रोधित होकर उन्होंने उन्हें श्राप दिया कि एक दिन रुद्रांश (भगवान हनुमान) द्वारा उनका महल जला दिया जाएगा।

और उन्हीं के श्राप के कारण हनुमान जी ने सोने की लंका को जलाकर राख कर दिया था।

द्वापर युग में सुदामा का एक और उदाहरण मिलता है जब सुदामा कुछ अनाज लेकर श्री कृष्ण से मिलने द्वारिका गए; तब श्रीकृष्ण ने सुदामा के लिए विश्वकर्मा को सुदामानगरी को वृंदापुरी विकसित करने का कार्य सौंपा।

घर लौटकर सुदामा ने जैसे ही इस भव्य नगरी में प्रवेश किया तो चकित रह गए और उन्होंने एक महल देखा जहां वे एक छोटी सी झोपड़ी में रहा करते थे।

सुदामा को यह महल उनके अच्छे कर्मों के कारण मिला था। और जब वे एक छोटी सी झोपड़ी में रह रहे थे तो वह भी उनके पिछले जन्म के कर्मों के कारण था।

कहानी की नीति

हम कभी वास्तु नहीं चुनते; यह वास्तु (घर जहां हम रहते हैं) है जो हमें हमारे पिछले जन्म कर्म के अनुसार चुनता है जब हम पैदा होते हैं जो आपका प्रारब्ध / भाग्य बन जाता है। हालाँकि, वास्तु हमारी ग्रह दशा के अनुसार बदलता रहता है, चाहे अच्छा हो या बुरा।

वास्तु दोष के माध्यम से बुरी दशा प्रकट हो सकती है जो पितृ दोष से उत्पन्न होती है।

हम इसे जारी रखेंगे कि लाल किताब के भाग -2 में की कुंडली को कैसे देखे और अन्य दोषों को कैसे देखें।

आप इसे विस्तार से जानने के लिए मेरा लंबित कर्म (पेंडिंग कर्मा) पाठ्यक्रम में शामिल हो सकते हैं।

पाठ्यक्रम और परामर्श

आपको मेरी पिछली भविष्यवाणियों की उच्चतम संख्या मिलेगी मेरी वेबसाइट पे, फेसबुक प्रोफाइल (व्हाट्सएप चैट ट्रांसक्रिप्ट) पर लिखित प्रारूप में **90 प्रतिशत सटीकता** के साथ दी गई है, आप अपना परामर्श सीधे वेबसाइट से बुक कर सकते हैं या आप मुझे व्हा ट्स एप कर सकते हैं।

आप निम्नलिखित पाठ्यक्रमों में दाखिला ले सकते हैं:

1. **लाल किताब** के माध्यम से लंबित कर्म पाठ को पूर्ण करें जिससे सभी घरों में सभी ग्रहों की स्थिति का पता चलेगा और उसकी **रिकॉर्डिंग मेरी वेबसाइट** पर उपलब्ध है:
https://www.kaalhasthiastrologer.com

2. जीवन की प्रमुख घटनाओं के समय के साथ **अग्रिम भविष्यवाणी ज्योतिष**, और आप इस पाठ्यक्रम की **रिकॉर्डिंग** भी खरीद सकते हैं।

3. वेद और पुराणों से नक्षत्र और पौराणिक कथाओं के साथ **चिकित्सा ज्योतिष।**

4. **नक्षत्र पाठ्यक्रम**

5. **प्रश्न पर पाठ्यक्रम**

6. **आचार्य उपाधि प्रमाणन** - उन छात्रों के लिए जो भविष्यफल ज्योतिष और चिकित्सा ज्योतिष हमारे साथ करते हैं।

7. लंबित कर्म (पेंडिंग कर्मा) पाठ्यक्रम

8. जूम पर विगत जीवन जन्म प्रतिगमन सत्र - एस. प्रकाश द्वारा

मुझसे संपर्क करें

Website

Https://www.kaalhasthiastrologer.com

Facebook

https://m.facebook.com/pages/category/
Astrologist---Psychic/KaalHasthi-Astrologer-Mr-S-
Prakash-569188060151088/

YouTube channel
CosmicKrishna

https://www.youtube.com/channel/
UCFObfsKxwkMV-TRk9fbDl2g

Instagram

https://www.instagram.com/kaalhasthi/

Twitter

https://twitter.com/kaalhasthi?s=08

Linkedin:

https://www.linkedin.com/in/kaalhasthi-astrologer-
54b75a192

Email ID

kaalhasthi@gmail.com

Telephone
+91 9606873053
+91 9999345603